Italian

The Ultimate Guide for Beginners Who Want to Learn the Italian Language, Including Italian Grammar, Italian Short Stories, and Over 1000 Italian Phrases

© **Copyright 2019**

All Rights Reserved. No part of this book may be reproduced in any form without permission in writing from the author. Reviewers may quote brief passages in reviews.

Disclaimer: No part of this publication may be reproduced or transmitted in any form or by any means, mechanical or electronic, including photocopying or recording, or by any information storage and retrieval system, or transmitted by email without permission in writing from the publisher.

While all attempts have been made to verify the information provided in this publication, neither the author nor the publisher assumes any responsibility for errors, omissions or contrary interpretations of the subject matter herein.

This book is for entertainment purposes only. The views expressed are those of the author alone, and should not be taken as expert instruction or commands. The reader is responsible for his or her own actions.

Adherence to all applicable laws and regulations, including international, federal, state and local laws governing professional licensing, business practices, advertising and all other aspects of doing business in the US, Canada, UK or any other jurisdiction is the sole responsibility of the purchaser or reader.

Neither the author nor the publisher assumes any responsibility or liability whatsoever on the behalf of the purchaser or reader of these materials. Any perceived slight of any individual or organization is purely unintentional.

Contents

PART 1: ITALIAN 0

INTRODUCTION 1

CHAPTER 1 - LAURA E LA SUA FAMIGLIA - LAURA AND HER FAMILY 4

CHAPTER 2 - QUANDO CI VEDIAMO? - WHEN DO WE MEET? 34

CHAPTER 3 - ALESSIO RACCONTA LA SUA VACANZA - ALESSIO TELLS HIS HOLIDAY 58

CHAPTER 4 - QUANDO PETER LAVORAVA IN ITALIA - WHEN PETER WORKED IN ITALY 77

CHAPTER 5 - DIALOGO: IN UN HOTEL - DIALOGUE: IN A HOTEL ... 93

CHAPTER 6 - LA PROSSIMA SETTIMANA ANDREMO ALLO ZOO - NEXT WEEK WE WILL GO TO THE ZOO 112

CHAPTER 7 – RICETTE - RECIPES 127

CHAPTER 8 - CAPPUCCETTO ROSSO E IL LUPO - LITTLE RED RIDING HOOD 141

CHAPTER 9 - PERSONALITÀ E TEMPO LIBERO - PERSONALITIES AND SPARE TIME 152

CHAPTER 10 - SOUNDS AND PRONUNCIATION 164

CONCLUSION 175

PART 2: ITALIAN SHORT STORIES 176

INTRODUCTION 177

CHAPTER 1: IL BARBIERE SI È INNAMORATO! – THE BARBER HAS FALLEN IN LOVE! 180

CHAPTER 2: LILA, LA PECORA RIBELLE – LILA, THE REBEL SHEEP 194

CHAPTER 3: COME È NATO IL GHIACCIOLO ALLA FRUTTA – HOW THE FRUIT POPSICLE WAS BORN 208

CHAPTER 4: NADIA E IL NATALE – NADIA AND CHRISTMAS..........221

CHAPTER 5: UN AMORE IMPOSSIBILE – AN IMPOSSIBLE LOVE....233

CHAPTER 6: TUTI LA GALLINA E LE UOVA PER LA REGINA – TUTI THE HEN AND THE QUEEN'S EGGS..246

CHAPTER 7: L'AMICO SEGRETO DI GIULIO CESARE – JULIUS CAESAR'S SECRET FRIEND 259

CHAPTER 8: MEGLIO TARDI CHE MAI – BETTER LATER THAN NEVER 272

CONCLUSION 287

PART 3 ITALIAN PHRASE BOOK..288

INTRODUCTION TO THE ITALIAN LANGUAGE 289

LANGUAGE LEARNING VS. LANGUAGE ACQUISITION 293

AND THE PLURAL…..298

INDEFINITE ADJECTIVE..299

EXISTENCE AND IDENTIFICATION 300

DURATION..300

ADVERBS AND ADJECTIVES...300

THE PRONOUN 'NE' 302

ANDARE - TO GO 303

EXCEPTIONS: 303

SITUATIONS (SPACE AND TIME) 303

REFLEXIVES AND RECIPROCITY 304

HOW TO REFER TO TIME/NEGATIVES 305

THE SPACES..306

EXCEPTION 306

TO HAVE 307

- ALPHABET AND SINGLE LETTERS PRONUNCIATION 307
- COMBINATIONS PRONUNCIATION 308
- GREETINGS 309
- HOLIDAY GREETINGS 310
- PUBLIC HOLIDAYS 310
- INTRODUCING EACH OTHER AND INITIAL CONVERSATION 312
- LIKES, DISLIKES, FEELINGS 313
- PEOPLE AND PROFESSIONS 315
- RELIGION 315
- FAMILY RELATIONSHIPS 316
- NATIONALITIES 318
- COUNTRIES 319
- MATERIALS 320
- SPORTS 321
- GEOGRAPHY 322
- REGIONS AND CITIES 323
- COLORS 325
- TALKING ABOUT POLITICS AND ACTUALITY 326
- USEFUL WORDS THAT 'QUALIFY' 328
- COMPARATIVE AND SUPERLATIVE FORMS 329
- CARDINAL NUMBERS 331
- ORDINAL NUMBERS 333
- TIME, DATE AND OTHER THINGS 335
- OTHER WAYS TO REFER TO TIME AND HOW TO MAKE AN APPOINTMENT 336
- DAYS OF THE WEEK AND MONTHS 337
- SEASONS 338
- HOW TO MAKE AN APPOINTMENT (WHEN) 338
- HOW TO MAKE AN APPOINTMENT (WHERE) 339

SPACE (OBJECTS)	340
MOVING AROUND	340
TRANSPORTS	341
THE WEATHER	342
PLACES AND BUILDINGS	343
COLOURED TELEPHONE NUMBERS	357
PREMIUM NUMBERS IN ITALY	358
FARMACIA/OSPEDALE –PHARMACY/HOSPITAL	359
RISTORANTE - RESTAURANT	364
GRAMMAR BITS	371
IDIOMS USING FARE (TO DO)	373
IDIOMS USING AVERE (TO HAVE)	376
OTHER USEFUL EXPRESSIONS	377
VERBS WITH PREPOSITIONS	381
PREPOSITIONS	382
BODY LANGUAGE	392
USEFUL VERBS IN ITALIAN	393

Part 1: Italian

How to Learn Italian Fast, Including Grammar, Short Stories, and Useful Phrases When in Italy

Introduction

The basic purpose of a language is to be spoken, written and understood in all its forms because the aim of the linguistic learning process is communication. Thus, the goal can be achieved with the knowledge of the elements that, once put all together, will give the learner all the tools needed for proper reading and oral comprehension and an effective speaking and writing production.

During the last few decades, language books have been focused on a communicative approach that achieves the main and most important function of languages, but often the grammar is put to the side and this, while it is extremely helpful in a first learning step, limits overall improvement.

If we propose grammar as strategic patterns and mechanisms in a learning process, something which allows us to put together words, we are not only dealing with a "correct" message, but we are learning the right tools to use to have power over what we are saying or listening to. This kind of knowledge is what can give the learner the opportunity to go on with further language levels. On the other hand, grammar topics offered in this book are strictly linked to the common use of the language, illustrating what rules are useful for –

for example, there is not "passato remoto" since it is used just in the written language or in some regions as a distinctive sign of a dialect.

This book is designed for English beginners or semi-beginners (A1-A2 levels) and is focused on a practical and functional method aimed at the pragmatic use of what has been learned, rather than structures and rules ending in themselves. It proposes an introductive reading at the beginning of each chapter. The scope is to give the linguistic and grammatical context of the following grammar rules. The functional role of the text is made easier by bolded keywords and grammar expressions.

By contextualizing terminologies and grammar rules, the introductive text offers an immediate immersion into the language and the opportunity to put into practice what you have just read and learned. In this way, you can get used to employing the structures you have studied as naturally as possible from the very beginning. Everything is simplified by a step by step translation which is built on a literal method so that differences between the language systems can be stressed. And a glossary is provided to go through the meaning of the text and to answer the comprehension questions. Further support is represented by the summary of the reading itself that guarantees a more direct proposal of the contents and the role of questions that you need to answer.

Grammar sections are simple and intuitive. They propose rules with a comparison to the English grammar system to make them more easily understood and used. To test yourself, each grammar section ends with some exercises about the topic of the chapter, so that the learner can check his or her global comprehension and then verify it using keys proposed below. Furthermore, each chapter presents a lexical focus that shows words and common expressions related to them.

The right approach to this method and book is to go through each chapter by following three stages: read the text carefully using the word list and the translation underneath; work on the global meaning of the story and answer the questions, not taking care of the form but just the contents; and later, undertake the linguistic/grammar focus of the chapter and do the exercises you find. At the end, come back to the introductive reading and your answers so that you can proceed with a final check.

In the last chapter, there is a section showing details about Italian pronunciation; it is strongly recommended to go through this section before starting other chapters if you have never approached Italian before. In this chapter, there is also another section on curiosities about Italy and Italian habits. This is a great chance to check your acquired skills.

This manual will take you on a pleasant and useful journey through the Italian language, letting you learning without difficulties.

Buon lavoro!

Chapter 1 - Laura e la sua famiglia - Laura and her family

Laura **ha una** *grande famiglia*. Anche se **vivono** in città diverse, **sono** molto uniti e **trovano** *sempre* **il** tempo per stare insieme anche se non **è** *semplice*.

Laura has a big family. Even though they live in different cities, they are very close and always find time to be together, even if it is not easy.

Laura **ha** ventiquattro anni e **studia** all'Università di **Roma**, *ma la sua* città è **Firenze** dove *ancora* **vive sua madre**, Federica, con **i suoi** due **fratelli** *più piccoli*, Anna e Matteo. Anna **ha** sette anni e Matteo **ha** dodici.

Laura is twenty-four years old and studies at the University of Rome, but her city is Florence where her mother, Federica, still lives with her two younger siblings, Anna and Matteo. Anna is seven years old, and Matteo is twelve.

Il padre di Laura, Pietro, **è un** *avvocato* e **torna** a **Firenze** solo nei *fine settimana* perché **lavora** al **nord**, a **Milano**. Laura non vede *spesso* **suo** padre perché nei *fine settimana* **lavora** in **un** pub.

Laura's father, Pietro, is a lawyer and comes back to Florence only on weekends because he works in the north, in Milan. Laura doesn't often see her father because she works in a pub on weekends.

Laura **ha** *anche* **un fratello** *più grande*, Francesco, che **vive** a **Bologna**, nel **centro-nord** dell'Italia. Lui **viaggia** molto *per lavoro*. Quando **deve** prendere **un** *aereo,* **va** dal **padre** a **Milano**.

Laura also has an older brother, Francesco, who lives in Bologna, in the north-center of Italy. He travels a lot for work. When he has to get a flight, he goes to his father in Milan.

Francesco **ha una** *fidanzata molto bella e simpatica*, Stella. Lei **è un** avvocato *come* **il padre** di Francesco. *Infatti,* quando Francesco, Stella e Pietro **cenano** insieme, Francesco spesso si annoia perché **parlano** sempre di *cose* che a lui non **interessano** come leggi e processi.

Francesco has a very beautiful and nice girlfriend, Stella. She is a lawyer like Francesco's father. In fact, when Francesco, Stella, and Pietro have dinner together, Francesco often gets bored because they always speak about things he is not interested in, such as laws and trials.

Pietro **vive** a **Milano**, ma **i suoi genitori**, **i nonni** di Laura, **vivono** a **Venezia**, nel **nord-est** d'Italia. **Sono** *persone* molto attive e **amano** viaggiare. Infatti, devono spostarsi molto per incontrare **i loro nipoti** e **i loro figli**. **Hanno** anche **una figlia**, **la zia** di Laura. **Il suo** *nome* è Caterina e **vive** in Puglia, nel **sud-est** dell'Italia.

Pietro lives in Milan, but his parents, Laura's grandparents, live in Venice, in the north-east of Italy. They are very active people and love traveling. In fact, they have to move a lot to meet their grandchildren and their sons. They also have a daughter, Laura's aunt. Her name is Caterina, and she lives in Apulia, in the south-east of Italy.

I genitori di Federica *invece* **vivono** a Ragusa, **una** città nel **sud-ovest** della Sicilia. Loro non **amano** spostarsi perché **hanno** paura di volare.

Instead, Federica's parents live in Ragusa, a town in the south-west of Sicily. They don't love moving because they are afraid to fly.

Durante le *vacanze, tutta* la famiglia **va** in Sicilia. Lì **c'è** sempre **il** *sole,* **il** *cibo* **è** ottimo e Laura's **i nonni hanno** una *casa* molto grande con **un** *giardino.*

During the holidays, all the family goes to Sicily. There, it is always sunny, the food is fantastic, and Laura's grandparents have a very big house with a garden.

Anche se **la** famiglia di Laura **vive** in diverse zone del Paese, **è** sempre *in contatto* e non **perde** *mai occasione* per passare un *po' di tempo insieme.*

Although Laura's family lives in different parts of the country, she is always in touch and never misses an opportunity to spend some time together.

RIASSUNTO – SUMMARY

Laura ha una grande famiglia. Lei vive a Roma e i suoi fratelli più piccoli, Anna e Matteo, vivono a Firenze con la madre, Federica. Pietro, il padre di Laura, vive e lavora a Milano e torna a Firenze nei fine settimana, ma non incontra spesso Laura perché lei nei fine settimana lavora in un pub. Laura ha anche un fratello. Il suo nome è Francesco, vive a Bologna e va dal padre a Milano quando deve prendere un aereo. La sua fidanzata è Stella ed è un avvocato come Pietro. Francesco si annoia quando Stella e Pietro parlano di leggi e processi. I genitori di Pietro vivono a Venezia e si spostano per incontrare i loro figli e nipoti. Pietro infatti ha una sorella, Caterina, che vive in Puglia. I genitori di Federica invece vivono a Ragusa, in Sicilia, ma non si spostano mai perché hanno paura di volare. Per le vacanze, la famiglia va in Sicilia dove i nonni hanno una grande casa con il giardino.

GLOSSARIO - GLOSSARY

grande famiglia = big family

sempre = always

semplice = easy

ma = but

ancora = still

più piccoli = younger

avvocato = lawyer

fine settimana = weekend

spesso = often

anche = also

più grande = older

per lavoro = for work

aereo = flight

fidanzata = girlfriend

molto = very

bella = beautiful

simpatica = nice

come = as-like

infatti = in fact

cose = things

persone = people

nome = name

invece = instead

vacanze = holidays

tutta = all

sole = sun

cibo = food

casa = house

giardino = garden

in contatto = in touch

non perdere mai occasione = to never miss the chance

un po' di tempo = some time

insieme = together

DOMANDE DI COMPRENSIONE - COMPREHENSIVE QUESTIONS

1) Quanti anni ha Laura?
2) Dove vive?
3) Dove vivono sua madre e i suoi fratelli più piccoli?
4) Quanti anni hanno Anna e Matteo?
5) Dove vive il padre di Laura?
6) Quando torna a Firenze Pietro?
7) Dove lavora Laura?
8) Qual è il nome del fratello più grande di Laura?
9) Dove vive?
10) Perché Francesco va a Milano dal padre?
11) Qual è il nome della fidanzata di Francesco? Che lavoro fa?
12) Perché Francesco si annoia a cena con Stella e Pietro?
13) Dove vivono i genitori di Pietro?
14) Perché devono spostarsi?

15) Qual è il nome della sorella di Pietro?

16) Dove vive Caterina?

17) Dove vivono i genitori di Federica?

18) Perché non amano spostarsi?

19) Dove va la famiglia durante le vacanze?

20) Com'è la casa dei nonni in Sicilia?

RISPOSTE – ANSWER KEY

1) Laura ha ventiquattro anni.
2) Vive a Roma.
3) I suoi fratelli più piccoli e la madre vivono a Firenze.
4) Anna ha sette anni e Matteo dodici.
5) Il padre di Laura vive a Milano.
6) Pietro torna a Firenze nei fine settimana.
7) Laura lavora in un pub.
8) Il nome del fratello più grande di Laura è Francesco.
9) Vive a Bologna.
10) Francesco va a Milano dal padre quando deve prendere un aereo.
11) Il nome della fidanzata di Francesco è Stella ed è un avvocato.
12) Francesco si annoia a cena con Stella e Pietro perché parlano di leggi e processi.
13) I genitori di Pietro vivono a Venezia.
14) Devono spostarsi per incontrare i loro nipoti e i loro figli.
15) Il nome della sorella di Pietro è Caterina.
16) Caterina vive in Puglia.

17) I genitori di Federica vivono a Ragusa, in Sicilia.

18) Perché hanno paura di volare.

19) Durante le vacanze, la famiglia va in Sicilia a casa dei nonni.

20) La casa dei nonni in Sicilia è grande e ha un giardino.

1. GRAMMAR

1.1 Gender: masculine and feminine words

Italian words (as adjectives) have a gender. They can be masculine and feminine.

Usually, it is easy to recognize the gender of a word by the definite article which precedes them. However, words ending in "**o**" (il lib**ro** – the book) and by **consonant** (il fil**m** – the movie) are masculine and the ones ending in "**a**" (la sedi**a** – the chair) and "**tà**" (la novi**tà** – the news) are feminine. Nouns ending in "**e**" can be both masculine and feminine.

1.1.1 Some categories of words are specifically masculine or feminine:

masculine name of trees, months, days of the week, mountains, seas, rivers and lakes

(il *melo* – apple tree/ *luglio* – July/ *lunedì* – Monday/ il *monte Everest* – Mount Everest/ il *Mediterraneo* – the Mediterranean see/ il *Tamigi* – the Thames)

feminine fruits, continents, states, regions, cities and islands

(la *mela* – the apple/ l'*Europa* – Europe/ la *Spagna* – Spain/ la *Sicilia* – Sicily)

1.1.2 Some masculine words change their meaning in their feminine forms:

il *modo* – the way/ la *moda* – the fashion

il *porto* – the harbor/ la *porta* – the door

il *fi*ne – the scope/ la *fine* – the end

il *lama* – the llama/ la *lama* – the blade

1.2 Gender: from masculine to feminine

1.2.1 The masculine words ending in "**o**" change into "**a**".

gatt*o* – gatt*a* (cat)

amic*o* – amic*a* (friend)

1.2.2 The masculine words ending in "**e**" change into "**a**" or "**essa**".

camerier*e* – camerier*a* (waiter – waitress)

signor*e* – signor*a* (Mr – Mrs)

leon*e* – leon*essa* (lion)

student*e* – student*essa* (student)

1.2.3 The masculine words ending in "**tore**" change into "**trice**".

att*ore* – att*rice* (actor – actress)

scritt*ore* – scritt*rice* (writer)

1.2.4 Some words have a different form for the masculine and feminine:

padre – madre (father – mother)

marito – moglie (husband – wife)

fratello – sorella (brother – sister)

cane – cagna (dog)

toro – vacca (bull – cow)

1.2.5 Some words do not change their form for masculine to feminine:

cantante (singer)

parente (relative)

nipote (nephew, niece, granddaughter, grandson)

1.3 Number: from singular to plural

1.3.1 The masculine words ending in "**a**", "**o**" and "**e**" change into "**i**".

problem*a* - problem*i* (problem – problems)

ragazz*o* – ragazz*i* (boy – boys)

cantant*e* – cantant*i* (singer – singers)

1.3.2 The feminine words ending in "**a**" change into "**e**".

cas*a* – cas*e* (house – houses)

finestr*a* – finestr*e* (window – windows)

1.3.3 Masculine words ending in "**co**" and "**go**" change into "**chi**" and "**ghi**".

par*co* – par*chi* (park – parks)

fun*go* – fun*ghi* (mushroom – mushrooms)

1.3.4 Feminine words ending in "**ca**" and "**ga**" change into "**che**" and "**ghe**".

bar*ca* – bar*che* (boat – boats)

stre*ga* – stre*ghe* (witch – witches)

1.3.5 Feminine words ending in "**cia**" and "**gia**" change into "**cie**" and "**gie**" if "cia" and "gia" are preceded by a vowel.

cam*icia* – cam*icie* (shirt – shirts)

cili*egia* – cili*egie* (cherry – cherries)

1.3.6 Feminine words ending in "**cia**" and "**gia**" change into "**cce**" and "**gge**" if "cia" and "gia" are preceded by a consonant.

frec*cia* – frec*ce* (arrow – arrows)

spia*ggia* – spia*gge* (beach – beaches)

1.3.7 Feminine words ending in "**cia**" and "**gia**" change into "**cie**" and "**gie**" always when the accent is on the final "**i**".

bug*ìa* – bug*ie* (lie – lies)

1.3.8 Some words do not change from singular to plural

il *cinema* – i *cinema* (cinemas)

la *auto* (car) – le *auto* (cars)0

la *foto* (photo) – le *foto* (photos)

la *radio* – le *radio* (radios)

la *città* (city) – le *città* (cities)

l'*età* (age) – le *età* (ages)

la *libertà* (freedom) – le *libertà* (freedoms)

l'*università* (university) – le *università* (universities)

il *caffè* (coffee) – i *caffè* (coffees)

il *bar* – i *bar* (bars)

lo *sport* – gli *sport* (sports)

1.4 Definite and indefinite articles

1.4.1 **Definite articles** correspond to the English "**the**", but they change according to the gender and the number of the following word.

MASCULINE SINGULAR **il – lo**

MASCULINE PLURAL **i – gli**

FEMININE SINGULAR **la**

FEMININE PLURAL **le**

* "**LO**" is used before words beginning with:

-vowel (see the rule below)

-s + consonant

*lo sq*ualo (the shark)

*lo st*udente (student - masculine)

-z

*lo z*io (the uncle)

*lo z*ucchero (the sugar)

-gn

*lo gn*omo (the gnome)

** "**LO**" and "**LA**" become " **L'** " if the word begins with a vowel.

*lo a*mico = *l'a*mico (friend)

*la a*pe = *l'a*pe (bee)

*****remember:** the plural form of "lo" is "gli"

*l'*amico – *gli* amici

lo squalo – *gli* squali

lo zio – *gli* zii

the plural form of "la" is only "le"

la sedia – *le* sedie

1.4.1.1 **Definite articles** are used in Italian but not in English before:

possessive adjectives and pronouns

(*la mia* migliore amica/ *questa è la* mia – my best friend/ this is mine)

continents, nations, regions

(*l'Europa* – Europe) (*la Germania* – Germany) (*la Toscana* – Tuscany)

* Usually, the English language avoids the use of the definite article in the case of plural words (if not specific) and adjectives, while Italian uses them.

Mangio *le* mele (I eat apples)

1.4.2 **Indefinite articles** correspond to English "**a**" and "**an**" but they change according to the gender and the number of the following word:

MASCULINE SINGULAR **un** – **uno**

FEMININE SINGULAR **una**

** the use of "**UNO**" is the same of "lo"

*** "**UNA**" become "**UN**" if the word begins with a vowel

*una a*pe = *un'a*pe (bee)

BUT "**UN**" does not change even if the word begins with a vowel

*un a*mico

1.4.2.1 **Indefinite articles** are used in English but not in Italian before:

cold – temperature – headache – cough – sore throat

hundred – thousand

1.5 Indicative present tense of ESSERE and AVERE

1.5.1 Subject personal pronouns.

IO = I

TU = YOU

LUI = HE

LEI = SHE

NOI = WE

VOI = YOU

LORO = THEY

* in Italian, "**IT**" does not exist. Animal and thing words are referred to by their number and gender.

il gatt*o* (the cat – singular masculine = *LUI*)

la sedi*a* (the chair – singular feminine = *LEI*)

** in Italian, the 3rd singular person "**LEI**" is used in a formal context to speak to persons you do not know or you are not familiar with. In this case, "lei" is used both for men and women.

*** in Italian, expressions dealing with the weather do not have a subject.

piove (it rains)

nevica (it snows)

1.5.2 ESSERE (to be)

IO SONO = I AM

TU SEI = YOU ARE

LUI È = HE IS

LEI È = SHE IS

NOI SIAMO = WE ARE

VOI SIETE = YOU ARE

LORO SONO = THEY ARE

1.5.3 AVERE (to have)

IO HO = I HAVE

TU HAI = YOU HAVE

LUI HA = HE HAS

LEI HA = SHE HAS

NOI ABBIAMO = WE HAVE

VOI AVETE = YOU HAVE

LORO HANNO = THEY HAVE

** *the "**h**" of the verb AVERE is silent **BUT**

anno = year – *hanno* = they have

a = to (preposition) – *ha* = he/she has

the pronunciation of underlined words (anno/hanno and a/ha) is the same, but the meaning changes and it is possible to recognize it by the context in which it is used.

1.6 Demonstrative adjectives and pronouns

1.6.1 **Demonstrative adjectives and pronouns** have the same form; they are adjectives if followed by the noun they refer to and pronouns if they substitute it.

MASCULINE SINGULAR **questo** (this) **quello/quel** (that)

MASCULINE PLURAL **questi** (these) **quegli/quei** (those)

FEMININE SINGULAR **questa** (this) **quella** (that)

FEMININE PLURAL **queste** (these) **quelle** (those)

* the use of "**QUELLO**" is the same of the definite article "**LO**" and the use of "**QUELLA**" is the same of the definite article "**LA**".

quello amico = *quell'*amico (that friend)

quella ape = *quell'*ape (that bee)

**remind the plural form of "quello" is only "quegli"

*quell'*amico – *quegli* amici

quello squalo – *quegli* squali

quello zio – *quegli* zii

-the plural form of "quella" is "quelle"

quella sedia – *quelle* sedie

*** *quest'anno* = this year

BUT *in questi anni* = during these years

1.7 Possessive adjectives and pronouns

1.7.1 In Italian, **Possessive adjectives and pronouns** have the same form; they are adjectives if followed by the noun they refer to and pronouns if they substitute it.

questo è il *mio* ombrello (this is *my* umbrella), quello è *tuo* (that one is *yours*)

  (adjective) (pronoun)

They agree both with whom owns the object and the owned object (unlike in English where they agree just with whom owns the object):

la *mia* cas*a* (my house) *mia* refers to "me" and agrees also with "casa" that is feminine and singular.

MASCULINE SINGULAR

mio (my - mine) **tuo** (your - yours) **suo** (his/her - hers)

nostro (our - ours) **vostro** (your - yours) **loro** (their - theirs)

MASCULINE PLURAL

miei (my - mine) **tuoi** (your - yours) **suoi** (his/her - hers)

nostri (our - ours) **vostri** (your - yours) **loro** (their - theirs)

FEMININE SINGULAR

mia (my - mine) **tua** (your - yours) **sua** (his/her - hers)

nostra (our - ours) **vostra** (your - yours) **loro** (their - theirs

FEMININE PLURAL

mie (my - mine) **tue** (your - yours) **sue** (his/her - hers)

nostre (our - ours) **vostre** (your - yours) **loro** (their - theirs)

* In English, definite and indefinite articles are never used before possessives, while in Italian it is mandatory.

la mia amica (my friend) *una mia* amica (one friend of mine)

la mia amica si chiama Laura, *la tua* Marta

-it can be used or not before the possessive pronouns when they come with verb essere

questa è *la mia* penna, quella è *tua*/quella è *la tua* (this is my pen, that is yours)

-it is not used before mother, father, son, daughter, uncle, etc. when they are singular

mia mamma, *mio* padre, etc

mia sorella – *le mie* sorelle

mio zio – *i miei* zii

** The possessive "loro" is invariable

il *loro* gatto – i *loro* gatti (their cat – their cats)

la *loro* penna – le *loro* penne (their pen – their pens)

1.8 Interrogative pronouns

1.8.1 In the question form, English changes the order of the elements of the sentence adding, when required, an auxiliary verb. For asking a question, Italian just changes the intonation.

CHI = WHO

COME = HOW

DOVE = WHERE

QUANDO = WHEN

PERCHÉ = WHY

* In Italian, interrogative pronouns must be preceded by the preposition when needed, while English places it at the end of the sentence.

da dove vieni? (*where* do you come *from?*)

con chi sei? (*who* are you *with?*)

di chi è questa penna? (*whose* is this pen?)

{for main Italian prepositions see Chapter 2}

* *In Italian, the interrogative pronoun "**perché**" has the same form both in the question and answer.

perché vivi a Milano? (*why* do you live in Milan?) – p*erché* mia madre vive qui (*because* my mother lives here)

1.9 Present tense (regular verbs)

1.9.1 In Italian there are **three conjugations**, clearly recognizable when the verb is in the infinitive form.

1ST **ARE** - AMARE (to love)

2ND **ERE** - PRENDERE (to take)

3RD **IRE** – APRIRE (to open)

1.9.2 In order to form verbs belonging to the 1st conjugation, it is necessary to take the **root of the verb** (the verb without the infinitive ending "are").

AM<u>ARE</u>

and add **suffixes** of the **present tense**. These suffixes change according to the subject:

IO AM**O** (I love)

TU AM**I** (you love)

LUI/LEI AM**A** (he/she loves)

NOI AM**IAMO** (we love)

VOI AM**ATE** (you love)

LORO AM**ANO** (they love)

*Verbs ending by –**CARE** and –**GARE** add "H" after "c" and "g" at the 2nd singular person and at the 1st plural person.

CER**CARE**

IO CERCO

TU CER**CH**I

LUI/LEI CERCA

NOI CER**CH**IAMO

VOI CERCATE

LORO CERCANO

1.9.3 In order to form verbs belonging to the 2nd conjugation, it is necessary to take the **root of the verb** (the verb without the infinitive ending "ere").

PRENDERE

and add **suffixes** of the **present tense**. These suffixes change according to the subject:

IO PREND**O** (I take)

TU PREND**I** (you take)

LUI/LEI PREND**E** (he/she takes)

NOI PREND**IAMO** (we take)

VOI PREND**ETE** (you take)

LORO PREND**ONO** (they take)

1.9.4 In order to form verbs belonging to the 3rd conjugation, it is necessary to take the **root of the verb** (the verb without the infinitive ending "ire").

APRIRE

and add **suffixes** of the **present tense**. These suffixes change according to the subject:

IO APR**O** (I open)

TU APR**I** (you open)

LUI/LEI APR**E** (he/she opens)

NOI APR**IAMO** (we open)

VOI APRITE (you open)

LORO APRONO (they open)

1.10 Present tense (irregular verbs)

1.10.1 Some verbs, like "essere" and "avere" (see above), can be formed by taking the root and adding suffixes because they are **irregular verbs**. They have their own forms. The most recurring are:

FARE (to do/to make)

io **faccio**

tu **fai**

lui/lei **fa**

noi **facciamo**

voi **fate**

loro **fanno**

SAPERE* (to know)

io **so**

tu **sai**

lui/lei **sa**

noi **sappiamo**

voi **sapete**

loro **sanno**

BERE (to drink)

io **bevo**

tu **bevi**

lui/lei **beve**

noi **beviamo**

voi **bevete**

loro **bevono**

SEDERE (to sit)

io **siedo**

tu **siedi**

lui/lei **siede**

noi **sediamo**

voi **sedete**

loro **siedono**

STARE (to stay)

io **sto**

tu **stai**

lui/lei **sta**

noi **stiamo**

voi **state**

loro **stanno**

SCEGLIERE (to choose)

io **scelgo**

tu **scegli**

lui/lei **sceglie**

noi **scegliamo**

voi **scegliete**

loro **scelgono**

DOVERE* (to have to)

io **devo**

tu **devi**

lui/lei **deve**

noi **dobbiamo**

voi **dovete**

loro **devono**

RIMANERE (to stay)

io **rimango**

tu **rimani**

lui/lei **rimane**

noi **rimaniamo**

voi **rimanete**

loro **rimangono**

VENIRE (to come)

io **vengo**

tu **vieni**

lui/lei **viene**

noi **veniamo**

voi **venite**

loro **vengono**

ANDARE (to go)

io **vado**

tu **vai**

lui/lei **va**

noi **andiamo**

voi **andate**

loro **vanno**

SALIRE (to go up)

io **salgo**

tu **sali**

lui/lei **sale**

noi **saliamo**

voi **salite**

loro **salgono**

POTERE* (can)

io **posso**

tu **puoi**

lui/lei **può**

noi **possiamo**

voi **potete**

loro **possono**

DIRE (to say/to tell)

io **dico**

tu **dici**

lui/lei **dice**

noi **diciamo**

voi **dite**

loro **dicono**

VOLERE* (to want)

io **voglio**

tu **vuoi**

lui/lei **vuole**

noi **vogliamo**

voi **volete**

loro **vogliono**

USCIRE (to go out)

io **esco**

tu **esci**

lui/lei **esce**

noi **usciamo**

voi **uscite**

loro **escono**

*when these verbs are followed by another verb, this comes into its infinitive form.

So nuotare I *can swim*

Posso aprire la finestra? *Can I open* the window?

Dovete togliervi le scarpe You *have to take* your shoes *off*

Vogliamo studiare Italiano We *want to study* Italian

in the negative form, English adds to the verb or to the auxiliary verb, when required, **NOT. Italian just adds **NON** before the verb.

Non siamo italiani = we *are not* Italian)

N*on studio* spagnolo = I *do not* study Spanish

1.11 Put yourself to the test

1.11.1 Form the feminine form of the sentences below.

1. Questo studente non è italiano
2. Il mio gatto vuole entrare
3. Lo zio di Lidia è spagnolo
4. Suo padre vive a Roma

5. Il mio amico sa parlare francese
6. Quel ragazzo non è mio amico, è un vostro studente
7. Questo attore è bravo, è il mio preferito
8. Il vostro cane esce in giardino
9. Non conosco quel signore
10. Il toro non è carnivoro come il leone

1.11.2 Form the plural form of the sentences below.
1. La mia amica vive a Roma con sua sorella
2. Il ragazzo ha un sogno: vuole fare il cantante
3. Quest'anno il mio gatto mangia il topo
4. Lei prende sempre il caffè al bar
5. Fai sport con l'università?
6. La spiaggia è molto bella
7. Mio figlio vuole andare <u>nel</u> (plural = nei) parco
8. La pasta è mia, il fungo è tuo
9. La nonna ama suo nipote
10. Questa camicia ha <u>una</u> (plural = delle) goccia di caffè

1.11.3 Put the verb in brackets into the correct form of the present tense.
1. Luca…(fare) una torta
2. Noi…(amare) la montagna
3. Le foglie…(coprire) i boschi
4. Voi non…(dire) mai la verità
5. Il cane…(bere) la sua acqua
6. Tu…(cercare) tuo padre

7. I bambini...(andare) a scuola

8. Noi...(legare) le persone con l'amore

9. Molti italiani...(vivere) all'estero

10. Paola...(dovere) leggere un libro

Keys

1.11.1 Form the feminine form of the sentences below.
1. Quest<u>a studentessa non è italiana</u>
2. <u>La mia gatta vuole entrare</u>
3. <u>La zia di Lidia è Spagnola</u>
4. <u>Sua madre vive a Roma</u>
5. <u>La mia amica sa parlare francese</u>
6. <u>Quella ragazza non è mia amica, è una vostra studentessa</u>
7. Quel<u>l'attrice è brava, è la mia preferita</u>
8. La tua cagna esce in giardino
9. Non conosc<u>o quella signora</u>
10. <u>La vacca non è carnivora come il leone.</u>

1.11.2 Form the plural form of the sentences below.
1. Le mie amiche vivono a Roma con le loro sorelle
2. I ragazzi hanno un sogno: vogliono fare i cantanti
3. In questi anni i miei gatti mangiano i topi
4. Loro prendono sempre i caffè al bar
5. Fate sport con le università?
6. Le spiagge sono molto belle
7. I miei figli vogliono andare nei parchi
8. La pasta è mia, i funghi sono tuoi

9. Le nonne amano i loro nipoti

10. Queste camicie hanno delle gocce di caffè

1.11.3 Put the verb in brackets into the correct form of the present tense.

1. Luca **fa** una torta
2. Noi **amiamo** la montagna
3. Le foglie **coprono** i boschi
4. Voi non **dite** mai la verità
5. Il cane **beve** la sua acqua
6. Tu **cerchi** tuo padre
7. I bambini **vanno** a scuola
8. Noi **leghiamo** le persone con l'amore
9. Molti italiani **vivono** all'estero
10. Paola **deve** leggere un libro

1. LEXICAL FOCUS

1.1 Main Italian regions and cities and cardinal points

NORD (north)

Est (east)

Piemonte – Torino

Liguria – Genova

Centro (center)

Lombardia – Milano

Emilia Romagna – Bologna

Ovest (west)

Veneto – Venezia

CENTRO (center)

Est (east)

Lazio – Roma

Centro (center)

Toscana – Firenze

SUD (south)

Est (east)

Campania – Napoli

Ovest (west)

Puglia – Bari

ISOLE (islands)

Sardegna – Cagliari

Sicilia – Palermo

1.2 Family

Padre (father)

Madre (mother)

Figlio (son)

Figlia (daughter)

Fratello (brother)

Sorella (sister)

Nonno (grandfather)

Nonna (grandmother)

Nonni (grandparents)

Zio (uncle)

Zia (aunt)

Cugino (male cousin)

Cugina (female cousin)

1.3 Introduce yourself

Il mio nome è… my name is

Il mio cognome è… my surname is

Sono il signor (sig.)… I am mister (Mr.)

Sono la signora (sig.ra)… I am madame (Mrs.)

Sono la signorina (sig.na)… I am Miss

Sono celibe… (unwed male)

Sono nubile… (unwed female)

Ho…anni I am…years old

Sono di… I am from

Vivo a… I live in

Il mio indirizzo è… my address is

Via… street

Viale… avenue

Piazza… square

CAP (codice avviamento postale)… zip code

Il mio numero di cellulare è… my cell phone number is

Il mio indirizzo email è… my email address is

@ chiocciola

. punto

Ho un fratello/una sorella I have got one brother/one sister

Sono figlio/figlia unico/unica I am an only child

1.4 Nation and nationalities

Italia – italiano

Spagna – spagnolo

Regno Unito – britannico

Stati Uniti – americano/statunitense

Francia – francese

Germania – tedesco

Olanda – olandese

Grecia – greco

Cina – cinese

Russia – russo

1.5 Greetings

The **informal greeting** for both when we arrive and we go away is

CIAO

The **formal greeting** when we arrive is

SALVE

and we go away is

ARRIVEDERCI

The following greetings can be used in both **informal** and **formal situations:**

BUONGIORNO good moring

BUONASERA good evening

BUONANOTTE good night

* In Italian, the use of "good afternoon" is quite infrequent. Italian people usually use "buongiorno" till lunchtime, that is around one pm. In the afternoon, in informal situations, they use "salve" until six pm, after "buonasera".

** "buonanotte" is used just at bedtime, to say "sleep well" – "dormi bene". After dinner, when we need to greet someone while going away, in a formal context, Italians use "buonanotte"; otherwise, "ciao" or "buonanotte".

1. NUMBERS

1. UNO (one)

2. DUE (two)

3. TRE (three)

4. QUATTRO (four)

5. CINQUE (five)

6. SEI (six)

7. SETTE (seven)

8. OTTO (eight)

9. NOVE (nine)

10. DIECI (ten)

11. UNIDICI (eleven)

12. DODICI (twelve)

13. TREDICI (thirteen)

14. QUATTORDICI (fourteen)

15. QUINDICI (fifteen)

16. SEDICI (sixteen)

17. DICIASSETTE (seventeen)

18. DICIOTTO (eighteen)

19. DICIANNOVE (nineteen)

Chapter 2 - Quando ci vediamo? - When do we meet?

Marco: Ciao Giulia! Come stai?

Giulia: Ciao Marco! Bene, tu?

Marco: Hi, Giulia! How are you?

Giulia: Hi, Marco! Good, and you?

Marco: Bene, grazie. È molto che non **ci vediamo**. Questa è mia madre, Patrizia.

Giulia: Buongiorno sig.ra Patrizia, piacere **di** conoscerla.

Patrizia: Buongiorno Giulia, piacere.

Marco: Fine, thanks. We have not seen each other for a long time. This is my mother, Patrizia.

Giulia: Good morning, Mrs. Patrizia, nice to meet you.

Patrizia: Good morning, Giulia, nice to meet you too.

Marco: Rimango **in** città **per** *qualche* giorno. Andiamo **a** prendere un caffè questo pomeriggio?

Marco: I will be in town for a few days. Are we going to have a coffee this afternoon?

Giulia: Questo pomeriggio no, **mi dispiace**. Devo andare **dal** dottore e poi devo **vedermi con** mia madre **alle** 6 a casa **di** mia sorella.

Giulia: This afternoon, no, I am sorry. I have to go to the doctor, and then I have to see my mother at six o'clock at my sister's house.

Marco: Tua sorella vive *ancora* vicino **all'**ospedale **sui** *colli*?

Giulia: No. *Ora* vive **sulla** strada **per** andare **al** mercato **delle** *arance*, **davanti** alla nostra *vecchia scuola*.

Marco: Does your sister still live near the hospital in the hills?

Giulia: No, she does not. Now she lives on the street to go to the oranges market, in front of our old school.

Marco: Che programmi hai **per** questo fine settimana?

Giulia: Nulla **di** speciale. Solitamente il sabato **mi riposo** o esco **con le** amiche. A volte andiamo **al** cinema *o* **al** ristorante. Spesso **mi vedo con** Laura, te la ricordi?

Marco: What are your plans for the weekend?

Giulia: Nothing special. I usually rest on Saturdays or I go out with my friends. Sometimes we go to the cinema or restaurant. I often see Laura, do you remember her?

Marco: *Certamente*. Possiamo chiamare anche lei *allora*!

Giulia: *Sicuro! Sono sicura Laura che* è *libera* questo fine settimana.

Marco: Definitely. So, we can call her too!

Giulia: Sure! I am sure Laura is free this weekend.

Marco: Va bene *se* **ci vediamo alle** sette **al** bar **nella** *piazza centrale*?

Giulia: *Ottimo!* Ma **per** l'aperitivo andiamo **in** un bar **vicino alla** stazione ferroviaria, sai qual è? **Dietro** piazza Vivaldi, **tra** via Maggiore e la piazza **del** *municipio*.

Marco: It is ok if we meet at the bar in the central square at sette pm?

Giulia: Great! But for the aperitif let's go to a bar near the railway station. Do you know which one is it? Behind Piazza Vivaldi, between Via Maggiore and the square of the town hall.

Marco: Si, so dov'è. A sabato! Ciao e buona giornata!

Giulia: Grazie, anche a te! Arrivederci sig.ra Patrizia.

Patrizia: Arrivederci Giulia.

Marco: Yes, I know where it is. See you on Saturday! Goodbye and have a good day!

Giulia: Thanks, you too! Goodbye, Mrs. Patrizia.

Patrizia: Goodbye, Giulia.

RIASSUNTO – SUMMARY

Marco incontra Giulia dopo molto tempo che non si vedono. Marco presenta a Giulia sua madre Patrizia e dice a Giulia che resta in città per qualche giorno e la invita a prendere un caffè nel pomeriggio. Giulia nel pomeriggio non può perché deve andare dal dottore e poi a casa della sorella con la madre. Marco chiede a Giulia se la sorella vive ancora vicino all'ospedale sui colli e Giulia risponde che ora vive davanti alla vecchia scuola. Marco chiede a Giulia i suoi programmi per il fine settimana e lei risponde che solitamente il sabato si riposa o esce con le amiche e spesso si vede con Laura. Marco dice a Giulia che possono incontrare anche Laura nel fine settimana e che si vedono alle 7 nella piazza centrale. Giulia dice che possono andare a fare l'aperitivo vicino alla stazione ferroviaria.

GLOSSARIO – GLOSSARY

qualche = some

colli = hills

ancora = still

ora = now

arance = oranges

vecchia scuola = old school

o = or

allora = so, then

certamente = definitely

sicuro! = sure!

sono sicura che = I am sure (that) * in Italian the use of *that* is mandatory

libera = free

se = if

piazza centrale = central square

ottimo! = great!

stazione ferroviaria = railway station

municipio = town hall

DOMANDE DI COMPRENSIONE – COMPREHENSIVE QUESTIONS

1) Quant'è che non si vedono Giulia e Marco?
2) Chi è Patrizia?
3) Quanto rimane Marco in città?
4) Perché Giulia non può andare a prendere il caffè nel pomeriggio?
5) Dove vive la sorella di Giulia?
6) Che programmi ha Giulia per il fine settimana?
7) Che cosa fa Giulia solitamente nel fine settimana?

8) Laura è libera nel fine settimana?

9) Dove si vedono Giulia, Laura e Marco?

10) A che ora?

11) Dov'è il bar per l'aperitivo?

RISPOSTE – ANSWER KEY

1) Giulia e Marco non si vedono da molto tempo.

2) Patrizia è la madre di Marco.

3) Marco rimane in città per qualche giorno.

4) Giulia non può andare a prendere il caffè nel pomeriggio perché deve andare d0al dottore e poi si vede con sua madre a casa della sorella.

5) La sorella di Giulia vive davanti alla loro vecchia scuola.

6) Giulia non ha nessun programma speciale per il fine settimana.

7) Giulia solitamente si riposa il sabato o esce con le amiche.

8) Sicuramente sì.

9) Giulia, Laura e Marco si vedono nella piazza centrale.

10) Alle sette di sera.

11) In un bar vicino alla stazione ferroviaria.

2. GRAMMAR

2.1 Reflexive verbs

In Italian, the use of reflexive verbs is very common. Verbs belonging to this category add a personal **reflexive pronoun** before the verb. In the infinitive form, it is possible to recognize reflexive verbs from the final distinctive syllable "CI".

2.1.1 Reflexive personal pronouns

(which correspond to the English myself, yourself, himself, etc.)

MI
TI
SI
CI
VI
SI

2.1.2 Reflexive verbs conjugation

LAVARSI = infinitive form (Lavare se stessi = to wash yourself)

Io **MI** lavo

Tu **TI** lavi

Lui/lei **SI** lava

Noi **CI** laviamo

Voi **VI** lavate

Loro **SI** lavano

2.1.3 Kinds of reflexive verbs

In Italian, there are different kinds of reflexive verbs.

A. LAVARSI

An action referred to the same person who does it.

Laura *si lava* = Laura washes herself

Other verbs belonging to this group are: vestirsi (to get dressed), pettinarsi (to comb), truccarsi, (to put on make-up), radersi (to shave).

B. LAVARSI I DENTI

An action referred not directly to the same person, but something owned by him/her or to a part of his/her body.

Laura *si lava i denti* = Laura brushes her teeth

Laura *si pettina i capelli* = Laura combs her hair

*in Italian, the possessive before the object (her hair) is not used (i capelli).

C. SALUTARSI

An action that two people do to each other, a mutual action.

Laura e Marco *si salutano* = Laura and Marco greet each other

D. VERGOGNARSI

A verb that is reflexive only in the form but not in the meaning.

Laura *si vergogna* = Laura is ashamed

Other verbs belonging to this group are: pentirsi (to regret), ribellarsi (to rebel), arrendersi (to surrender), arrabbiarsi (to get mad).

E. SVEGLIARSI

Some verbs change their meaning when becoming reflexive:

Laura *si sveglia* = Laura wakes up

Laura *sveglia* suo figlio = Laura wakes up her son

Other verbs belonging to this group are

Addormentare (to make someone fall asleep) – addormentarsi (to fall asleep)

Alzare (to lift) – alzarsi (to get up)

Annoiare (to bore) – annoiarsi (to get bored)

Battere (to beat) – battersi (to fight)

Bruciare (to burn) – bruciarsi (to burn oneself)

Cambiare (to change) – cambiarsi (to change clothes)

Chiamare (to call) – chiamarsi (to be named)

Chiedere (to ask) – chiedersi (to wonder)

Divertire (to amuse) – divertirsi (to have fun)

Fare male (to hurt someone) – farsi male (to hurt oneself)

Preparare (to prepare) – prepararsi (to get ready)

Rompere (to break) – rompersi (to break one's leg, arm, etc.)

Sbagliare (to make a mistake) – sbagliarsi (to get wrong)

Vestire (to clothe) – vestirsi (to get dressed)

**In Italian, there are some verbs with a particular construction:

PIACERE: is reflexive but its subject is what one likes

Mi piace la pasta (I like pasta)

where "piace" is at the 3rd singular person, "pasta" is singular

Mi piacciono gli amici (I like friends)

where "piacciono" is at the 3rd plural person, "amici" is plural

in other situations, it is not reflexive and its subject corresponds to whom one likes

Io gli piaccio – piaccio a lui (He likes me)

SERVIRE: it means "to need" if it is reflexive and its subject is what one needs

Ti serve la penna (you need the pen)

Ci servono le matite (we need pencils)

it means "to serve" if it is not reflexive and its subject corresponds to the person who serves

Servite la cena (you serve the dinner)

it means "to use" if it is reflexive and its subject corresponds to the person who uses

Mi servo dei miei strumenti (I use my tools)

it means "to be used to" if followed by "for"

Questo serve per pescare (this is used to fish)

***If the reflexive verb is at the infinitive tense, the reflexive pronoun goes at the end of verb that loses the final vowel.

A Michele piace <u>farsi</u> la barba (Michele likes shaving)

FARSI =FARE + SI

2.2 Simple prepositions

2.2.1 In Italian, **simple prepositions** are:

DI (of)

A (to)

DA (from)

IN (in)

CON (with)

SU (on, over, about)

PER (for, through)

TRA/FRA (between, among)

2.2.2 When simple prepositions are combined with definite articles, they become **compound prepositions:**

DI

DI + IL = **DEL**

DI + LO = **DELLO**

DI + I = **DEI**

DI + GLI = **DEGLI**

DI + LA = **DELLA**

DI + LE = **DELLE**

A

A + IL = **AL**

A + LO = **ALLO**

A + I = **AI**

A + GLI = **AGLI**

A + LA = **ALLA**

A + LE = **ALLE**

DA

DA + IL = **DAL**

DA + LO = **DALLO**

DA + I = **DAI**

DA + GLI = **DAGLI**

DA + LA = **DALLA**

DA + LE = **DALLE**

IN

IN + IL = **NEL**

IN + LO = **NELLO**

IN + I = **NEI**

IN + GLI = **NEGLI**

IN + LA = **NELLA**

IN + LE = **NELLE**

SU

SU + IL = **SUL**

SU + LO = **SULLO**

SU + I = **SUI**

SU + GLI = **SUGLI**

SU + LA = **SULLA**

SU + LE = **SULLE**

* CON, PER and TRA/FRA are never compound.

** the use of compound prepositions follows the rule of definite articles.

2.3 Complements of place and time

2.3.1 Simple and compound prepositions are used for **complements of place**

DI

La mia famiglia è *di* Roma (my family is from Rome)

I tuoi amici sono *della* Spagna (your friends are from Spain)

Esco *di* casa (I leave home)

A

Andiamo *a* scuola (we go to school)

Rimangono *a* casa (they are staying home)

Vivo *a* Milano (I live in Milan)

Sono *alla* stazione (I am at the station)

DA

Vengo *da* Firenze (I come from Florence)

Ci vediamo *da* Paolo (we meet at Paolo's place)

Esco *da* casa (I leave home)

IN

Oggi stiamo *in* casa (today we are staying home)

Vivo *in* Puglia (I live in Apulia)

Sono *in* cucina (I am in the kitchen)

La macchina è *nel* parcheggio (the car is in the parking)

SU

Gli occhiali sono *sul* tavolo (eyeglasses are on the table)

Vado *sulla* montagna (I go up on the mountain)

PER

Passiamo *per* il parco (we pass through the park)

L'autobus *parte per* la stazione (the bus leaves for the station)

Il libro è *per terra* (the book is on the floor)

TRA/FRA

Tra le varie opzioni (among different options)

Cammina *tra* la folla (she/he walks in the crowd)

La montagna è *tra* due colline (the moutain is between two hills)

* The English preposition "at" literally means "presso". It is often replaced by "a" and its compound forms.

** The English prepositions "to" and "in" used with reference to a movement towards a place and to a non-movement, can be translated with "in" or "a".

"a" is used to refer to cities, towns, villages and small islands both with verbs as "vivere" and "andare"

Paolo *vive a Milano, a Fiesole, a Monterosso, a Capri* (Paolo lives in…)

Paolo *va a Milano, a Fiesole, a Monterosso, a Capri* (Paolo goes to…)

"in" is used to refer to continents, nations, regions and big islands both with verbs as "vivere" and "andare"

Paolo *vive in Africa, in Germania, in Toscana, in Sicilia* (Paolo lives in…)

Paolo *va in Africa, in Germania, in Toscana, in Sicilia* (Paolo goes to…)

2.3.2 Simple and compound prepositions are used for **complements of time:**

DI

Dormo *di* giorno e studio *di* note (I sleep during the day and I study during the night)

A

Partite *alle* 9 (you are leaving at 9)

Ci vediamo *alle* 6 (we meet at 6)

IN

Sono nato *nel* 1992 (I was born in 1992)

Andiamo *in* vacanza a marzo (we go on holiday in March)

Amo sciare *in* inverno (I love skiing in winter)

Arrivo *in* 5 minuti (I am arriving in 5 minutes)

PER

Cammino *per* tre ore (I walk for three hours)

TRA/FRA

Arrivo *tra* due giorni (I am coming in two days)

La visita è *tra* le 9 e le 10 del mattino (the visit is between 9 and 10 am)

*In English, the preposition "at" is used for:

time = Italian uses "alle" (at 6 pm – alle 6 del pomeriggio)

weekend = Italian uses "nel" (at weekend – nel fine settimana)

Christmas and Easter = Italian uses "a" (at Christmas – a Natale)

Meals= Italian uses "a" (at lunch – a pranzo)

Night = Italian uses "di" (at night – di notte)

**In English, the preposition "in" is used for

years and seasons as in Italian

Months = Italian uses "a" (in March – A marzo)

Parts of the day = Italian uses "di", "al/alla" or "nel" (in the morning – di/al mattino (in the afternoon – di/nel pomeriggio) (in the evening – di/alla sera)

2.3.3 Simple and compound prepositions for **other complements:**

DI

Il libro *di* Marco (Marco's book)

Parlo *di* te (I am talking about you)

Questo tavolo è *di* vetro (this is a glass table)

Un bambino *di* 8 anni (a 8 years old child)

A

Diamo l'osso *al* cane (we give the bone to the dog)

Una camicia *a* righe (a striped shirt)

DA

Occhiali *da* sole (sunglasses)

Ti comporti *da* ragazzo sciocco (you are behaving as a silly boy)

IN

Vado *in* treno (I go by train)

Questa è una scultura *in* marmo (this is a marble sculpture)

CON

Venite *con* Paolo? (are you coming with Paolo?)

Osservare *con* attenzione (to pay close attention)

SU

Non so nulla *sull'*argomento di oggi (I do not know anything about the topic of today)

PER

Combattiamo *per* te (we are figthing for you)

Lo faccio *per* i vostri figli (I am doing it for your sons)

Per me (to me, for me, in my opinion)

2.4 Adverbs

Adverbs can add the suffix "-mente" to the adjective as English adds "ly"

VELOCE – VELOCE**MENTE**

quick - quickly

but can also have their own form as a word

2.4.1 Adverbs of **place**

Accanto (next to, beside)

Attorno (around)

Avanti (ahead, forward)

Davanti (in front of)

Dentro (inside)

Dietro (behind)

Fuori (outside)

Giù (down, below)

Indietro (backwards)

Laggiù (over there)

Là (there)

Qui (here)

Lontano (far)

Sotto (under)

Vicino (near, close)

2.4.2 Adverbs of **time:**

Adesso – ora (now)

Domani (tomorrow)

Dopo (after, later)

Ieri (yesterday)

Oggi (today)

Presto (soon)

Prima (before)

Poi (then)

Sempre (always)

Spesso (often)

Stamani (this morning)

Stanotte (tonight)

Stasera (this evening)

Subito (immediately)

Tardi (late)

2.4.3 **Other** adverbs:

Molto (very)

Solo (only)

Forse (maybe, perhaps)

Bene (well)

Male (badly)

Così (so)

Insieme (together)

Sì (yes)

No (no)

Piuttosto (rather)

Invece (instead)

Davvero (really)

*be careful: "sì" means "yes" while "si" is the reflexive pronoun.

2.5 Put yourself to the test

2.5.1 Fill in the gaps with the correct reflexive pronoun:

1. Noi non…lamentiamo mai
2. …dimentichi sempre di far…la barba
3. Come…vestite per la festa?
4. Io…chiamo Roberto, voi come…chiamate?
5. Laura…brucia ogni volta che…asciuga i capelli
6. …salutiamo sempre ma non so come…chiama
7. Ogni volta che…annoi,…arrabbi
8. La mattina…sveglio, …faccio la doccia e poi…preparo la colazione
9. …piace la pizza?
10. Il telefono…è rotto

2.5.2 Fill in the gaps with the correct simple preposition:

1. Questo bicchiere non è…vetro ma…cristallo
2. Vado…Mantova…Laura
3. Stasera vado…cinema…Mario
4. Vivo…Roma ma sono…Napoli
5. Amo questo libro…Leonardo Da Vinci

2.5.3 Fill in the gaps with the correct compound preposition:

1. La neve cade…montagne

2. Le valigie sono...turisti
3. I gatti vivono...tetti
4. Il cappello nero è...mio capo
5. I documenti sono...cassetto...scrivania

2.5.4 Fill in the gaps with the correct simple or compound preposition:
1. Quella ragazza...la gonna nera è la sorella...mia amica
2. ...estate vado tutti i giorni...mare
3. Il cellulare...tavolo è...mia madre
4. Le fotografie...mia madre sono...salotto
5. ...montagne c'è sempre la neve...dicembre
6. Mi piace la sciarpa...lana...vostra amica
7. ...gli amici mi piace andare...cinema
8. ...due giorni torna Luigi...i suoi genitori
9. Il cane...Massimo abbaia sempre...notte
10. ...pomeriggio andiamo sempre...Paolo

Keys

2.5.1 Fill in the gaps with the correct reflexive pronoun:
1. Noi non **ci** lamentiamo mai
2. **Ti** dimentichi sempre di far**ti** la barba
3. Come **vi** vestite per la festa?
4. Io **mi** chiamo Roberto, voi come **vi** chiamate?
5. Laura **si** brucia ogni volta che **si** asciuga i capelli
6. **Ci** salutiamo sempre ma non so come **si** chiama
7. Ogni volta che **ti** annoi, **ti** arrabbi

8. La mattina **mi** sveglio, **mi** faccio la doccia e poi **mi** preparo la colazione
9. **Ti** piace la pizza?
10. Il telefono **si** è rotto

2.5.2 Fill in the gaps with the correct simple preposition:
1. Questo bicchiere non è **di** vetro ma **di** cristallo
2. Vado **a** Mantova **da** Laura
3. Stasera vado **al** cinema **con** Mario
4. Vivo **a** Roma ma sono **di** Napoli
5. Amo questo libro **su** Leonardo Da Vinci

2.5.3 Fill in the gaps with the correct compound preposition:
1. La neve cade **sulle** montagne
2. Le valigie sono **dei** turisti
3. I gatti vivono **sui** tetti
4. Il cappello nero è **del** mio capo
5. I documenti sono **nel** cassetto **della** scrivania

2.5.4 Fill in the gaps with the correct simple or compound preposition:
1. Quella ragazza **con** la gonna nera è la sorella **della** mia amica
2. **In** estate vado tutti i giorni **al** mare
3. Il cellulare **sul** tavolo è **di** mia madre
4. Le fotografie **di** mia madre sono **nel** salotto
5. **Sulle** montagne c'è sempre la neve **a** dicembre
6. Mi piace la sciarpa **di** lana **della** vostra amica
7. **Con** gli amici mi piace andare **al** cinema
8. **Tra** due giorni torna Luigi **con** i suoi genitori

9. Il cane **di** Massimo abbaia sempre **di** notte

10. **Nel** pomeriggio andiamo sempre **da** Paolo

2. LEXICAL FOCUS

2.1 Che ore sono – What time is it?

The Italian language expresses **the time** saying before the hour and then the minutes. When English uses "past", Italian uses "e", and when English uses "to", Italian uses "meno".

Sono le cinque (it is five o'clock)

Sono le cinque **e** dieci (it is ten past five)

Sono le cinque **e un quarto** (it is a quarter past five)

Sono le cinque **e** venti (it is twenty past five)

Sono le cinque **e mezzo** (it is half past five)

Sono le sei **meno** venti (it is twenty to six)

Sono le sei **meno un quarto** (it is a quarter to six)

Sono le sei **meno** dieci (it is ten to six)

*Italian refers to one am/pm with the singular form of the verb essere

È l'una, è l'una e mezzo, è l'una meno un quarto

** mezzanotte = midnight

Mezzogiorno = midday

Alla mezza = at noon

2.2 Days of the week

lunedì = Monday

martedì = Tuesday

mercoledì = Wednesday

giovedì = Thursday

venerdì = Friday

sabato = Saturday

domenica = Sunday

*The days of the week in Italian do not have the capital letter and they do not vary at the plural except "sabato" and "domenica". They always use articles.

Tutti *i mercoledì* vado in piscina, *i sabati* in palestra e *le domeniche* riposo

All Wednesdays I go to the swimming pool, Saturdays to the gym, and Sundays I rest

2.3 Physical description

Capelli – is plural (hair)

lunghi (long)

corti (short)

lisci (straight)

ricci (curly)

neri (black)

marroni (brown)

rossi (red)

biondi (blond – blondie)

grigi (gray)

Occhi (eyes)

blu (blue)

scuri (dark)

grandi (big)

piccoli (small)

Sopracciglio (eyebrow)

Viso – volto (face)

rotondo (round)

lungo (long)

Pelle (skin)

chiara (fair)

scura (dark)

Corporatura (build)

alto (tall)

basso (short)

magro (thin)

longilineo (slim)

grasso (fat)

in carne (plump)

2.4 Daily actions

Svegliarsi (to wake up)

Alzarsi (to get up)

Fare colazione (to have breakfast)

Farsi la doccia (to have shower)

Lavarsi i denti (to brush your teeth)

Lavarsi il viso (to wash your face)

Vestirsi (to get dressed)

Prepararsi (to ger ready)

Uscire di casa (to leave home)

Andare al lavoro/a scuola/all'università (to go to work/to school/to the university)

Pranzare (to have lunch)

Cenare (to have dinner)

Tornare a casa (to come back home)

Leggere un libro/il giornale (to read a book/ the newspaper)

Guardare la TV/un film (to watch TV/ a movie)

Andare a letto (to go to bed)

Addormentarsi (to fall asleep)

2.5 Adverbs of frequency

Sempre (always)

Solitamente (usually)

Spesso (often)

Raramente (rarely)

Quasi mai (hardly ever)

Mai (ever/never)

*In English, both "ever" and "never" can be translated with the Italian word "mai". In fact, in Italian the double negation does not affirm: Non vado mai al cinema = I do not ever go to the cinema/I never go to the cinema - Vai mai al cinema? = do you ever go to the cinema?

2.6 Greeting b.

Come stai? (how are you?)

Bene, grazie. E tu? (fine, thanks. And you?)

Come va? (how is it going?)

Piacere di conoscerti/vi/la (nice to meet you)

Il piacere è mio/altrettanto (nice to meet you too)

Grazie/grazie mille (thanks/thank you so much)

Prego (you are welcome)

2. NUMBERS

20. VENTI (twenty)

21. VENTUNO (twenty-one)

22. VENTIDUE (twenty-two)

23. VENTITRÉ (twenty-three)

24. VENTIQUATTRO (twenty-four)

25. VENTICINQUE (twenty-five)

26. VENTISEI (twenty-six)

27. VENTISETTE (twenty-seven)

28. VENTOTTO (twenty-eight)

29. VENTINOVE (twenty-nine)

30. TRENTA (thirty)

31. TRENTUNO (thirty-one)

32. TRENTADUE (thirty-two)

33. TRENTATRÉ (thirty-three)

34. TRENTAQUATTRO (thirty-four)

35. TRENTACINQUE (thirty-five)

36. TRENTASEI (thirty-six)

37. TRENTASETTE (thirty-seven)

38. TRENTOTTO (thirty-eight)

39. TRENTANOVE (thirty-nine)

Chapter 3 - Alessio racconta la sua vacanza - Alessio tells his holiday

Lo *scorso mese* **sono andato** *in vacanza* in Sicilia con i miei amici. Ci siamo **divertiti molto** e **abbiamo visitato** molte città.

Last month I went on holiday to Sicily with some friends of mine. We had a lot of fun and we visited many cities.

Siamo partiti di domenica dall'*aeroporto* di Pisa. Il *volo* è **partito** *in orario* *fortunatamente*, ma **ha piovuto** per tutto il *viaggio* e quindi non **ho potuto** vedere il *panorama*.

We left on Sunday from Pisa airport. The flight left on time, fortunately, but it rained all the way, and so I couldn't see the view.

Quando **siamo arrivati** a Palermo **abbiamo trovato** il sole. **Siamo andati** *subito* al nostro *albergo* dove ci **ha accolto** una signora *molto simpatica* di nome Maura.

When we arrived in Palermo, we found the sun. We went straight to our hotel where a very nice woman named Maura welcomed us.

Nel pomeriggio **abbiamo fatto** un giro per la città e **abbiamo mangiato** *tipici* arancini che sono *polpette di riso*; ne **abbiamo provati** due *tipi*: *piselli e ragù* e quelli con il *prosciutto cotto*.

In the afternoon, we went for a stroll in the city and ate traditional arancini that are rice balls; we tasted two kinds: peas and ragù sauce and those with ham.

Ci sono *molte cose* da vedere a Palermo ma **ci siamo fermati** solo due giorni e non **abbiamo avuto** molto tempo.

There are many things to see in Palermo but we stayed only two days, and we did not have much time.

Abbiamo visitato il *Duomo* e la *Cattedrale*, ***abbiamo fatto*** *il bagno* e ***abbiamo preso*** *il sole* sulla bellissima *spiaggia* di Mondello. Lì **abbiamo conosciuto** due ragazzi tedeschi e tre ragazze francesi in viaggio come noi. La sera **abbiamo cenato** *tutti insieme* e poi **ci siamo scambiati** i numeri ma non **ci siamo rivisti**.

We visited the Dome and the Cathedral, and we bathed and sunbathed on the beautiful beach of Mondello. There we met two German boys and three French girls traveling like us. In the evening, we all had dinner together, and then we exchanged numbers, but we did not see each other again.

Il terzo *giorno* **abbiamo affittato** una *macchina* e **siamo andati** *verso* San Vito Lo Capo. La *strada* non **è stata** molto facile perché **ci siamo persi** *tre volte*, ma quando **abbiamo trovato** l'albergo **siamo stati** *molto felici*.

On the third day, we rented a car, and went to San Vito Lo Capo. The road was not very easy because we got lost three times. But when we found the hotel, we were very happy.

Nella nostra *camera* **abbiamo trovato** un *piccolo balcone* con una bellissima vista sul ma*re e* sulla *baia*.

In our room, we found a little balcony with a wonderful view of the sea and the bay.

Siamo rimasti a San Vito per due giorni. **Ci siamo rilassati** molto perché **siamo andati** tutti i giorni al mare *di mattina presto*. Tutte le sere **abbiamo provato** diversi ristoranti per cena e *dopo* **abbiamo mangiato** *gelato* in un bar molto carino nella piazza centrale.

We stayed in San Vito for two days. We relaxed a lot because we went to the beach early in the morning. Every night we tried different restaurants for dinner, and afterward, we ate ice cream in a very nice bar in the central square.

Una sera **me ne sono andato via** prima e non **ho preso** il gelato.

One evening I left earlier, and I did not get ice cream.

Come ultima *tappa* **siamo stati** a Trapani. Poco prima *però* **ci siamo fermati** a Erice, un piccolo *paese* molto carino dove **ho comprato** *alcuni* souvenir e **ho preso** una *maglietta* per mio fratello.

As a last stop, we went to Trapani. Shortly before, however, we stopped in Erice, a very nice small village where I bought some souvenirs and got a shirt for my brother.

A Trapani **abbiamo visitato** la città ma non **siamo usciti** molto la sera perché *eravamo molto stanchi*. Dopo *un paio di giorni* **abbiamo guidato** verso Palermo dove **abbiamo lasciato** la macchina e **preso** l'aereo per tornare a casa.

In Trapani, we visited the city, but we did not go out much at night because we were very tired. After a couple of days, we drove towards Palermo where we left the car and took the plane back home.

È stata una vacanza meravigliosa.

It was a wonderful holiday.

RIASSUNTO – SUMMARY

Il mese scorso Alessio è andato in vacanza in Sicilia con i suoi amici. Il volo è partito in orario ma Alessio non ha potuto vedere il panorama per la pioggia. A Palermo hanno trovato il sole e Maura ad aspettarli in albergo. Nel pomeriggio hanno fatto un giro per la città e hanno mangiato gli arancini che sono delle polpette di riso. Hanno visitato il Duomo e la Cattedrale e sono andati anche alla spiaggia di Mondello dove hanno conosciuto dei ragazzi tedeschi e delle ragazze francesi. Il terzo giorno hanno affittato una macchina e sono partiti per San Vito Lo Capo dove hanno trovato una camera con un piccolo balcone e una bellissima vista sul mare. Si sono rilassati, hanno mangiato in vari ristoranti e dopo cena il gelato. L'ultima tappa è stata Trapani e poco prima si sono fermati a Erice dove Alessio ha comprato alcuni souvenir e una maglietta. Dopo un paio di giorni sono tornati a Palermo, dove hanno lasciato la macchina e preso l'aereo per tornare a casa.

GLOSSARIO - GLOSSARY

Il mese scorso = *last month*

in vacanza = *on holiday*

aeroporto = *airport*

in orario = *in time*

fortunatamente = *fortunately*

viaggio = journey

panorama = *view*

subito = immediately

albergo = *hotel*

molto simpatico = very nice

tipici = *typical*

polpette di riso = *rice balls*

piselli e ragù = *peas and ragù sauce*

prosciutto cotto = *ham*

molte cose = *many things*

Duomo = Dome

Cattedrale = Cathedral

abbiamo fatto il bagno = we bathed

abbiamo preso il sole = we sunbathed

spiaggia = beach

macchina = car

verso =towards

tre volte = three times

molto felici = very happy

camera = room

piccolo balcone = little balcony

ma*re = sea*

baia =bay

mattina presto = early in the morning

dopo =after/later

gelato =ice-cream

tappa = leg/stage/step

paese = village

alcuni =some

però =but

maglietta = t-shirt

eravamo molto stanchi = we were very tired

un paio di giorni = a couple of days

DOMANDE DI COMPRENSIONE – COMPREHENSIVE QUESTIONS

21) Quando è andato in vacanza Alessio?

22) Dove è andato?

23) Con chi è andato?

24) Il volo è partito in ritardo?

25) Alessio ha potuto vedere il panorama? Perché?

26) Hanno trovato sole o pioggia a Palermo?

27) Chi hanno trovato ad aspettarli in albergo?

28) Cosa hanno fatto a Palermo nel pomeriggio?

29) Che cosa sono gli arancini?

30) Che cosa hanno visitato a Palermo?

31) Chi hanno conosciuto a Mondello?

32) Quando sono partiti per San Vito Lo Capo?

33) Cosa hanno trovato nella loro camera?

34) Che cosa hanno fatto a San Vito?

35) Quale è stata l'ultima tappa?

36) Cosa ha comprato Alessio a Erice?

37) Quando sono tornati a Palermo?

RISPOSTE – ANSWER KEY

1) Alessio è andato in vacanza il mese scorso.

2) È andato in Sicilia.

3) È andato con i suoi amici.

4) No, è partito in orario.

5) Alessio non ha potuto vedere il panorama perché ha piovuto.

6) A Palermo hanno trovato il sole.

7) Ad aspettarli in albergo hanno trovato Maura.

8) A Palermo nel pomeriggio hanno fatto un giro per la città e hanno mangiato gli arancini.

9) Gli arancini sono polpette di riso.

10) A Palermo hanno visitato il Duomo e la Cattedrale.

11) A Mondello hanno conosciuto dei ragazzi tedeschi e delle ragazze francesi.

12) Sono partiti per San Vito Lo Capo il terzo giorno.

13) Nella loro camera hanno trovato un balcone con una bellissima vista.

14) A San Vito si sono rilassati, sono andati al mare, a cena fuori e hanno mangiato il gelato.

15) L'ultima tappa è stata Trapani.

16) Alessio a Erice ha comprato alcuni souvenir e una maglietta.

17) Sono tornati a Palermo un paio di giorni dopo.

3. GRAMMAR

3.1 Passato prossimo

The Italian **passato prossimo** would correspond to the English present perfect. On the other hand, the English simple past would correspond to the Italian passato remoto. But the common use of the language replaced passato remoto with passato prossimo, that is the most used. It is thus true that the difference between these two tenses is still commonly used in some Italian regions, such as Tuscany.

3.1.1 How to form passato prossimo:

Simple present essere or **avere + past participle**

3.1.2 When to use **essere or avere**

To be able to form this tense properly, it is necessary to understand if the verb we want to use is **transitive** or **intransitive**. If it is a transitive verb, it forms passato prossimo with avere; if it is an intransitive verb, it forms passato prossimo with essere.

transitive if it can be built with an object

Mario mangia la mela (Mario eats the apple – Mario eats WHAT an apple; apple = object)

Mangia = transitive = Mario **ha mangiato** la mela (Mario has eaten the apple)

intransitive if it can't be built with an object

Mario va a casa (Mario goes at home – Mario goes ~~WHAT~~ WHERE at home; home = NO object)

Va = intransitive = Mario **è andato** a casa (Mario has gone home)

*Some intransitive verbs use avere to form passato prossimo like:

camminare (to walk), bollire (to boil), passeggiare (to stroll), viaggiare (to travel), lavorare (to work), cenare (to have dinner), piangere (to cry), bussare (to knock), dormire (to sleep)

**When the past participle is formed with "avere" it does not vary:

Ho *mangiato*, hai *mangiato*, ha *mangiato*, abbiamo *mangiato*, avete *mangiato*, hanno *mangiato*

***When the past participle is formed with "essere", it varies depending on gender and the number of the subject:

Luca è *andato* al cinema (Luca has gone to the cinema)

Carla è c*aduta* dalla sedia (Carla has fallen off the chair)

I *miei amici* sono *stati* a Londra (My friends have been to London)

Maria e Paola sono *andate* al mercato (Maria and Paola have gone to the market)

3.1.3 How to form **past participle**

Following the same procedure used to form the present simple, it is necessary to take the root of the verb (the verb without the infinitive ending "are") AMARE and add **suffixes:**

1st conjugation –**ATO**

2nd conjugation –**UTO**

3rd conjugation –**ITO**

AMATO (from the verb AMARE)

CADUTO (from the verb CADERE)

PARTITO (from the verb PARTIRE)

3.1.4 Irregular past participle

APRIRE = APERTO (opened)

BERE = BEVUTO (drunk)

CHIEDERE = CHIESTO (asked)

CHIUDERE = CHIUSO (closed)

CORRERE = CORSO (run)

DIRE = DETTO (said/told)

ESSERE = STATO (been)

FARE = FATTO (done/made)

LEGGERE = LETTO (read)

METTERE = MESSO (put)

MORIRE = MORTO (died but also dead)

NASCERE = NATO (born)

PERDERE = PERSO (lost)

PRENDERE = PRESO (taken)

RISPONDERE = RISPOSTO (answered)

ROMPERE = ROTTO (broken)

SCEGLIERE = SCELTO (chosen)

SCENDERE = SCESO (got down)

SCRIVERE =SCRITTO (written)

SPEGNERE =SPENTO (switched off)

SPENDERE =SPESO (spent)

SUCCEDERE =SUCCESSO (happened)

TRADURRE =TRADOTTO (translated)

VEDERE = VISTO (seen)

VENIRE =VENUTO (come)

VINCERE = VINTO (won)

VIVERE = VISSUTO (lived)

3.2 Past expressions

Some of the past expressions below should be used with passato remoto (the corresponding tense of simple past). But, as mentioned before, its use is always rarer.

appena (just)

già (already)

ancora (yet)

la scorsa settimana (last week)

lo scorso mese/anno (last month/year)

ieri (yesterday)

l'altro ieri (the day before yesterday)

3.3 C'è – ci sono

C'è – ci sono are the translations of "there is" and "there are". Passato prossimo of these expressions, for what has been said in the previous section, are "c'è stato" (there has been) and "ci sono stati" (there have been).

3.4 Ci e Ne

3.4.1 In Chapter 2, we explained "**ci**" as the reflexive pronoun for the 1st plural person "noi". But it has other meanings and uses.

3.4.1.1 When "ci" means "in this/that place"

Come vai *in ufficio*? **Ci** vado in macchina

How do you get to the office? I go there by car

Vado *al mare* e **ci** rimango una settimana

I am going to the beach and I am staying there one week

Sono stato *in Sicilia* e **ci** voglio tornare

I went to Sicily and I want to come back there

3.4.1.2 When "ci" means "in/about/of/X this/that" referred to argument or place

Credi *nella magia*? No, non **ci** credo

Do you belive in magic? No, I don't

Pensi *a lei*? No, non **ci** penso

Are you thinking of her? No, I don't

3.4.2 "**Ne**" is another part of the sentence that has different meanings and uses.

3.4.2.1 When "ne" means "of this/these/that/those/him/her/them"

Quante *sorelle* hai? **Ne** ho due

Quanti *libri* hai letto? **Ne** ho letti tanti

Piove. Me **ne** sono accorto

Hai fatto *i compiti*? Me **ne** sono dimenticato

C'è un *problema*. Me **ne** occupo io

3.4.2.2 When "ne" means "from here/there"

Me **ne** sono andato via presto

I left (by myself) early (from there)

Questa *scuola* non mi piace più; finalmente me **ne** vado

I do not like this school anymore; at last I am leaving

3.4.3 "Ci" and "ne" have also an **idiomatic use** when they are part of a verb:

VOLERCI (to need – to be necessary to use)

Per fare questa torta **ci vogliono** 3 uova

For making this cake you need to use three eggs

METTERCI (to take)

Quando vado in ufficio in macchina **ci metto** un'ora

When I go to the office by car it takes one hour

SENTIRCI (to hear)

Da quando è invecchiata non **ci sente** più

Since she has got old, she can't hear anymore

3.5 Put yourself to the test

3.5.1 Form the correct past participle of the verbs below:

    11. Mangiare

    12. Dormire

    13. Andare

    14. Avere

    15. Aprire

    16. Partire

    17. Cantare

18. Bere

19. Vivere

20. Dire

21. Leggere

22. Tenere

23. Essere

24. Scrivere

25. Toccare

26. Prendere

27. Camminare

28. Venire

29. Preferire

30. Rispondere

3.5.2 Put the verbs in brackets into the correct form of passato prossimo:

1. Marco…(arrivare) in ufficio in ritardo
2. Me ne…(andare) per la confusione
3. …(ricevere) il denaro che mi…(mandare) mia zia
4. Ieri…(arrivare) i miei cugini da Milano e …(andare) al cinema
5. Questa mattina non… (mettere, io) la sveglia e non mi…(svegliato)
6. … (aprire, voi) la finestra e ora c'è corrente
7. Luigi…(pagare) il conto per tutti
8. Il sig. Rossi si…(fermare) al bar, …(bere) e…(fumare) una sigaretta

9. La settimana scorsa… (tornare, lei) dalla vacanza molto stanca

10. Lo scorso fine settimana… (essere, noi) in campagna e… (fare, io) delle fotografie molto belle

3.5.3 Fill in the gaps with "ci" or "ne":

1. Sono molto stanco, me…vado a letto
2. Credete ai fantasmi? Sì, …crediamo
3. Vuole delle arance sig.ra Bianchi? Sì, …voglio 1 kg
4. Sei andato al cinema ieri sera? No, …vado stasera
5. Abbiamo cercato le farfalle ma non…abbiamo viste
6. Per andare a Roma da Firenze…vuole solo un'ora
7. Come hai dormito nel nuovo letto? …ho dormito male, …voglio comprare un altro
8. Riprova e vedrai che…riesci
9. Non urlare, …sento benissimo!
10. Hai conosciuto la nuova insegnante? Che cosa…pensi?

Keys

3.5.1 Form the correct past participle of the verbs below:

1. **Mangiato**
2. **Dormito**
3. **Andato**
4. **Avuto**
5. **Aperto**
6. **Partito**
7. **Cantato**
8. **Bevuto**

9. Vissuto
10. Detto
11. Letto
12. Tenuto
13. Stato
14. Scritto
15. Toccato
16. Preso
17. Camminato
18. Venuto
19. Preferito
20. **Risposto**

3.5.2 Put the verbs in brackets into the correct form of passato prossimo:

1. Marco **è arrivato** in ufficio in ritardo
2. Me ne **sono andato** per la confusione
3. **Ho ricevuto** il denaro che mi **ha mandato** mia zia
4. Ieri **sono arrivati** i miei cugini da Milano e **siamo andati** al cinema
5. Questa mattina non **ho messo** la sveglia e non mi **sono svegliato**
6. **Avete aperto** la finestra e ora c'è corrente
7. Luigi **ha pagato** il conto per tutti
8. Il sig. Rossi si **è fermato** al bar, **ha bevuto** e **ha fumato** una sigaretta
9. La settimana scorsa **è tornata** dalla vacanza molto stanca

10. Lo scorso weekend **siamo stati** in campagna e **ho fatto** delle fotografie molto belle

3.5.3 Fill in the gaps with "ci" or "ne":

1. Sono molto stanco, me **ne** vado a letto
2. Credete ai fantasmi? Sì, **ci** crediamo
3. Vuole delle arance sig.ra Bianchi? Sì, **ne** voglio 1 kg
4. Sei andato al cinema ieri sera? No, **ci** vado stasera
5. Abbiamo cercato le farfalle ma non **ne** abbiamo viste
6. Per andare a Roma da Firenze **ci** vuole solo un'ora
7. Come hai dormito nel nuovo letto? **Ci** ho dormito male, **ne** voglio comprare un altro
8. Riprova e vedrai che **ci** riesci
9. Non urlare, **ci** sento benissimo!
10. Hai conosciuto la nuova insegnante? Che cosa **ne** pensi?

3. LEXICAL FOCUS

3.1 Means of transport

Macchina (car)

Bicicletta/bici (bicycle/bike)

Moto (motorbike)

Motorino (motor-scooter)

Autobus (bus)

Metropolitana (metro/underground)

Pullman (coach)

Barca (boat)

Traghetto (ferry)

Nave (ship)

Aereo (airplane)

Treno (train)

3.2 Season

Estate (summer)

Primavera (spring)

Autunno (fall)

Inverno (winter)

3.3 Weather

Che tempo fa? (how's the weather?)

Com'è il tempo? (what's the weather like?)

Previsioni meteo (weather forecast)

Piovere (to rain)

Pioggia (rain)

Nevicare (to snow)

Neve (snow)

C'è il sole (it's sunny)

Sole (sun)

C'è la nebbia (it's foggy)

Nebbia (fog)

Fa caldo (it's hot/warm)

Fa freddo (it's cold)

È nuvoloso (it's cloudy)

Nuvola (cloud)

È umido (damp)

È bel/brutto tempo (nice/bad weather)

3.4 Countries and nationalities

Italia – italiano (Italy – Italian)

Francia – francese (France – French)

Spagna – spagnolo (Spain – Spanish)

Germania – tedesco (Germany – German)

Regno Unito – britannico (United Kingdom – British)

Portogallo – portoghese (Portugal – Portuguese)

Svizzera – svizzero (Switzerland – Swiss)

Austria – austriaco (Austria – Austrian)

Olanda – olandese (Netherlands – Dutch)

Norvegia – norvegese (Norway – Norwegian)

Danimarca – danese (Denmark – Dane)

Finlandia – finlandese (Finland – Finnish)

Russia – russo (Russia – Russian)

Polonia – polacco (Poland – Polish)

Grecia – greco (Greece – Greek)

Stati Unidi d'America – americano (United States of America – American)

Cina – cinese (China – Chinese)

Giappone – giapponese (Japan – Japanese)

Messico – messicano (Mexico – Mexican)

Canada – canadese (Canada – Canadian)

Australia – australiano (Australia – Australian)

3. NUMBERS

40. QUARANTA (forty)

41. QUARANTUNO (forty-one)

42. QUARANTADUE (forty-two)

43. QUARANTATRÉ (forty-three)

44. QUARANTAQUATTRO (forty-four)

45. QUARANTACINQUE (forty-five)

46. QUARANTASEI (forty-six)

47. QUARANTASETTE (forty-seven)

48. QUARANTOTTO (forty-eight)

49. QUARANTANOVE (forty-nine)

50. CINQUANTA (fifty)

51. CINQUANTUNO (fifty-one)

52. CINQUANTADUE (fifty-two)

53. CINQUANTATRÉ (fifty-three)

54. CINQUANTAQUATTRO (fifty-four)

55. CINQUANTACINQUE (fifty-five)

56. CINQUANTASEI (fifty-six)

57. CINQUANTASETTE (fifty-seven)

58. CINQUANTOTTO (fifty-eight)

59. CINQUANTANOVE (fifty-nine)

Chapter 4 - Quando Peter lavorava in Italia - When Peter worked in Italy

Peter era un ragazzo inglese che ha lavorato in Italia per cinque anni. All'inizio **viveva** in una piccola città vicino a Torino. Poi *si è trasferito* a Roma dove **condivideva** una casa molto grande con altri ragazzi che come lui **lavoravano** o **studiavano**.

Peter was an English boy who worked in Italy for five years. In the beginning, he lived in a small town near Torino. Then he moved to Rome where he shared a very large house with other guys who worked or studied like him.

A Roma, Peter **aveva** una vita molto *movimentata*.

In Rome, Peter had a very busy life.

Tutte le mattine **si alzava** molto presto e, *mentre* tutti gli altri in casa ancora **dormivano**, **andava** a correre. Gli **piaceva** l'*aria fresca* del mattino presto quando la città **era** ancora *deserta*. Poi **tornava** a casa, **si faceva** la doccia, **faceva** colazione e **andava** in ufficio.

Every morning he got up very early and, while everybody in the house was still asleep, he would go running. He liked the fresh air early in the morning when the city was still deserted. Then he came back home, took a shower, had breakfast and went to the office.

Il suo lavoro lo **soddisfaceva** molto perché gli **permetteva** di *imparare* molto della lingua italiana dal momento che spesso **traduceva** documenti. Le persone che **erano** in ufficio con lui **erano** tutte simpatiche. Infatti, la sera **andavano** al bar per un aperitivo.

He was very satisfied with his job because it let him learn a lot about the Italian language as he often translated documents. The people in the office were all very nice. In fact, in the evening, they went to the bar for an aperitif.

Nel fine settimana **amava** stare a casa o andare in giro per le strade del centro. Una volta al mese **veniva** la sua *ragazza* da Bristol e, quando **andava** in *stazione* a prenderla, **si fermava** sempre in un *negozio di vinili* che **era** proprio lì vicino.

On the weekend, he loved staying home or hanging around streets of downtown. Once a month, his girlfriend came from Bristol and, when he went to the station to pick her up, he always stopped in a vinyl shop that was right there.

Insieme, poi, **cenavano** nel ristorante preferito di Peter: un'antica trattoria che **cucinava** *piatti tipici* della zona. A Peter non **mancava** il cibo inglese e **diceva** sempre che una volta tornato in Inghilterra, **voleva** fare un *corso di cucina* italiana e aprire un *ristorante*.

Then, they had dinner together at Peter's favorite restaurant: an old trattoria that cooked traditional dishes of the area. Peter did not miss English food and always said that when he returned to England, he wanted to attend an Italian cooking class and open a restaurant.

RIASSUNTO – SUMMARY

Peter è un ragazzo inglese che ha lavorato in Italia per cinque anni. Prima viveva in una piccola città vicino a Torino, poi si è trasferito a Roma dove viveva con altri ragazzi. La mattina si alzava molto presto per andare a correre e poi tornava a casa, si faceva la doccia, faceva colazione e andava in ufficio dove lavorava con persone molto simpatiche. Nel fine settimana stava a casa o andava a fare un giro in città. Se veniva la sua ragazza da Bristol, andavano a cena insieme in una trattoria che cucinava piatti tipici. Una volta tornato in Inghilterra, voleva fare un corso di cucina italiana per aprire un ristorante.

GLOSSARIO - GLOSSARY

si è trasferito = *he moved*

movimentata = *busy*

mentre = *while*

aria fresca = *fresh air*

deserta = *deserted*

imparare = *to learn*

ragazza = *girl/girlfriend*

negozio di vinili = vinyl shop

stazione = station

piatti tipici = traditional dishes

corso di cucina = cooking class

ristorante = restaurant

DOMANDE DI COMPRENSIONE – COMPREHENSIVE QUESTIONS

12) Per quanti anni Peter ha lavorato in Italia?

13) Dove viveva all'inizio?

14) Dove si è trasferito poi?

15) Con chi condivideva la casa?

16) Quando si alzava Peter? Perché?

17) Cosa faceva dopo la corsa?

18) Perché gli piaceva il suo lavoro?

19) Come erano le persone in ufficio?

20) Che cosa amava fare nel fine settimana?

21) Dove andava dopo avere preso la sua ragazza in stazione?

22) Dove cenavano Peter e la sua ragazza?

23) Che cosa cucinava la trattoria?

24) Perché Peter voleva fare un corso di cucina italiana in Inghilterra?

RISPOSTE – ANSWER KEY

1) Peter ha lavorato in Italia per cinque anni.

2) All'inizio viveva in una piccola città vicino a Torino.

3) Poi si è trasferito a Roma.

4) Condivideva la casa con altri ragazzi.

5) Peter si alzava molto presto perché andava a correre.

6) Dopo la corsa tornava a casa, faceva una doccia, faceva colazione e andava in ufficio.

7) Gli piaceva il suo lavoro perché traduceva e imparava molto dell'italiano.

8) Le persone in ufficio erano molto simpatiche.

9) Nel fine settimana amava stare a casa o andare in giro per la città.

10) Quando andava a prendere la sua ragazza in stazione si fermava in un negozio di vinili.

11) Peter e la sua ragazza cenavano in una trattoria.

12) La trattoria cucinava piatti tipici.

13) Peter voleva fare un corso di cucina italiana perché voleva aprire un ristorante.

4. GRAMMAR

4.1 Imperfetto

This tense does not exist in English. In Italian, it is used in two ways: to express an **ongoing action** in the past (corresponding to the past continuous tense), a **habit** in the past (corresponding to the past simple tense/used to/would), to express a **state** in the past (corresponding to the past simple tense), for an **action** that is **simultaneous** to another in the past (corresponding to the past continuous tense) or for an **action** that is the **consequence** to another in the past (corresponding to the past simple tense).

Mentre la mamma **cucinava**, il bambino **studiava**

While the mom was cooking, the child was studying

Quando ero piccolo **giocavo** con le bambole

When I was a child I used to play with dolls

Ieri **era** una bella giornata

Yesterday was a beautiful day

Ho incontrato Mario quando **tornavo** a casa

I met Mario while I was coming back home

Non sono andato al lavoro perché **avevo** la febbre

I did not go to work because I had got a temperature

4.1.1 In order to form verbs belonging to the 1<u>st</u> <u>conjugation</u>, it is necessary to take the **root of the verb** (the verb without the infinitive ending "are").

AM<u>ARE</u>

and add **suffixes** of the **imperfetto**. These suffixes change according to the subject

IO AM**AVO**

TU AM**AVI**

LUI/LEI AM**AVA**

NOI AM**AVAMO**

VOI AM**AVATE**

LORO AM**AVANO**

4.1.2 In order to form verbs belonging to the 2nd conjugation, it is necessary to take the **root of the verb** (the verb without the infinitive ending "ere").

PRENDERE

and add **suffixes** of the **imperfetto**. These suffixes change according to the subject

IO PREND**EVO**

TU PREND**EVI**

LUI/LEI PREND**EVA**

NOI PREND**EVAMO**

VOI PREND**EVATE**

LORO PREND**EVANO**

4.1.3 In order to form verbs belonging to the 3rd conjugation, it is necessary to take the **root of the verb** (the verb without the infinitive ending "ire").

APRIRE

and add **suffixes** of the **imperfetto**. These suffixes change according to the subject

IO APR**IVO**

TU APR**IVI**

LUI/LEI APR**IVA**

NOI APR**IVAMO**

VOI APR**IVATE**

LORO APR**IVANO**

4.1.4 Some verbs are **irregular:**

ESSERE

io **ero**

tu **eri**

lui/lei **era**

noi **eravamo**

voi **eravate**

loro **erano**

FARE

io **facevo**

tu **facevi**

lui/lei **faceva**

noi **facevamo**

voi **facevate**

loro **facevano**

DIRE

io **dicevo**

tu **dicevi**

lui/lei **diceva**

noi **dicevamo**

voi **dicevate**

loro **dicevano**

AVERE

io **avevo**

tu **avevi**

lui/lei **aveva**

noi **avevamo**

voi **avevate**

loro **avevano**

BERE

io **bevevo**

tu **bevevi**

lui/lei **beveva**

noi **bevevamo**

voi **bevevate**

loro **bevevano**

4.2 Passato prossimo or Imperfetto?

As explained in Chapter 3, the passato prossimo would correspond to the English present perfect, and simple past should be translated with past simple. Since the use of passato remoto is not that common anymore (except in the written language) and it has been replaced by passato prossimo, it is possible to affirm that Italian speakers use passato prossimo as English simple past dealing with a concluded action, while they use imperfetto to translate past continuous or simple past as explained above.

4.3 Put yourself to the test

4.3.1 Put the verbs in brackets into imperfetto correct forms:

    31. Mentre Luigi…(guardare) la TV, sua moglie…(leggere) un libro

32. Quando… (andare, io) all'università, … (conoscere, io) molte persone

33. Mentre… (parlare, noi) di lei, è arrivata la sua amica

34. Nel 1989 non…(esserci) tante macchine come ci sono ora

35. Durante la mia vacanza in Italia…(assaggiare) sempre ogni cibo

36. Quando sono uscita stamani, …(fare) molto caldo

37. Mio padre mi…(dire) sempre: meglio soli che mal accompagnati

38. Anche se…(sapere) la verità, non gli ho chiesto nulla

39. Ai tempi della scuola, Marco…(essere) sempre molto preoccupato quando…(avere) un test

40. Ieri sono andato dal medico perché mi…(fare) male lo stomaco

4.3.2 Put the verbs in brackets into the correct form of imperfetto or passato prossimo:

11. La mia amica Roberta…(vivere) a Roma quando…(incontrare) suo marito

12. Sabato… (vedere, io) Anna mentre…(uscire) dal cinema

13. … (imparare, tu) l'inglese quando…(vivere) in Inghilterra

14. … (essere, voi) nel bar quando vi… (notare, noi)

15. Cosa… (fare, tu) quando…(telefonare) tuo padre?

16. Stamani… (uscire, lei) presto, … (andare, lei) al mercato e … (tornare, lei) a casa perché…(fare) molto freddo

17. Mi scusi! …(credere) che questo ombrello fosse il mio (this umbrella was mine)

18. Mia nonna…(bere) sempre una tisana prima di andare a letto

19. ... (bere, io) un bicchiere d'acqua perché... (avere, io) molta sete
20. Tutti...(parlare) ad alta voce ed io non...(potere) concentrarmi

Keys

4.3.1 Put the verbs in brackets into imperfetto correct forms:
1. Mentre Luigi **guardava** la TV, sua moglie **leggeva** un libro
2. Quando **andavo** all'università **conoscevo** molte persone
3. Mentre **parlavamo** di lei, è arrivata la sua amica
4. Nel 1989 non **c'erano** tante macchine come ci sono ora
5. Durante la mia vacanza in Italia **assaggiavo** sempre ogni cibo
6. Quando sono uscita stamani, **faceva** molto caldo
7. Mio padre mi **diceva** sempre: meglio soli che mal accompagnati
8. Anche se **sapevo** la verità, non gli ho chiesto nulla
9. Ai tempi della scuola Marco **era** sempre molto preoccupato quando **aveva** un test
10. Ieri sono andato dal medico perché mi **faceva** male lo stomaco

4.3.2 Put the verbs in brackets into the correct form of imperfetto or passato prossimo:
1. La mia amica Roberta **viveva** a Roma quando **ha incontrato** suo marito
2. Sabato **ho visto** Anna mentre **usciva** dal cinema
3. **Hai imparato** l'inglese quando **vivevi** in Inghilterra
4. **Eravate** nel bar quando vi **abbiamo notato**
5. Cosa **facevi** quando **ha telefonato** tuo padre?

6. Stamani **è uscita** presto, **è andata** al mercato e **è tornata** a casa perché **faceva** molto freddo
7. Mi scusi! **Credevo** che questo ombrello fosse il mio (this umbrella was mine)
8. Mia nonna **beveva** sempre una tisana prima di andare a letto
9. **Ho bevuto** un bicchiere d'acqua perché **avevo** molta sete
10. Tutti **parlavano** ad alta voce ed io non **potevo** concentrarmi

4. LEXICAL FOCUS

4.1 Holidays in Italy

Capodanno – 1st gennaio (New Year's Day)

With "Capodanno" Italian language refers also to New Year's Eve

Epifania – 6th gennaio (Epiphany)

Pasqua – spring time (Easter)

Pasquetta – lunedì dopo Pasqua (Easter Monday)

Festa della liberazione – 25th aprile (Feast of Liberation)

It celebrates the date on which Italy had been freed by partisans from Nazis and Fascist Regime

Festa dei lavoratori – 1st maggio (Feast of workers)

Festa della Repubblica – 2nd giugno (Feast of the Republic)

It celebrates the date on which the Republic had been declared in Italy

Ferragosto – 15th agosto

An ancient feast dated back to Imperial Rome

Tutti i santi – 1st novembre (All the Saints)

Immacolata Concezione – 8th dicembre (Immaculate Conception)

Natale – 25th dicembre (Christmas)

Santo Stefano – 26th dicembre (Boxing Day)

4.2 In a shop

Cliente (customer/client)

Sconto (discount)

Saldi (sales)

Prezzo (price)

Sacchetto (shopping bag)

Camerino (fitting room)

Contanti (cash)

Carta di credito (credit card)

Resto (change)

Taglia (size)

Quando costa? (how much does it cost?)

Dare un'occhiata (to have a look)

Posso aiutarla? (can I help you)

Posso provarlo? (can I try it on?)

4.3 In a restaurant

Prenotazione (reservation/booking)

Un tavolo per… (a table for…)

Lista dei vini (wine list)

Antipasto (starter)

Primo (main/first course)

Secondo (second course)

Contorno (side dish)

Pasto (meal)

Conto (check)

Mancia (tip)

Forchetta (fork)

Coltello (knife)

Cucchiaio (spoon)

Cucchiaino (teaspoon)

Tovagliolo (napkin)

Mi scusi, mi potrebbe portare…? (Sorry, could you bring me…?)

4.4 Clothes

Vestito (dress/suit)

Pantalone (trousers)

Pantaloncini corti (shorts)

Gonna (Skirt)

Maglietta (t-shirt)

Camicia (shirt)

Cappotto (coat)

Giacca (jacket)

Impermeabile (raincoat)

Giacca a vento (anorak)

Sciarpa (scarf)

Cappello (hat/cap)

Scarpe (shoes)

Stivali (boots)

Scarpe da ginnastica (trainers)

Calze (socks)

Mutande (underpants)

Felpa (sweater)

Maglione (pullover)

Costume da bagno (swimming suit)

Tuta da ginnastica (tracksuit)

4.5 Accessories

Braccialetto (bracelet)

Anello (ring)

Collana (necklace)

Orecchini (earrings)

Occhiali da sole (sunglasses)

4.6 Food

4.6.1 **Carne** (meat)

Manzo (beef)

Pollo (chicken)

Agnello (lamb)

Maiale (pork)

Tacchino (turkey)

Bistecca (steak)

Salsiccia (sausage)

Salame (salami)

Prosciutto (ham)

4.6.2 **Pesce** (fish)

Salmone (salmon)

Acciuga (anchovy)

Tonno (tuna)

Merluzzo (cod)

4.6.3 **Frutta** (fruits)

Mela (apple)

Banana

Albicocca (apricot)

Pesca (peach)

Cocco (coconut)

Uva (grape)

Limone (lemon)

Ciliegia (cherry)

Arancia (orange)

Pera (pear)

Ananas (pineapple)

Fragola (strawberry)

4.6.4 **Verdura** (vegetables)

Zucca (pumpkin)

Cipolla (Onion)

Fungo (mushroom)

Melanzana (eggplant)

Carota (carrot)

Aglio (garlic)

Piselli (peas)

Lattuga (lettuce)

Patata (potato)

Pomodoro (tomato)

4. NUMBERS

60. SESSANTA (sixty)

61. SESSANTUNO (sixty-one)

62. SESSANTADUE (sixty-two)

63. SESSANTATRÉ (sixty-three)

64. SESSANTAQUATTRO (sixty-four)

65. SESSANTACINQUE (sixty-five)

66. SESSANTASEI (sixty six)

67. SESSANTASETTE (sixty-seven)

68. SESSANTOTTO (sixty-eight)

69. SESSANTANOVE (sixty-nine)

70. SETTANTA (seventy)

71. SETTANTUNO (seventy-one)

72. SETTANTADUE (seventy-two)

73. SETTANTATRÉ (seventy-three)

74. SETTANTAQUATTRO (seventy-four)

75. SETTANTACINQUE (seventy-five)

76. SETTANTASEI (seventy-six)

77. SETTANTASETTE (seventy-seven)

78. SETTANTOTTO (seventy-eight)

79. SETTANTANOVE (seventy-nine)

Chapter 5 - Dialogo: in un hotel - Dialogue: in a hotel

Ospite: Buongiorno, siamo il sig. e la sig.ra Rossi. **Avremmo prenotato** una *stanza matrimoniale* per tre notti.

Receptionist: Buongiorno **a voi**, **mi** faccia controllare. Sì, *ecco qui*. Rossi per tre notti con colazione inclusa. **Potrei** avere i vostri *documenti*, per favore?

Guest: Good morning, we are Mr. and Mrs. Rossi. We booked a double room for three nights.

Receptionist: Good morning to you, let me check. Yes, here it is. Rossi for three nights with breakfast included. Could I have your documents, please?

Ospite: Certamente. Ecco qui. Questo è il mio e questo è di mia moglie.

Receptionist: Bene. **Farei** una *fotocopia* e **ve li ridarei** più tardi, se non è un problema. Queste sono le *chiavi* della vostra *stanza*, la numero 108. Si trova al primo *piano*. L'*ascensore* è in fondo al *corridoio* a sinistra. Quali sono i vostri *bagagli*?

Guest: Surely. Here you are. This is mine, and that is my wife's.

Receptionist: Good. I'd make a copy, and I'd give back them to you later. These are the keys to your room, number 108. It is on the first floor. The elevator is down the hallway on the left. Which are your luggage?

Ospite: Sono queste due e quella *sacca* blu sul *divano*.

Receptionist: Va bene. **Gliele** faccio portare immediatamente in camera.

Guest: These two and that blue bag on the couch.

Receptionist: That's fine. I'll have them delivered to your room immediately.

Ospite: **Vorrei avere** un'*informazione*.

Receptionist: **Mi** dica.

Ospite: **Vorrei sapere** che *servizi* offre la SPA e che *costi* avrebbero.

Guest: I would like to have some information.

Receptionist: Tell me.

Guest: I would like to know what services the SPA offers and their costs.

Receptionist: La nostra SPA offre molti tipi di massaggi e trattamenti viso e corpo, manicure e pedicure. Questa è la *lista* della nostra *offerta* e tutti i *prezzi*. Potete scegliere quello che desiderate, solo che **dovreste** prenotar**lo** con almeno un *giorno di anticipo*.

Receptionist: Our SPA offers many kinds of massages and facial and body treatments, manicures, and pedicures. This is the list of our offerings and all prices. You can choose what you prefer, but you should book at least one day in advance.

Ospite: Perfetto. *Appena* abbiamo deciso, **la** chiamiamo e **le** comunichiamo cosa abbiamo scelto. **Potrebbe** farmi un altro *piacere*? C'è una *coppia* di nostri amici che **ci raggiungerebbe** domani e volevano sapere se avete una camera *libera*. **Sarebbe** meraviglioso.

Guest: Perfect. As soon as we decide, we will call you and tell you what we have chosen. Could you do me another favor? There is a couple of our friends that would join us tomorrow, and they wanted to know if you have an available room. It would be fantastic.

Receptionist: **Mi** faccia controllare, **dovrebbe** esserci ancora una camera. Sì, ecco, la 204.

Ospite: Queste persone hanno un *cane di piccola taglia*, **potrebbero** portar**lo** con **loro**?

Receptionist: Certamente. I cani sono ammessi in questo albergo. Non possono accedere solo alla *piscina interna*.

Receptionist: Let me check, there should still be a room. Yes, here it is, number 204.

Guest: These people have a small dog, could they bring it with them?

Receptionist: Certainly. Dogs are allowed in this hotel. They cannot enter the indoor pool.

Ospite: Va bene, allora prenoti la camera per due notti.

Receptionist: **Mi potrebbe** dire i loro nomi?

Ospite: **Glieli** dico subito: Maria Berti e Stefano Bianchi.

Guest: All right, then book the room for two nights.

Receptionist: Could you tell me their names?

Guest: I will tell you right away: Maria Berti and Stefano Bianchi.

Receptionist: Fatto. Dica **loro** che la camera è riservata e che **li** aspettiamo domani.

Ospite: Grazie e a più tardi.

Receptionist: Arrivederci.

Receptionist: Done. Tell them that the room is reserved and that we are waiting for them tomorrow.

Guest: Thank you and see you later.

Receptionist: Goodbye.

RIASSUNTO – SUMMARY

Gli ospiti hanno prenotato una camera matrimoniale per tre notti a nome Rossi. Il receptionist conferma la prenotazione e chiede loro i documenti per fotocopiarli. Il numero della loro stanza è la 108 che si trova al primo piano. Gli ospiti hanno tre bagagli che vengono portati loro in camera. L'ospite chiede informazioni sui servizi della SPA e i loro costi. Il receptionist gli spiega che fanno massaggi e trattamenti al viso e al corpo e che nella lista ci sono tutti i prezzi. L'ospite chiede poi al receptionist se c'è una stanza libera per una coppia di amici che arriverebbero il giorno dopo e chiede anche se il loro piccolo cane è ammesso. Il receptionist risponde che la stanza c'è e che il cane è ammesso in albergo ma che non può entrare nella piscina interna.

GLOSSARIO - GLOSSARY

ecco qui = here it is/ here you are/there they are, etc.

stanza matrimoniale = double room

documenti =documents (ID)

fotocopia = copy

chiavi = keys

stanza = room

piano = floor

ascensore =elevator

corridoio =hallway

bagagli =luggage

sacca = bag

divano = couch

informazione = information

servizi = services

costi = costs

lista = list

prezzi = prices

offerta = offering

giorno di anticipo = one day before/ one day in advance

appena = as soon as/just

piacere = favor

coppia = couple

libera = available

cane di piccola taglia = small dog

piscina interna = indoor pool

DOMANDE DI COMPRENSIONE – COMPREHENSIVE QUESTIONS

38) A che nome ha prenotato l'ospite?

39) Quante notti si fermano il sig. e la sig.ra Rossi?

40) Che tipo di camera hanno prenotato?

41) Che cosa farebbe il receptionist con i loro documenti?

42) Qual è il numero della stanza e a che piano si trova?

43) Dove si trova l'ascensore?

44) Quanti bagagli hanno gli ospiti?

45) Che cosa vorrebbe sapere l'ospite sulla SPA?

46) Quando dovrebbero prenotare?

47) Quando arriverebbe la coppia di amici?

48) Il loro cane è grande?

49) È ammesso in albergo? Dove non può andare?

50) Quali sono i nomi della coppia di amici?

51) Quali sono i loro cognomi?

52) Che numero di camera avrebbero?

RISPOSTE – ANSWER KEY

1) L'ospite ha prenotato a nome Rossi.

2) Il sig. e la sig.ra Rossi si fermano tre notti.

3) Hanno prenotato una camera matrimoniale

4) Il receptionist fotocopierebbe i loro documenti.

5) La stanza è la numero 108 e si trova al primo piano.

6) L'ascensore è in fondo al corridoio a sinistra.

7) Gli ospiti hanno tre bagagli.

8) L'ospite vorrebbe sapere che servizi offre la SPA e i loro costi.

9) Dovrebbero prenotare almeno un giorno in anticipo.

10) La coppia di amici arriverebbe il giorno dopo.

11) No, è piccolo.

12) Sì, è ammesso, ma non può andare nella piscina interna.

13) I nomi della coppia di amici sono Maria e Stefano.

14) I loro cognomi sono Berti e Bianchi.

15) Avrebbero la camera numero 204.

5. GRAMMAR

5.1 Conditional

5.1.1 Present conditional

The Italian **present conditional** corresponds to the English "would" + base form of the verb. The use is the same as in English.

5.1.1.1 In order to form verbs belonging to the 1<u>st conjugation</u>, it is necessary to take the **root of the verb** (the verb without the infinitive ending "are").

AM<u>ARE</u>

and add **suffixes** of the **present conditional**. These suffixes change according to the subject

IO AM**EREI**

TU AM**ERESTI**

LUI/LEI AM**EREBBE**

NOI AM**EREMMO**

VOI AM**ERESTE**

LORO AM**EREBBERO**

5.1.1.2 In order to form verbs belonging to the 2<u>nd conjugation</u>, it is necessary to take the **root of the verb** (the verb without the infinitive ending "ere").

PREND<u>ERE</u>

and add **suffixes** of the **present conditional**. These suffixes change according to the subject

IO PREND**EREI**

TU PREND**ERESTI**

LUI/LEI PREND**EREBBE**

NOI PREND**EREMMO**

VOI PREND**ERESTE**

LORO PREND**EREBBERO**

5.1.1.3 In order to form verbs belonging to the 3rd conjugation, it is necessary to take the **root of the verb** (the verb without the infinitive ending "ire").

APRIRE

and add **suffixes** of the **present conditional**. These suffixes change according to the subject

IO APR**IREI**

TU APR**IRESTI**

LUI/LEI APR**IREBBE**

NOI APR**IREMMO**

VOI APR**IRESTE**

LORO APR**IREBBERO**

5.1.1.4 At the present conditional, some verbs **change** their **root** and then add suffixes of the present conditional:

ANDARE – **ANDR**

AVERE – **AVR**

DOVERE – **DOVR**

POTERE – **POTR**

SAPERE – **SAPR**

VEDERE – **VEDR**

VIVERE -**VIVR**

BERE -**BERR**

TENERE -**TERR**

VENIRE -**VERR**

MANGIARE –MANG (it loses the "i" of the root)

5.1.1.5 At the present conditional, verbs **dare, fare, stare** lose only the "e" of the infinitive add suffixes of the present conditional:

darei, daresti darebbe, daremmo, dareste, darebbero

farei, faresti, farebbe, faremmo, fareste, farebbero

starei, staresti, starebbe, staremmo, stareste, starebbero

5.1.1.6 At the present conditional, verb **essere** is irregular:

sarei, saresti, sarebbe, saremmo, sareste, sarebbero

5.1.2 Past conditional

The Italian **past conditional** corresponds to the English "would have" + past participle. The use is the same as in English. It is formed by the **present conditional** of the verb "**avere**" or "**essere**" (with the principle we have seen for the auxiliary verb for passato prossimo).

avrei, avresti, avrebbe, avremmo, avreste, avrebbero

sarei, saresti, sarebbe, saremmo, sareste, sarebbero

plus, past participle of the verb

avrei **mangiato**

sarei **andato**

5.2 Direct and indirect personal pronouns

5.2.1 **Direct personal pronouns**

They replace the **object**

Mario mangia la mela (Mario eats the apple)

Mario **la** mangia – che cosa? La mela (Mario eats it – what? The apple)

MASCULINE SINGULAR

LO (it – him)

Conosci l'amico di Giulia? No, non *lo* conosco (do you know Giulia's friend? No, I do not know him)

MASCULINE PLURAL

LI (them)

Ti piacciono i limoni? Si, *li* mangio sempre. (do you like lemons? Yes, I always eat them)

FEMININE SINGULAR

LA (it – her)

Mia madre ha fatto una torta e *la* porto a scuola. (my mother has made a cake and I am taking it to school)

FEMININE PLURAL

LE (them)

Vado al mercato per comprare le arance. (I go to the market to buy oranges)

No, *le* ho già comprate io. (No, I have already bought them)

5.2.1.1 **Other direct personal pronouns** are:

MI (me)

TI (you)

CI (us)

VI (you)

5.2.1.1 **Position of the pronouns**

A. They precede the verb whose are the objects

Compri la farina? Si, *la* compro

B. If "lo" or "la" precede the verb "avere", they lose the final "o" or "a" and add an apostrophe.

Hai comprato la farina? Sì, *l'*ho comprata

Hai mangiato il panino? Sì, *l'*ho mangiato

C. When the pronouns come together with a past participle, the past participle accords to the pronoun genre and number

Hai comprato *la farina*? Sì, *l'(la)* ho comprat*a*

Hai mangiato *il panino*? Sì, *l'(lo)*ho mangiat*o*

Hai trovato *i tuoi amici*? No, non *li* ho trovat*i*

Avete scoperto *le carte*? No, non *le* abbiamo scopert*e*

D. If they are objects of an infinitive verb, they become its suffixes making it lose the final "e"

Devo comprare la farina – devo comprar*la*

*****mi**, **ti**, **ci**, and **vi** precede verbs and become suffixes when part of a infinitive verb

Paolo *mi* chiama spesso

Paolo deve parlar*ti*

****** **mi**, **ti**, **lo**, **la**, **ci**, **vi**, **li** and **le** become me, te, lui, lei, noi, voi, loro if placed after the verb

Paolo chiama *me/lei/lui* ecc ogni giorno

5.2.2 Indirect personal pronouns

5.2.2.1 Indirect personal pronouns used **with** a simple preposition **di, da, in, con, per, tra/fra** and their compound forms are:

ME (me)

TE (you)

LEI (her)

LUI (him)

NOI (us)

VOI (you)

LORO (them)

Parlano *di me/te/lei* etc (they are taking of me/you/her etc)

Viene *da me/te/lei* etc (she is coming to me/you/her etc)

Credono *in me/te/lei* etc (they believe in me/you/her etc)

Vanno *con me/te/lei* etc (they are going with me/you/her etc)

Lo faccio *per me/te/lei* etc (I am doing it for me/you/her etc)

5.2.2.2 Dealing **with** the simple preposition **a** and its compound forms, there are two options, one with "a" and another one without "a":

A ME (to me)

A TE (to you)

A LEI (to her)

A LUI (to him)

A NOI (to us)

A VOI (to you)

A LORO (to them)

Scrivo una lettera *a me/te/lei* etc (I am writing a letter to me/you/her etc)

MI (me)

TI (you)

LE (her)

GLI (him)

CI (us)

VI (you)

A LORO (to them)

Luca manda i fiori a me/a te/a lei/a lui/a noi/a voi – Luca *mi/ti/le/gli/ci/vi* manda i fiori

MA Luca manda i fiori *a loro*

*their position is the same of direct personal pronouns

5.3 Combined personal pronouns

When **mi**, **ti**, **le**, **gli**, **ci**, **vi** and loro are combined with the direct personal pronouns **lo**, **la**, **li**, **le**, they change their form as follows:

5.3.1 MI (a me)

Maria mi manda un sms – Maria **me lo** manda

Maria mi passa una tazza – Maria **me la** passa

Marco mi regala i fiori – Marco **me li** regala

Marco mi consegna le lettere - Marco **me le** consegna

5.3.2 TI (a te)

Maria ti manda un sms – Maria **te lo** manda

Maria ti passa una tazza – Maria **te la** passa

Marco ti regala i fiori – Marco **te li** regala

Marco ti consegna le lettere - Marco **te le** consegna

5.3.3 LE/GLI (a lei/a lui)

Maria le/gli manda un sms – Maria **glielo** manda

Maria le/gli passa una tazza – Maria **gliela** passa

Marco le/gli regala i fiori – Marco **glieli** regala

Marco le/gli consegna le lettere - Marco **gliele** consegna

5.3.4 CI (a noi)

Maria ci manda un sms – Maria **ce lo** manda

Maria ci passa una tazza – Maria **ce la** passa

Marco ci regala i fiori – Marco **ce li** regala

Marco ci consegna le lettere - Marco **ce le** consegna

5.3.5 VI (a voi)

Maria vi manda un sms – Maria **ve lo** manda

Maria vi passa una tazza – Maria **ve la** passa

Marco vi regala i fiori – Marco **ve li** regala

Marco vi consegna le lettere - Marco **ve le** consegna

5.3.6 LORO (a loro)

Maria manda loro un sms – Maria **glielo** manda

Maria passa loro una tazza – Maria **gliela** passa

Marco regala loro i fiori – Marco **glieli** regala

Marco consegna loro le lettere - Marco **gliele** consegna

5.4 Put yourself to the test

5.4.1 Put the verb in brackets into the correct form of the present conditional:

1. Cosa… (volere, tu) per il tuo compleanno?
2. Ti… (piacere) avere un cane?
3. Luca…. (mangiare) volentieri una pizza
4. … (fare, voi) meglio a dire la verità
5. Mi scusi, … (potere, lei) dirmi dove si trova la piazza centrale del paese?
6. Per favore, mi… (prestare, voi) il vostro telefono?
7. Non… (potere, io) mai in una città di montagna, ma…(essere) bello vivere in campagna
8. Ragazzi, … (andare, io) a fare la spesa. Stasera… (volere, io) cucinarvi un buon piatto

9. I giornali hanno detto che i terroristi... (dovere) essere ancora in Italia e che... (tenere) l'ostaggio in una piccola città

10. Fa molto caldo oggi. ... (bere) un bel tè freddo.

5.4.2 Answer the following questions by using direct personal pronouns:

1. Hai visto l'ultimo film di Muccino? Sì, ...
2. Avete preso le chiavi di casa? Sì, ...
3. Hanno già attaccato il quadro in salotto? No, ...
4. Chi ha vinto la partita tra Inter e Milan? ...il Milan
5. Avete comprato le arance al mercato? No, ...al negozio

5.4.3 Answer the following questions by using combined personal pronouns:

1. Avete portato la spesa alla nonna? Sì, ...abbiamo appena portata
2. Chi ti ha spiegato queste regole? ... ha spiegate la maestra
3. Hai detto a quei ragazzi che è proibito fumare? No, non ...ho ancora detto
4. Lo zio ti ha fatto vedere la tua foto di quanto eri piccolo? Sì, ...ha fatta vedere ieri
5. Che bella! Chi ci ha mandato questa cartolina? ...ha mandata Sandra dalla Puglia

Keys

5.4.1 Put the verb in brackets into the correct form of the present conditional:

1. Cosa **vorresti** per il tuo compleanno?
2. Ti **piacerebbe** avere un cane?
3. Luca **mangerebbe** volentieri una pizza

4. **Fareste** meglio a dire la verità

5. Mi scusi, **potrebbe** dirmi dove si trova la piazza centrale del paese?

6. Per favore, mi **prestereste** il vostro telefono?

7. Non **potrei** mai in una città di montagna, ma **sarebbe** bello vivere in campagna

8. Ragazzi, **andrei** a fare la spesa. Stasera **vorrei** cucinarvi un buon piatto

9. I giornali hanno detto che i terroristi **dovrebbero** essere ancora in Italia e che **terrebbero** l'ostaggio in una piccola città

10. Fa molto caldo oggi. **Berrei** un bel tè freddo.

5.4.2 Answer the following questions by using direct personal pronouns:

1. Hai visto l'ultimo film di Muccino? Sì, **l'ho visto**

2. Avete preso le chiavi di casa? Sì, **le ho prese**

3. Hanno già attaccato il quadro in salotto? No, non **l'hanno ancora attaccato**

4. Chi ha vinto la partita tra Inter e Milan? **L'ha vinta** il Milan

5. Avete comprato le arance al mercato? No, **le abbiamo comprate** al negozio

5.4.3 Answer the following questions by using combined personal pronouns:

1. Avete portato la spesa alla nonna? Si, **gliel'**abbiamo appena portata

2. Chi ti ha spiegato queste regole? **Me le** ha spiegate la maestra

3. Hai detto a quei ragazzi che è proibito fumare? No, non **gliel'**ho ancora detto

4. Lo zio ti ha fatto vedere la tua foto di quanto eri piccolo? Sì, **me l'ha fatta vedere ieri**

5. Che bella! Chi ci ha mandato questa cartolina? **Ce l'ha mandata Sandra dalla Puglia**

5. LEXICAL FOCUS

5.1 Booking a hotel

In che cosa posso esserle utile? (how can I help you?)

Vorrei prenotare una stanza (I would like to book a room)

Preventivo (quote)

Acconto (deposit)

Metodo di pagamento (payment method)

Bonifico (bank transfer)

Carta di credito (credit card)

In contanti (cash)

Pensione completa (full board)

Mezza pensione (half board)

Colazione inclusa (breakfast included)

Servizi e strutture (services and facilities)

Restiamo in attesa di (we look forward to hearing)

Documento di identità (identification document – ID)

Data di arrivo/partenza (arrival/departure date)

Camera singola/doppia/matrimoniale (single/double/master room)

Camera con/senza bagno (en suite/without bathroom)

Aria condizionata (air conditioning)

Sala da pranzo/conferenza (dining/conference room)

Cassaforte (safe)

Sveglia (wake up call)

Servizio di lavanderia/in camera (laudry/room service)

Assistenza bambini (miniclub) (childcare service)

Parcheggio (parking)

5.2 At the phone

Posso parlare con…? (can I talk to…?)

Un attimo prego (a moment please)

Attenda in linea (hold the line)

Glielo/la passo subito (I'll put you right through)

Al momento non è disponibile (he/she is not available at the moment)

La preghiamo di riprovare più tardi (please try again later)

Vuole lasciare un messaggio? (do you want to leave any message?)

La faccio richiamare (I will have him/her call you right back)

5. NUMBERS

80. OTTANTA (eighty)

81. OTTANTUNO (eighty-one)

82. OTTANTADUE (eighty-two)

83. OTTANTATRÉ (eighty-three)

84. OTTANTAQUATTRO (eighty-four)

85. OTTANTACINQUE (eighty-five)

86. OTTANTASEI (eighty-six)

87. OTTANTASETTE (eighty-seven)

88. OTTANTOTTO (eighty-eight)

89. OTTANTANOVE (eighty-nine)

90. NOVANTA (ninety)

91. NOVANTUNO (ninety-one)

92. NOVANTADUE (ninety-two)

93. NOVANTATRÉ (ninety-three)

94. NOVANTAQUATTRO (ninety-four)

95. NOVANTACINQUE (ninety-five)

96. NOVANTASEI (ninety-six)

97. NOVANTASETTE (ninety-seven)

98. NOVANTOTTO (ninety-eight)

99. NOVANTANOVE (ninety-nine)

Chapter 6 - La prossima settimana andremo allo zoo - Next week we will go to the zoo

La prossima settimana la mia famiglia ed io abbiamo deciso di andare allo zoo, *precisamente* al Bioparco di Roma.

Next week, my family and I have decided to go to the zoo, to the Biopark of Rome.

Prenderemo un treno la mattina alle sette e in due ore **saremo** alla stazione centrale di Roma. Da lì **prenderemo** un autobus che ci **porterà** *direttamente* allo zoo. Abbiamo **arriveremo** al Bioparco *verso le dieci, giusto in tempo* per l'*apertura*.

We will take a train in the morning at seven o'clock, and in two hours we will be at the central station of Rome. From there, we will take a bus that will take us directly to the zoo. We will arrive at the Biopark around ten, just in time for the opening.

Sono molto *felice* se penso a tutto quello che **faremo**. Sarà una *giornata* fantastica. Per prima cosa **visiteremo** le *giraffe*, i *leoni* e gli *elefanti* che, secondo me, **saranno** *gli animali più belli* che **vedremo**. Poi **continueremo** vedendo gli *orsi*, i *cammelli* e gli *uccelli acquatici*.

I am very happy if I think about all we will do. It will be a wonderful day. First, we will visit the giraffes, lions, and elephants which, in my opinion, will be the most beautiful animals we will see. Then we will go on to see the bears, camels, and waterfowl.

Spero che non **troveremo** *troppe persone davanti* ai cammelli perché vorrei farmi una foto con loro. **Potremo** vedere anche *molti altri animali* come le *scimmie*, i *coccodrilli* e le *zebre*.

I hope we will not find too many people in front of the camels because I would like to take a picture with them. We will also see many other animals such as monkeys, crocodiles, and zebras.

A pranzo **mangeremo** in un ristorante lì vicino e **ordineremo** la famosa pasta alla carbonara. *Subito dopo* **cercheremo** un altro autobus che ci **porterà** in centro.

At lunch, we will eat in a nearby restaurant and order the famous pasta carbonara. Immediately afterward we will look for another bus that will take us to the center.

Useremo il *resto* del pomeriggio per visitare il Colosseo e i Fori Imperiali. A me piacciono molto le *foto ricordo* e infatti **farò** una foto con i *centurioni* che **saranno** davanti al Colosseo.

We will use the rest of the afternoon to visit the Colosseum and the Fori Romani. I really like the souvenir photos and, in fact, I will take a picture with the centurions that will be in front of the Colosseum.

Alle diciannove **avremo** il treno per tornare a casa e quindi **compreremo** *dei panini* in stazione. Io ne **prenderò** uno con il prosciutto cotto. Mia madre sicuramente ne **cercherà** uno *vegetariano* che poi **finirà** mio padre. *S*uccede sempre così: mia madre ordina *qualcosa da mangiare* ma poi non lo finisce.

At nineteen o'clock we will have the train to come back home. We will have some sandwiches at the station. I will have one with ham. My mother will probably look for a vegetarian one that my father will eat. It always happens: my mother orders something to eat, but then she never finishes it.

Arriverò a casa *molto stanco* e **sarà** *molto difficile* andare a scuola il *giorno dopo* ma **sarà** molto *entusiasmante* raccontare a tutti i miei amici la mia giornata allo zoo. Sono sicuro che **saranno** tutti molto *curiosi* di vedere le mie foto.

I will arrive home very tired, and it will be very hard to go to school the day after, but it will be very exciting to tell all my friends about my day at the zoo. I am sure everyone will be very curious to see my photos.

RIASSUNTO – SUMMARY

La prossima settimana il ragazzo e la sua famiglia andranno allo zoo di Roma. Ci andranno alle sette del mattino in treno. Saranno lì per l'orario di apertura. Vedranno molti animali come giraffe, leoni, elefanti, orsi, cammelli e uccelli acquatici e il ragazzo si farà una foto con i cammelli. Mangeranno la pasta alla carbonara in un ristorante lì vicino. Nel pomeriggio visiteranno il Colosseo e i Fori Romani e il ragazzo si farà una foto con i centurioni. Il treno per tornare a casa sarà alle 19 e mangeranno dei panini. Il padre mangerà il panino della madre perché lei non finisce mai quello che ordina.

GLOSSARIO - GLOSSARY

precisamente = *exactly*

direttamente = *directly*

senza = *without*

verso le dieci = *around ten*

giusto in tempo = *just in time*

apertura = *opening*

felice = happy

giornata = *day*

giraffe = *giraffes*

leoni = *lions*

elefanti = elephants

gli animali più belli = the most beautiful animals

orsi = bears

cammelli = camels

uccelli acquatici = waterfowl

troppe persone = too many people

davanti = in front of

molti altri animali = many other animals

scimmie = monkeys

coccodrilli = crocodiles

zebre = zebras

subito dopo = immediately after

resto = rest

foto ricordo = souvenir photo

centurioni = centurion

dei panini = some sandwiches

vegetariano = vegetarian

succede = it happens

qualcosa da mangiare = something to eat

molto stanco = very tired

molto difficile = very hard

giorno dopo = day after

entusiasmante = exciting

curiosi = curious

DOMANDE DI COMPRENSIONE – COMPREHENSIVE QUESTIONS

1) Dove andrà la famiglia la prossima settimana?
2) A che ora partiranno? Da dove?
3) Come andranno allo zoo?
4) Quando arriveranno allo zoo?
5) Quali animali vedranno?
6) Che cosa vuole fare il ragazzo con i cammelli?
7) Dove andranno a mangiare per pranzo?
8) Che cosa ordineranno?
9) Che cosa faranno nel pomeriggio?
10) A che ora avranno il treno per tornare a casa?
11) Che cosa mangeranno?
12) Perché il padre finirà il panino della madre?
13) Che cosa farà il ragazzo il giorno dopo?

RISPOSTE – ANSWER KEY

1) La prossima settimana la famiglia andrà allo zoo di Roma.
2) Partiranno alle sette del mattino.
3) Ci andranno in treno.
4) Arriveranno allo zoo alle dieci, per l'apertura.
5) Vedranno giraffe, leoni, elefanti, orsi, cammelli e uccelli acquatici.
6) Vuole farsi una foto con loro.
7) Per pranzo andranno a mangiare in un ristorante lì vicino.
8) Ordineranno la pasta alla carbonara.
9) Nel pomeriggio visiteranno il Colosseo e i Fori Romani.

10) Avranno il treno per tornare a casa alle 19.

11) Mangeranno dei panini.

12) Il padre finirà il panino della madre perché lei non finisce mai quello che ordina.

13) Il giorno dopo il ragazzo racconterà ai suoi amici la sua giornata allo zoo e farà vedere loro le foto.

6. GRAMMAR

6.1 Future

6.1.1 Simple future

6.1.1.1 In order to form verbs belonging to the 1st and 2nd conjugations, it is necessary to take the **root of the verb** (the verb without the infinitive ending "are" and "ere").

AMARE

PRENDERE

and add **suffixes** of the **simple future**. These suffixes change according to the subject:

IO AM**ERÒ**

TU AM**ERAI**

LUI/LEI AM**ERÀ**

NOI PREND**EREMO**

VOI PREND**ERETE**

LORO PREND**ERANNO**

6.1.1.2 In order to form verbs belonging to the 3rd conjugation, it is necessary to take the **root of the verb** (the verb without the infinitive ending "ire").

APRIRE

and add **suffixes** of the **simple future**. These suffixes change according to the subject:

IO APR**IRÒ**

TU APR**IRAI**

LUI/LEI APR**IRÀ**

NOI APR**IREMO**

VOI APR**IRETE**

LORO APR**IRANNO**

*Be careful not to confuse the 1st plural person "noi" of the present conditional with the same person of the simple future. Present conditional has the double "m" while simple future has only one.

present conditional SALTERE**MM**O

simple future SALTEREMO

**The simple future in Italian has the same use of "will" in English. But it is not used for weather forecast, for which Italian prefers using the simple present. Besides, after "forse", (maybe – perhaps) Italian uses both simple present and simple future.

Furthermore, when a theory has to be expressed, or to take a guess, the English language uses "would" and Italian uses the future. See examples below:

1. A che ora siete tornati ieri sera? (what time did you come back yesterday night?)

Non lo so. Saremo tornati a mezzanotte (I do not know. We would have come back at midnight)

2. Perché Paolo non è ancora arrivato? (why has Paolo not still arrived?)

Avrà perso l'autobus (he could have missed the bus)

6.1.2 Compound future

The Italian **compound future** corresponds to the English "will have" + past participle. The use is the same as in English. It is formed by the **present future** of the verb "**avere**" or "**essere**" (with the principle we have seen for the auxiliary verb for passato prossimo).

avrò, avrai, avrà, avremo, avrete, avranno

sarò, sarai, sarà, saremo, sarete, saranno

plus past participle of the verb

avrò **mangiato**

sarò **andato**

6.2 Indefinite adjectives and pronouns

6.2.1. Most of **indefinite adjectives** and **pronouns** have masculine, feminine, singular and plural forms and they agree with the noun that follows:

alcuno, alcuna, alcuni, alcune (some, any, no)

altro, altra, altri, altre (other)

diverso, diversa, diversi, diverse (different)

parecchio, parecchia, parecchi, parecchie (several)

molto, molta, molti, molte (lots of, many, much)

poco, poca, pochi, poche (few)

tanto, tanta, tanti, tante (so much, so many)

Troppo, troppa, troppi, troppe (too much, too many, too)

tutto, tutta, tutti, tutte (all)

6.2.2 Some of **indefinite adjectives** and **pronouns** have masculine, feminine forms, but they are only singular and they agree with the noun that follows:

qualcuno, qualcuna (some, any)

ognuno, ognuna (each)

ciascuno, ciascuna (each)

nessuno, nessuna (no)

6.2.3 Some of **indefinite pronouns** have masculine, feminine forms, but they are only singular and they agree with the noun that follows:

qualcuno, qualcuna (some, any)

6.2.4 Some **indefinite adjectives** have only one form:

qualche (some)

ogni (each – any)

qualsiasi (any)

6.2.5 Some **indefinite pronouns** have only one form:

qualunque (anything)

chiunque (anybody)

qualcosa (something – anything)

nessuno (nobody – anybody)

niente (nothing – anything)

6.2.6 **Apocope** (the loss of one or more sounds or letters at the end of a word):

Ciascuno, alcuno e nessuno lose the final "o" when precede a singular masculine noun

Daremo una caramella a **ciascun** *bambino*

Non c'è **alcun** *problema*

Non abbiamo avuto **nessun** *aiuto*

Poco loses the final syllable "co" and puts an apostrophe after the "o", but not when it is an adverb.

Questo tavolo è un poco piccolo = questo tavolo è un **po'** piccolo

(this table is a bit small)

Ti piace questo film? **Poco.**

(do you like this movie? A little)

* "**certo**" (certain/some) has masculine, feminine, singular and plural forms and it agrees with the noun that follows when it is **adjective**; it has only the plural forms when it is a **pronoun**.

Ho un **certo** caldo/una **certa** fame – conosco **certi** animali/**certe** persone

Conosco molti giocatori, **certi** sono molto bravi – Le mie amiche sono molto simpatiche anche se **certe** non parlano molto

** "**certo**", as other indefinite pronouns as "tanto", "poco", "molto", is also an adverb and it means "sure".

***The apocope occurs also with adjectives "bello" and "buono" when coming before a singular masculine noun precede by "un" or "il".

un bello ragazzo – un **bel** *ragazzo*

il buono vino – il **buon** *vino*

6.3 Partitives

To translate the English "**any**", "**some**" and "**no**" and their compound pronouns, Italian has various options. Let's see some examples:

I do not have **any** help.

Io non ho *nessun/alcun* aiuto

[the double negation is used in Italian: Io **non** ho **nessun** aiuto]

Do you have **any** news?

Hai *qualche* notizia/*delle* notizie?

We have to analyze **any** options.

Dobbiamo analizzare *qualunque/qualsiasi* opzione

There is **some** sugar on the table

C'è *dello/ un po'* di zucchero sul tavolo

Would you like **some** tea?

Vorresti *del/un po' di* tè?

There are **no** eggs in the fridge

Non ci sono *X* uova in frigo

[in Italian, the partitive in negative sentences is not used: Non ci sono **X** uova in frigo]

Is there **anybody** in the house?

C'è *qualcuno* nella casa?

There isn't **anybody** in the school

Non c'è *nessuno* nella scuola

Somebody left this for you

Qualcuno ha lasciato questo per te

Nobody wants to come

Nessuno vuole venire

I do not want **anything** from you

Non voglio *niente* da te

Is there **anything** to eat?

C'è *qualcosa* da mangiare?

There is **something** in the fridge

C'è *qualcosa* in frigo

It is better than **nothing**

Meglio di *niente*

6.4 Put yourself to the test

6.4.1 Transform sentences below by following the given example. Remember that the compound future describes an action that happens before the one expressed with the simple future.

Finirò il corso e poi partirò (I will finish the course and the I will leave)

Quando avrò finito il corso, partirò (when I will have finished the course, I will leave)

1. Chiederò il prestito alla banca e poi partirò
2. Andrò al supermercato e poi andrò a casa di Francesca
3. Studierò per l'esame e poi partiremo per le vacanze
4. Finiranno gli esercizi e poi andranno al cinema
5. Luca inviterà Laura a cena e poi le chiederà di sposarlo
6. Leggerò il libro e poi te lo presterò
7. Passeremo qualche giorno al mare e poi torneremo a Roma
8. Venderà la sua macchina e poi ne comprerà una nuova
9. Prenderai la medicina e poi guarirai
10. Penserò alla tua proposta e poi ti farò sapere

Keys

1. **Quando avrò chiesto** il prestito alla banca, **partirò**
2. **Quando sarà andato** al supermercato, **andrò** a casa di Francesca
3. **Quando avrò studiato** per l'esame, **partiremo** per le vacanze
4. **Quando avranno finito** gli esercizi, **andranno** al cinema
5. **Quando** Luca **avrà invitato** Laura a cena, le **chiederà** di sposarlo
6. **Quando** avrò letto il libro, te lo **presterò**

7. **Quando avremo passato** qualche giorno al mare, **torneremo** a Roma

8. **Quando avrà venduto** la sua macchina, ne **comprerà** una nuova

9. **Quando prenderai** la medicina, **guarirai**

10. **Quando avrò pensato** alla tua proposta, ti **farò** sapere

6. LEXICAL FOCUS

6.1 Pets – Animali da compagnia

Cane (dog)

Gatto (cat)

Criceto (hamster)

Pesce rosso (goldfish)

Tartaruga (turtle/tortoise)

Coniglio (rabbit)

6.2 Farm animals

Mucca (cow)

Pecora (sheep)

Capra (goat)

Maiale (pig)

Oca (goose)

Gallina (hen)

Gallo (rooster)

Asino (donkey)

Cavallo (horse)

Anatra (duck)

Tacchino (turkey)

6.3 Other animals

Balena (whale)

Granchio (crab)

Delfino (dolphin)

Cammello (camel)

Coccodrillo (crocodile)

Squalo (shark)

Elefante (elephant)

Giraffa (giraffe)

Leone (lion)

Zebra (zebra)

Scimmia (monkey)

Gufo (owl)

Orso (bear)

Pinguino (penguin)

Pipistrello (bat)

Ragno (spider)

Rana (frog)

Serpente (snake)

6. NUMBERS

100. CENTO (one hundred)

101. CENTOUNO (one hundred and one)

150. CENTOCINQUANTA (one hundred and fifty)

200. DUECENTO (two hundred)

300. TRECENTO (three hundred)

400. QUATTROCENTO (four hundred)

500. CINQUECENTO (five hundred)

600. SEICENTO (six hundred)

700. SETTECENTO (seven hundred)

800. OTTOCENTO (eight hundred)

900. NOVECENTO (nine hundred)

1000. MILLE (one thousand)

Chapter 7 – Ricette - Recipes

Pasta alla carbonara - pasta carbonara

Mettete sul fuoco una pentola con acqua salata per cuocere la pasta.

Put a pot on the stove with salty water to cook pasta.

Tagliate il guanciale a cubetti e versateli in una padella. Lasciateli rosolare per almeno quindici minuti. Quando il guanciale sarà croccante, levatelo dal fuoco.

Cut the bacon into cubes and pour into a frying pan. Let them brown for 15 minutes at least. When the bacon is crispy, remove it from the heat.

Quando l'acqua bolle, buttate gli spaghetti nella pentola e cuoceteli per il tempo indicato sulla confezione.

When the water is boiling, pour the spaghetti into the pot and cook for the time specified on the package.

Prendete una ciotola e versateci dentro i tuorli delle uova (uno per persona) e aggiungete il pecorino grattugiato. Tenetene da parte un po' perché servirà da spargere sul piatto quando lo servirete.

Take a bowl and pour in the egg yolks (one per person) and add the grated percorino. Keep some pecorino aside because you will need it to be spread on the dish when you serve it.

Sbattete le uova aggiungendo sale, pepe e un cucchiaio di acqua di cottura.

Beat the eggs adding salt, pepper, and a tablespoon of pasta cooking water.

Quando la pasta sarà cotta, scolatela bene e mettetela poi nella padella con il guanciale e mescolate tutto a fuoco vivace per due minuti circa.

When the pasta is cooked, drain it well and put it in the pan with the bacon. Mix everything on high heat for two minutes.

Abbassate quindi il fuoco e aggiungete le uova. Mescolate rapidamente perché l'uovo deve rimanere liquido.

Lower the heat and add the eggs. Mix quickly because the eggs have to be liquid.

Mettete nel piatto e spolverate con il pecorino rimasto.

Plate and sprinkle with the remaining pecorino.

Pasta al ragù - pasta with ragù sauce

Tritate finemente le carote, la cipolla e il sedano. Mettete tutto a rosolare in una pentola con l'olio.

Finely chop the carrots, onion and celery. Put everything into a pan with olive oil to brown.

Nel frattempo, prendete la carne macinata (metà maiale e metà manzo) e mettetela in una ciotola e aggiungete sale e pepe.

Meanwhile, take the ground meat (half pork and half beef) and put it in a bowl and add salt and pepper.

Quando le verdure saranno rosolate, aggiungete la carne e lasciatela cuocere. Non dimenticate di dividerla usando un cucchiaio di legno.

When the vegetables are browned, add the meat and let it cook. Do not forget to divide it using a wooden spoon.

Dopo cinque minuti, aggiungete la salsa di pomodoro e un po' di olio e lasciate cuocere per almeno un'ora.

After five minutes, add the tomato sauce and a bit of olive oil and cook for at least one hour.

Mettete sul fuoco una pentola con acqua salata e quando bolle buttate la pasta e cuocetela per il tempo indicato sulla confezione.

Put a pot with salty water on the stove, and when it boils, put in the pasta and cook it for the time specified on the package.

Quando la pasta sarà cotta, scolatela bene e mettetela poi in una ciotola. Aggiungete quindi il ragù e mettete nel piatto. Spolverate con un po' di parmigiano grattugiato.

When the pasta is cooked, drain it well and put it in a bowl. Then add ragù sauce and plate. Sprinkle with some grated parmesan.

RIASSUNTO – SUMMARY

<u>Per preparare la pasta alla carbonara:</u> mettete l'acqua a bollire. Tagliate il guanciale a cubetti e fatelo rosolare in padella per 15 minuti. Fate cuocere la pasta per il tempo scritto sulla confezione. Mettete i tuorli dell'uovo in una ciotola e sbatteteli con il pecorino e un po' di acqua di cottura. Scolate la pasta e cuocetela con il guanciale e poi aggiungete le uova mescolando velocemente perché l'uovo deve rimanere liquido.

<u>Per preparare la pasta al ragù:</u> tritare finemente carote, cipolla e sedano. Aggiungete sale e pepe alla carne macinata e quando le verdure saranno rosolate cuocete tutto insieme per 5 minuti. Aggiungete quindi la salsa di pomodoro e lasciate cuocere per un'ora circa.

GLOSSARIO - GLOSSARY

pentola = pot

cuocere = *to cook*

per almeno quindici minuti = *for fifteen minutes at least*

fuoco = *heat/fire*

confezione = *pack/package*

ciotola = *bowl*

tuorli = *yolks*

da parte = *on a side*

bene = *well/ properly*

fuoco vivace = *roaring fire*

piatto = *plate/dish*

nel frattempo = *meanwhile/ in the meantime*

di legno = *wooden*

DOMANDE DI COMPRENSIONE – COMPREHENSIVE QUESTIONS

Pasta alla carbonara

53) Cosa devi fare per prima cosa?

54) Come devi tagliare il guanciale? Per quanto tempo deve cuocere?

55) Per quanto tempo deve cuocere la pasta?

56) Cosa devi aggiungere ai tuorli nella ciotola?

57) Per quanto tempo devi mescolare in padella la pasta con il guanciale?

58) Perché devi mescolare rapidamente?

Pasta al ragù

1) Cosa devi fare per prima cosa?

2) Cosa devi fare con la carne macinata?

3) Quando la aggiungi alle verdure?

4) Quando aggiungi la salsa di pomodoro?

5) Per quanto tempo devi far cuocere tutto?

6) Cosa spolveri alla fine sul piatto?

RISPOSTE – ANSWER KEY

Pasta carbonara

1) Per prima cosa devo mettere l'acqua a bollire.

2) Il guanciale lo devo tagliare a cubetti e lo devo far cuocere per almeno quindici minuti.

3) La pasta la devo cuocere per il tempo indicato sulla confezione.

4) Ai tuorli nella ciotola aggiungo il pecorino e l'acqua di cottura.

5) La pasta con il guanciale in padella la devo mescolare per due minuti circa.

6) Devo mescolare rapidamente perché l'uovo deve rimanere liquido.

Pasta al ragù

1) Per prima cosa devo tritare finemente le carote, la cipolla e il sedano.

2) La carne macinata la devo mettere in una ciotola e devo aggiungere sale e pepe.

3) La aggiungo alle verdure quando queste sono rosolate.

4) La salsa di pomodoro la aggiungo cinque minuti dopo la carne.

5) Devo far cuocere tutto per almeno un'ora.

6) Alla fine sul piatto spargo del parmigiano grattugiato.

7. GRAMMAR

7.1 Imperative

In Italian, it is used towards 2nd singular and plural persons (tu, voi) to express an order. Subjects are never used.

7.1.1 For verbs of the **2nd** and **3rd conjugations**, imperative uses the same form of the present simple.

LEGGERE

simple present = tu leggi/voi leggete

imperative = **leggi!/leggete!**

PARTIRE

simple present = tu parti/voi partite

imperative = parti!/partite!

7.1.2 For verbs of the **1st conjugation**, imperative uses the same form of the present simple for 2nd plural person "voi". But for the 2nd singular person "tu" it uses the suffix of the 3rd singular person.

PARLARE

simple present = tu parli/voi parlate

imperative = **parla!/parlate!**

7.1.3 The **negative form** of the imperative for 2nd plural person "voi", is obtained by adding "non" before the verb. But for the 2nd singular person "tu" it uses "non" + infinitive.

non partite! (voi)

non partire! (tu)

7.1.4 Some forms of the imperative 2nd singular person "tu" are **irregular**:

andare VA'

dare DA'

dire DI'

fare FA'

stare STA'

*spoken language uses also the forms "vai" (andare), "fai" (fare) and "stai" (stare).

**there is also the use of the imperative for the 1st plural person "noi" and it express an exhortation and corresponds to English "Let's…".

Andiamo! (let's go!)

7.1.5 Imperative forms of "**essere**" and "**avere**" are irregular:

essere

SII (tu)

SIATE (voi)

avere

ABBI (tu)

ABBIATE (voi)

7.2 Imperative and pronouns

7.2.1 In Chapter 5, we analyzed personal direct and indirect object and we observed how they are placed with verbs.

Luca porta la lettera alla sua insegnante – Luca *gliela* porta

Devo comprare la farina – devo comprar*la*

When personal pronouns are together with imperative, their position is the same one of infinitive

Porta *le chiavi alla zia*!

Porta*gliele*!

Scrivete *la lettera a me*!

Scrivete*mela*

*pronouns can be before an imperative when the sentence is negative.

Quelle mele non sono più buone!

Non mangiarle/mangiatele – non *le* mangiare/ *le* mangiate

7.2.2 With the irregular forms seen in 7.1.4, the consonant of pronouns doubles, except "gli" (a lui/a loro).

Carlo, da**mmi** la penna! (Carlo, give me the pen!)

Che belle che sono queste collane, fa**mmele** vedere! (These necklaces are very beautiful, let us see)

Anna, fa**cci** vedere quelle foto! (Anna, show those photos to us!)

Dille la verità (tell her the truth!)

Vattene, non ti voglio più vedere! (go away, I do not want to see you anymore!)

*This rule works for "ci" too (see Chapter 3).

Se ti piace tanto questo posto, sta**cci**! (if you like this place so much, stay here!)

7.3 Impersonal verbs

There are verbs in Italian that have no subject. In English, they are usually translated with the subjects "it", "you", with –ing form and/or with a passive form. In Italian, they are formed with the 3rd person of the verb preceded by "**si**" (or without). It expresses a general idea or the weather. Let's see some examples:

Dopo una giornata di lavoro intenso **si è** stanchi (after a hard work day you are tired)

Spesso gli errori **si vedono** troppo tardi (mistakes are often discovered too late)

Da qui **si vede** il mare (you can see the sea from here)

Se passiamo da qui **si fa** prima (if we pass by here it's faster)

Quando **si cucina** la pasta, **si deve** cuocerla per il tempo indicato sulla confezione (when cooking pasta, it has to be cooked/ it is necessary to cook it for the time indicated on the package)

Basta solo un po' di pazienza e ci riuscirai (all you need is a little patience and you will figure it out)

*for the weather, it is used in the same way:

fa/è freddo/caldo (it is cold/hot)

piove/nevica (it rains/snows)

7.4 Put yourself to the test

7.4.1 Put the verb in brackets into the correct form of the imperative:

11. Matteo, …(lasciare) in pace il gatto!
12. Non … (preoccuparsi, voi)! Sistemeremo ogni cosa prima del vostro arrivo
13. Bambini, …(venire)! La cena è pronta.
14. C'è un bel film al cinema, … (andare, noi)!
15. Carla, … (dare a me) il giornale!
16. … (mettersi, voi) la sciarpa, fa freddo.
17. … (telefonare a me, tu) più tardi.
18. Scusami, non … (parlare tu) così velocemente.
19. … (lavarsi, tu) le mani, sono sporche.
20. … (svegliarsi, tu), è tardi!
21. … (leggere, voi) più attentamente!
22. Non … (aprire, voi) quella porta!
23. Quella scatola è nostra, … (ridare a noi, tu)!

24. ... (essere, tu) gentile con tua nonna!

25. ... (dare a me, voi), ci penso io!

26. Il direttore non è ancora arrivato. ... (avere, voi) ancora un po' di pazienza

27. ...(starsene) fermo, mi disturbi!

28. Non ... (dire a lei, tu) nulla, non ... (fare lei, tu) preoccupare!

29. Giulio è in ritardo. ... (aspettare lui, tu) qui!

30. ... (dare a te, tu) tempo e capirai.

Keys

7.4.1 Put the verb in brackets into the correct form of the imperative:

1. Matteo, **lascia** in pace il gatto!
2. Non **preoccupatevi**! Sistemeremo ogni cosa prima del vostro arrivo
3. Bambini, **venite**! La cena è pronta.
4. C'è un bel film al cinema, **andiamoci**!
5. Carla, **dammi** il giornale!
6. **Mettetevi** la sciarpa, fa freddo.
7. **Telefonami** più tardi.
8. Scusami, non **parlare** così velocemente.
9. **Lavati** le mani, sono sporche.
10. **Svegliati** è tardi!
11. **Leggete** più attentamente!
12. Non **aprite** quella porta!
13. Quella scatola è nostra, **ridaccela**!
14. **Sii** gentile con tua nonna!
15. **Datemi**, ci penso io!

16. Il direttore non è ancora arrivato. **Abbiate** ancora un po' di pazienza

17. **Stattene** fermo, mi disturbi!

18. Non **dirle** nulla, non **farla** preoccupare!

19. Giulio è in ritardo. **Aspettalo** qui!

20. **Datti** tempo e capirai.

7. LEXICAL FOCUS

7.1 Verbs for cooking

Tagliare (to trim/to cut)

Scaldare (to heat/to warm)

Aggiungere (to add)

Raffreddare (to cool)

Pesare (to weight)

Mescolare (to stir/to mix)

Impastare (to knead)

Spolverare (to sprinkle/to spread)

Infornare (to bake)

Grattugiare (to grate)

Versare (to pour)

Condire (to season)

Bollire (to boil)

Friggere (to fry)

7.2 House and furnishing

Soggiorno (living room)

Sala da pranzo (dining room)

Cucina (kitchen)

Bagno (toilet/bathroom)

Camera da letto (bedroom)

Camera padronale (master bedroom)

Ingresso (hall)

Cantina (cellar)

Soffitta (garret)

Mansarda (attic)

Giardino (garden)

Tetto (roof)

Soffitto (ceiling)

Corridoio (hallway/aisle)

Pavimento (floor)

Balcone (balcony)

Terrazzo (terrace)

Divano (cauch)

Poltrona (armchair)

Armadio (closet/wardrobe)

Tavolo (table)

Sedia (chair)

Porta (door)

Finestra (window)

Scale (stairs)

Frigorifego/frigo (fridge)

Lavello (sink)

Lavabo (washbasin)

Letto (bed)

Doccia (shower)

Vasca da bagno (bath tub)

Camino (chimney/fireplace)

Tappeto (carpet)

Lavatrice (washing machine)

Lavastoviglie (dishwasher)

Lampadario (lighting fixture/chandelier)

Fornelli (stove)

*In Italian "attico" means "penthouse", "mansard"

7. NUMBERS

1. PRIMO (first)
2. SECONDO (second)
3. TERZO (third)
4. QUARTO (fourth)
5. QUINTO (fifth)
6. SESTO (sixth)
7. SETTIMO (seventh)
8. OTTAVO (eighth)
9. NONO (ninth)
10. DECIMO (tenth)
11. UNDICESIMO (eleventh)
12. DODICESIMO (twelfth)
13. TREDICESIMO (thirteenth)

14. QUATTORDICESIMO (fourteenth)

15. QUINDICESIMO (fifteenth)

16. SEDICESIMO (sixteenth)

17. DICIASSETTESIMO (seventeenth)

18. DICIOTTESIMO (eighteenth)

19. DICIANNOVESIMO (nineteenth)

Chapter 8 - Cappuccetto Rosso e il lupo - Little Red Riding Hood

Cappuccetto Rosso era una bambina che indossava sempre un cappuccetto rosso.

Little Red Riding Hood was a girl who always wore a red *hood*.

Un giorno la madre le dice di andare nel *bosco* per portare alla nonna *malata* il pane che **stava preparando** e una *bottiglia di vino*, **raccomandandosi** di non lasciare mai il *sentiero*.

One day her mother tells her to go into the woods to bring her ill grandmother the bread she was making and a bottle of wine, advising her never to leave the path.

Cappuccetto accetta, ma **camminando** vede un *lupo* e, non **sapendo** che è un animale *pericoloso*, non *ha paura*.

Little Red Riding Hood accepts, but upon walking she sees a wolf and, not knowing that it is a dangerous animal, she is not scared.

Il lupo si stava avvicinando velocemente e, arrivato dalla bambina, le ha chiesto: "Dove **stai andando**?"

The wolf was fast approaching and, having reached the girl, it asked her: "Where are you going?"

Cappuccetto gli risponde: "**sto andando** dalla nonna e le **sto portando** il pane e il vino perché è malata". Poi il lupo le ha chiesto dove viveva la nonna.

Little Red Riding Hood replied: "I am going to my grandmother and I am bringing her bread and wine because she is ill." Then the wolf asked her where her grandmother lived.

Convincendo Cappuccetto Rosso ad andare in un *prato* di *fiori*, il lupo è andato **correndo** a casa della nonna, l'ha mangiata e ha preso il suo *posto* nel letto.

By convincing Little Red Riding Hood to go to a meadow of flowers, the wolf went running to the grandmother's house, ate her and took her place in the bed.

Quando Cappuccetto Rosso arriva, **avendo notato** qualcosa *di strano* nella nonna, le chiede perché aveva *orecchie* e *occhi* così grandi.

When Little Red Riding Hood arrives, having noticed something strange in her grandmother, she asked her why she had such big ears and eyes.

Il lupo le risponde: "Per vederti e sentirti meglio". Ma quando Cappuccetto gli chiede perché aveva una *bocca* così grande il lupo risponde: "per mangiarti meglio" e se la mangia.

The wolf replies: "To see and hear you better." But when Little Red Riding Hood asks him why he had such a big mouth, the wolf replies: "To eat you better" and he eats her.

Il *cacciatore* **stava passando** davanti alla casa della nonna e, **sapendo** che era malata, decide di salutarla. **Entrando** vede il lupo che **stava dormendo** e, capendo *subito* la *situazione*, non gli spara.

The hunter was passing by the grandmother's house and, knowing that she was ill, decided to say hello. Entering, he sees the wolf sleeping and, understanding the situation immediately, does not shoot it.

Gli apre la *pancia* e fa uscire Cappuccetto e la nonna. Cappuccetto Rosso, **avendo capito** che quello che le dice la mamma è sempre *vero*, non ha disobbedito *mai più*.

He opens the wolf's stomach and brings out Little Red Riding Hood and the grandmother. Little Red Riding Hood, having understood that what her mother says is always true, has never disobeyed ever again.

RIASSUNTO – SUMMARY

Un giorno la mamma chiede a Cappuccetto Rosso di portare pane e vino alla nonna perché è malata. Si raccomanda di non lasciare mai il sentiero. Camminando nel bosco Cappuccetto Rosso incontra il lupo che le chiede dove stava andando e Cappuccetto Rosso gli risponde che stava andando dalla nonna. Il lupo le chiede quindi dove abitava la nonna e, convincendo Cappuccetto Rosso ad andare in un prato con dei fiori, corre a casa della nonna, se la mangia e prende il suo posto nel letto. Quando arriva Cappuccetto Rosso, notando che la nonna era strana, fa delle domande al lupo e quando Cappuccetto Rosso gli chiede perché aveva una bocca così grande, il lupo se la mangia. Il cacciatore, passando lì davanti e volendo salutare la nonna, entra nella casa. Quando vede il lupo capisce tutto e gli apre la pancia salvando Cappuccetto Rosso e la nonna. Cappuccetto Rosso ha capito da questa storia che quello che dice la mamma è sempre vero.

GLOSSARIO - GLOSSARY

cappuccio = hood

bosco = wood/forest

malata = ill/sick

bottiglia di vino = bottle of wine

sentiero = trial/path

lupo = wolf

pericoloso = dangerous

ha paura = is scared (to be scared = avere paura)

prato = meadow

fiori = flowers

posto = place

strano = strange

orecchie = ears

occhi = eyes

bocca = mouth

cacciatore = hunter

situazione =situation

subito = immediately

pancia = stomach

vero = true

mai più = ever/never again

DOMANDE DI COMPRENSIONE – COMPREHENSIVE QUESTIONS

59) Perché Cappuccetto Rosso deve portare pane e vino alla nonna?

60) Cosa raccomanda la mamma a Cappuccetto Rosso?

61) Perché Cappuccetto Rosso non ha paura quando vede il lupo?

62) Che cosa chiede il lupo a Cappuccetto Rosso?

63) Perché il lupo convince Cappuccetto Rosso ad andare in un prato di fiori?

64) Cosa fa il lupo quando arriva a casa della nonna?

65) Perché Cappuccetto Rosso fa delle domande al lupo?

66) Cosa succede quando Cappuccetto Rosso chiede al lupo perché aveva una bocca così grande?

67) Perché il cacciatore entra nella casa della nonna?

68) Cosa fa il cacciatore quando vede il lupo?

69) Che cosa ha capito Cappuccetto Rosso?

RISPOSTE – ANSWER KEY

1) Cappuccetto Rosso deve portare pane e vino alla nonna perché è malata.

2) La mamma raccomanda a Cappuccetto Rosso di non lasciare mai il sentiero.

3) Cappuccetto Rosso non ha paura quando vede il lupo perché non sa che è un animale pericoloso.

4) Il lupo chiede a Cappuccetto Rosso dove stava andando e dove abitava la nonna.

5) Il lupo convince Cappuccetto Rosso ad andare in un prato di fiori per correre a casa della nonna e mangiarla.

6) Il lupo quando arriva a casa della nonna se la mangia e prende il suo posto nel letto.

7) Cappuccetto Rosso fa delle domande al lupo perché nota qualcosa di strano nella nonna.

8) Quando Cappuccetto Rosso chiede al lupo perché aveva una bocca così grande, il lupo se la mangia.

9) Il cacciatore entra nella casa della nonna perché stava passando di lì e, sapendo che era malata, voleva salutarla.

10) Il cacciatore quando vede il lupo, capendo la situazione, gli apre la pancia.

11) Cappuccetto Rosso ha capito che quello che dice la mamma è sempre vero.

8. GRAMMAR

8.1 Gerund

8.1.1 Present gerund

It is formed by the **simple present** of the verb "**stare**":

io **sto**

tu **stai**

lui/lei **sta**

noi **stiamo**

voi **state**

loro **stanno**

plus, the form of gerund:

-verbs belonging to the 1st conjugation, it is necessary to take the **root of the verb** (the verb without the infinitive ending "are")

AM<u>ARE</u>

and add **suffix** of the **gerund**. These suffixes change according to the subject:

AMANDO

-for verbs belonging to the 2nd and 3rd conjugation, it is necessary to take the **root of the verb** (the verb without the infinitive ending "ere").

PREND<u>ERE</u> APR<u>IRE</u>

and add **suffix** of the **gerund**. These suffixes change according to the subject:

PRENDENDO APRENDO

8.1.2 Past gerund

It is formed by the **imperfetto** of the verb "**stare**":

io **stavo**

tu **stavi**

lui/lei **stava**

noi **stavamo**

voi **stavate**

loro **stavano**

plus, the form of gerund AMANDO – PRENDENDO – APRENDO

*Present and past gerund correspond to the English present and past continuous to refer to a continuous action in the present/past.

**In English, present continuous is used also to refer to a future action while Italian uses presente semplice.

Domani *vado* a scuola (tomorrow I'm going to school)

Stasera *vado* al cinema (tonight I'm going to the cinema)

***In Italian, the past gerund is often substituted by imperfetto, keeping the same meaning

Mentre stavo mangiando, ha chiamato Elena (while I was eating, Elena called)

Mangiavo e ha chiamato Elena (I was eating when Elena called)

****The simple form of gerund is used as English when it refers to an action.

È arrivato correndo (he came running)

English use –ING form also with infinitive meaning, adjective and noun, while Italian simple form of gerund does not.

I love *reading* books (mi piace *leggere*)

This movie is *amazing* (questo film è *meraviglioso*)

Reading is important (*leggere* è importante)

8.2 Put yourself to the test

8.2.1 Put the verb in brackets into the correct form of the present/past/simple form gerund:

31. Abbiamo trovato facilmente la strada…(leggere) le indicazioni.
32. Mia sorella mi ha detto di non andare alla festa perché lei…(annoiarsi)
33. Non…(ascoltare) i miei consigli, ti sei messa nei guai.
34. I bambini…(giocare) nel parco quando ha iniziato a piovere.
35. L'ho riconosciuto…(guardare) le foto.
36. Mentre Luca…(farsi) la doccia, il telefono ha squillato
37. … (disturbare, tu) la lezione. Non urlare.
38. Gli studenti…(studiare) in biblioteca prima dell'esame.
39. …(uscire) di casa ho incontrato Luisa.
40. Ieri pomeriggio Marco…(attraversare) la strada quando ha visto un gattino in difficoltà e l'ha salvato

Keys

1. Abbiamo trovato facilmente la strada **leggendo** le indicazioni.
2. Mia sorella mi ha detto di non andare alla festa perché lei **si sta annoiando.**
3. Non **ascoltando** i miei consigli, ti sei messa nei guai.
4. I bambini **stavano giocando** nel parco quando ha iniziato a piovere.
5. L'ho riconosciuto **guardando** le foto.
6. Mentre Luca **si stava facendo** la doccia, il telefono ha squillato

7. **Stai disturbando** (disturbare, tu) la lezione. Non urlare.
8. Gli studenti **stavano studiando** in biblioteca prima dell'esame.
9. **Uscendo** di casa ho incontrato Luisa.
10. Ieri pomeriggio Marco **stava attraversando** la strada quando ha visto un gattino in difficoltà e l'ha salvato.

8. LEXICAL FOCUS

8.1 Environment

Pianura (plain)

Collina (hill)

Montagna (mountain)

Mare (sea)

Oceano (ocean)

Lago (lake)

Fiume (river)

Cascata (waterfall)

Ruscello (stream)

Bosco (wood)

Deserto (desert)

8.2 Colors

Bianco (white)

Nero (black)

Rosa (pink)

Blu (blue)

Rosso (red)

Arancione (orange)

Verde (green)

Azzurro (light blue)

Giallo (yellow)

Grigio (grey)

Marrone (brown)

8.3 The city

Città (city/town)

Paese (village)

Albergo (hotel)

Chiesa (church)

Cattedrale (cathedral)

Museo (museum)

Stazione dei treni/degli autobus (train/bus station)

Porto (harbour/port)

Banca (bank)

Ufficio postale (post office)

Scuola (school)

Edicola (kiosk)

Supermecato (supermarket)

Piazza (square)

Parco (park)

Portico (arcade)

Via (street)

Corso (avenue)

Strada (road/street)

8.4 Directions

Mi scusi, sa come si arriva alla cattedrale? (sorry, do you know how to reach the Cathedral?)

Quanto ci vuole per arrivare alla scuola (how long does it take to go to the school?)

In macchina, treno, aereo, traghetto… (by car, train, plane, ferry…)

All'angolo (in/at the corner)

Sulla destra/sinistra (on the right/left)

In fondo alla strada (at the end of the street)

Continuare dritto (to go straight)

Al semaforo (at the traffic light)

Rotonda (roundabout)

Strisce pedonali (crosswalk)

8. NUMBERS

20. VENTESIMO (twentieth)

30. TRENTESIMO (thirtieth)

40. QUARANTESIMO (fourtieth)

50. CINQUANTESIMO (fiftieth)

60. SESSANTESIMO (sixtieth)

70. SETTANTESIMO (seventieth)

80. OTTANTESIMO (eightieth)

90. NOVANTESIMO (ninetieth

Chapter 9 - Personalità e tempo libero - Personalities and spare time

Luca è un architetto, ma quando era piccolo voleva fare il pilota. Anche se è **molto sicuro** di sé e determinato, è *troppo* impulsivo e creativo.

Luca is an architect, but when he was a child, he wanted to be a pilot. Although he is very self-confident and determined, he is too impulsive and creative.

Grazie al suo *lavoro* conosce molte persone ed essendo molto socievole trova sempre buoni amici. È **anche** una persona **molto dinamica** e **sportiva**.

Thanks to his job, he knows many people, and being very friendly, he always finds good friends. He is also a very sporty and dynamic person.

Pratica molti sport e organizza spesso *cene* con gli amici. **Anche** a sua moglie piacciono gli sport anche se è **meno sportiva** di lui.

He practices many sports and often organizes dinners with friends. His wife also likes sports, even if she is less sporty than him.

Massimo è un insegnante di *matematica*, **il migliore** della sua scuola. La sua vita è **molto semplice** e regolare.

Massimo is a math teacher, the best in his school. His life is very simple and regular.

Infatti, è una persona tranquilla che ama il suo lavoro. È **molto intelligente** e collabora **anche** con le *riviste scientifiche* **più famose**. È un gran lavoratore.

In fact, he is a quiet man who loves his job. He is very intelligent and also collaborates with the most famous scientific magazines. He is a hard worker.

Non ha molta *vita sociale* perché è introverso ma molto educato. A lui piace stare in casa a leggere o andare in *biblioteca* per trovare nuovi libri da studiare.

He does not have much (of a) social life as he is introverted but very polite. He likes to stay at home reading or going to the library to find new books to study.

Sonia è una ragazza giovane. Sta studiando per diventare avvocato. Tra le sue amiche lei è la **più avventurosa** e la **più matta**.

Sonia is a young girl. She is studying to become a lawyer. Among her friends, she is the most adventurous and craziest.

Le piace fare bungee jumping, *paracadutismo* e *immersioni*. È una persona **molto allegra** anche se è un po' lunatica.

She likes bungee jumping, parachuting and scuba diving. She is a very cheerful person even if she is a little moody.

Enrico è un giovane studente di *storia*, ma è **il più pigro** dei suoi amici. Infatti, passa spesso le sue *giornate* in casa *senza fare nulla*.

Enrico is a young student of history, but he is the laziest of his friends. In fact, he often spends his days at home doing nothing.

Gli amici lo invitano ad uscire ma lui rifiuta *quasi sempre* perché giudica tutto **molto noioso**. **Nemmeno** alla sua famiglia piace che stia sempre in casa, lui però dice di essere felice.

His friends invite him to go out, but he almost always refuses because he judges everything very boring. Not even his family likes him to stay home, but he says he is happy.

Ama cucinare e prova sempre qualche ricetta nuova.

He loves cooking and always experiments (with) some new recipes.

Carla è la persona **più generosa** che abbia mai conosciuto. Lavora come segretaria ma passa ogni suo *momento* libero come *volontaria* in un centro per bambini e dice che è la cosa che la soddisfa **di più**.

Carla is the most generous person I have ever met. She works as a secretary but spends her every free moment as a volunteer in a children's center and says it is the thing that satisfies her most.

È una persona **molto affettuosa**, **cortese** e **paziente**. Infatti i bambini la adorano. Dicono che è **la migliore**.

She is a very affectionate, kind and patient person. In fact, children love her. They say she is the best.

RIASSUNTO – SUMMARY

Luca è un architetto. È una persona sicura di sé e determinata ma è anche creativo e impulsivo, per questo non poteva diventare pilota. È molto socievole e ha tanti amici, infatti organizza spesso delle cene. È molto sportivo e lo è anche sua moglie.

Massimo è un professore di matematica molto bravo e intelligente. Collabora con famose riviste scientifiche e la sua vita è molto tranquilla. Gli piace leggere e cercare nuovi libri da studiare in biblioteca.

Sonia studia per diventare avvocato. È un po' matta e avventurosa, infatti le piace fare bungee jimping, paracadutismo e immersioni.

Carla è una segretaria. È una persona molto generosa, infatti fa la volontaria in un centro per bambini e tutti la adorano perché è affettuosa e paziente.

GLOSSARIO - GLOSSARY

troppo = too

lavoro = work/job

cene = dinners

matematica = math

riviste scientifiche = scientific reviews

vita sociale = social life

biblioteca = library

immersioni = scuba diving

paracadutismo = parachutes

storia = history

giornate = days

senza fare nulla = doing nothing/without doing anything

quasi sempre = almost always/most of the time

momento = moment

volontaria = volunteer

DOMANDE DI COMPRENSIONE – COMPREHENSIVE QUESTIONS

70) Perché Luca non poteva essere un buon pilota ma un buon architetto?

71) Perché trova sempre buoni amici?

72) È più sportivo lui o sua moglie?

73) Che lavoro fa Massimo?

74) Com'è la sua vita?

75) Con che cosa collabora?

76) Cosa gli piace fare?

77) Che cosa piace fare a Sonia?

78) Che carattere ha?

79) Perché Enrico passa le sue giornate in casa senza fare nulla?

80) Che cosa gli piace fare?

81) Perché Carla è generosa?

82) Perché i bambini del centro la adorano?

RISPOSTE – ANSWER KEY

1) Luca non poteva essere un buon pilota ma un buon architetto perché è troppo impulsivo e creativo.

2) Trova sempre buoni amici perché incontra molte persone grazie al suo lavoro ed è molto socievole.

3) Lui è più sportivo.

4) Massimo è un insegnante di matematica.

5) La sua vita è semplice e regolare.

6) Collabora con delle riviste scientifiche.

7) Gli piace leggere e trovare nuovi libri da studiare in biblioteca.

8) A Sonia piace fare bungee jumping, paracadutismo e immersioni.

9) Sonia è avventurosa, matta, allegra e lunatica.

10) Enrico passa le sue giornate in casa senza fare nulla perché è pigro.

11) Gli piace provare nuove ricette.

12) Carla è generosa perché fa la volontaria.

13) I bambini del centro la adorano perché è molto affettuosa, cortese e paziente.

9. GRAMMAR

9.1 Comparatives

9.1.1 Uguaglianza

Antonio è educato **come** suo fratello (Antonio is as polite as his brother)

Qui fa **tanto** freddo **quanto** in Germania (here is as cold as in Germany)

Questo bambino mangia **tanto quanto** un adulto (This child eats as much as an adult)

9.1.2 Minoranza

Elena è **meno** alta **di** me (Elena is less tall than me)

D'inverno Paolo mangia **meno** frutta **che** d'estate (In winter Paolo eats less fruit than in summer)

*The English "that" is translated with "di" when there is an adjective and with "che" when there is an adverb.

9.1.3 Maggioranza

Carlo è **più** alto **di** Luigi (Carlo is taller than Luigi)

Marco studia **più di** Giulia (Marco studies more than Giulia)

Lavoro **più di** quello che credi (I work more than you think)

9.2 Superlatives

9.2.1 Relativo

It is formed as maggioranza, but it has the definite article before "più" or "meno" and expresses also where the subject is the best/worst.

Chiara è **la più** brava **della classe** (Chiara is the smartest of the class)

Luca è **il meno** alto **della sua famiglia** (Luca is the less tall of his family)

9.2.2 Assoluto

It is formed by adding suffixes -issimo, -issima, -issimi, -issime to the adjective (depending on number and genre of the noun they refer to):

Le tue *scarpe* sono **bellissime** (your shoes are very beautiful)

or by putting "molto" before the adjective

Le tue *scarpe* sono **molto** belle (your shoes are very beautiful)

9.3 Irregular comparatives and superlatives (adjectives)

BUONO

comparativo **migliore**

superlativo **il migliore**

assoluto **ottimo**

CATTIVO

comparativo **peggiore**

superlativo **il peggiore**

assoluto **pessimo**

GRANDE

comparativo **maggiore**

superlativo **il maggiore**

assoluto **massimo**

PICCOLO

comparativo **minore**

superlativo **il minore**

assoluto **minimo**

*the standard form of these irregular forms is used too.

9.4 Irregular comparatives and superlatives (adverbs)

BENE (well)

comparativo **meglio**

superlativo **il meglio**

assoluto **ottimamente**

MALE (badly)

comparativo **peggio**

superlativo **il peggio**

assoluto **pessimamente**

9.5 Anche, anch'io, nemmeno io, neanch'io, neppure, né… né

To agree or disagree with someone's idea or statement, English has many possible translations. Let's see some examples:

Mi piace la cioccolata. **Anche a me** (I like chocolate. So do I/Me too)

Sono italiano. **Anch'io** (I am Italian. So am I/Me too)

Non mi piace la cioccolata. **Neanche/neppure** a me (I do not like chocolate. Neither do I/Me neither)

Non sono italiano. **Neanch'io** (I am not Italian. Neither am I/Me neither)

Mi piace **sia** la pasta **sia/che** il risotto (I like either pasta or risotto)

Non mangiamo **né** carne **né** formaggi (We do not eat neither meat nor cheese)

9.6 Put yourself to the test

9.6.1 Put the adjective in brackets into the correct form of the suggested comparative or superlative:

    41. Queste mele sono … (buone, assoluto). Sono le … (buone, maggioranza) che abbia mai assaggiato.

    42. La vostra auto è … (nuova, maggioranza) della mia

43. Mio zio è ... (alto, relativo) della famiglia

44. L'elefante è ... (grande, comparativo) del topo

45. Questo è il ristorante ... (buono, relativo) della città

46. Il pranzo che ha cucinato tua madre era ... (buono, assoluto)

47. Scelgo questa valigia perché l'altra è ... (piccola, maggioranza)

48. L'aereo è ... (veloce, maggioranza) del treno

49. La vita in campagna è ... (stressante, minoranza) di quella di città

50. Per Maria, Carlo è ... (attraente, uguaglianza) Marcello

Keys

9.6.1 Put the adjective in brackets into the correct form of the suggested comparative or superlative:

1. Queste mele sono **buonissime**. Sono le **migliori** che abbia mai assaggiato.
2. La vostra auto è **più nuova** della mia
3. Mio zio è **il più alto** della famiglia
4. L'elefante è **più grande** del topo
5. Questo è il ristorante **migliore** della città
6. Il pranzo che ha cucinato tua madre era **ottimo**
7. Scelgo questa valigia perché l'altra è **più piccola**
8. L'aereo è **più veloce** del treno
9. La vita in campagna è **meno stressante** di quella di città
10. Per Maria, Carlo è **attraente come** Marcello

9. LEXICAL FOCUS

9.1 Booking a hotel

Sicuro di sé (confident)

Sensibile (sensitive)

Calmo (calm)

Impulsivo (impulsive)

Generoso (generous)

Gentile (kind)

Onesto (honest)

Intelligente (intelligent/clever)

Estroverso (outgoing)

Timido (shy)

Introverso (introverted)

Estroverso (extroverted)

Maleducato (mean)

Emotivo (emotional)

Educato (polite)

Divertente (funny)

Noioso (boring)

Paziente (patient)

Modesto (modest)

Coraggioso (brave)

9.2 Parts of the body

Testa (head)

Petto (chest)

Schiena (back)

Viso/volto/faccia (face)

Occhio (eye)

Orecchie (ears)

Naso (nose)

Bocca (mouth)

Guancia (cheek)

Mento (chin)

Fronte (forehead)

Collo (neck)

Spalla (shoulder)

Braccio (arm)

Mano (hand)

Dito/dita (finger/fingers)

Ginocchio (knee)

Gamba (leg)

Piede (foot)

9.3 Spare time

Calcio (soccer)

Pallavolo (volleyball)

Pallacanestro/basket (basketball)

Corsa (jogging)

Nuoto (swimming)

Ciclismo (cycling)

Arrampicata (climbing)

Danza (dance)

Sci (skiing)

Tennis

Mi piace leggere un libro/pattinare/suonare uno strumento (I like reading a book/skating/playing an instrument)

9.4 Professions

Infermiere (nurse)

Casalinga (housewife)

Pensionato (pensioner)

Architetto (architect)

Commesso (shop assistant)

Insegnante (teacher)

Autista (driver)

Segretaria (secretary)

Ingegnere (engineer)

Cameriere/cameriera (waiter/waitress)

Dottore/medico (doctor)

Poliziotto (cop)

Cuoco (cook)

Disoccupato (unemployed)

Avvocato (lawyer)

9. NUMBERS

100. CENTESIMO (hundredth)

1000. MILLESIMO (thousandth)

Chapter 10 - Sounds and Pronunciation

10.1 Vowels

A m**a**mma, like in f**a**ther

E (open) b**e**llo, like in s**e**t

E (closed) s**e**ra, like in s**ay**

I am**i**co, like m**ee**t

O (open) **o**tto, like in p**o**t

O (closed) s**o**le, like in p**o**st

U **u**no, like in f**oo**d

10.2 Consonants

C (before "i" and "e") **c**iao, like in **ch**urch

C (before "a", "o" and "u") **c**asa, like in **c**ar

G (before "i" and "e") **g**elato, like in **g**eneral

G (before "a", "o" and "u") **g**atto, like in **g**arage

H is always silent

S (between 2 vowels) ro**s**a, like in ro**s**e

S (before a consonant) **s**cala, like in **s**it

Z sta**z**ione, like in ca**ts**

Z (at the beginning) **z**ucchero, like in pa**ds**

10.3 Combined sounds

CH an**ch**e, like in **c**ar

GH (always before "i" and "e") spa**gh**etti, like in **gue**st/fun**ghi**, like in **gui**tar

GN si**gn**ore, like in ca**ny**on

GL (before "i" and "e") fi**gli**o, like in mi**lli**on

SC (before "i" and "e") pe**sc**e, like in **sh**ut

SC scala, like in **sk**ip

10. WAYS OF SAYING

Fare la gatta morta (do the dead cat) [play dumb]

Ubriaco come una scimmia (drunk as a monkey) [wasted]

Fare il contropelo (shave against the growth) [scold]

Trattare a pesci in faccia (treat you with fishes in your face) [disrespect]

Avere un chiodo fisso in testa (have a fixed nail in one's head) [have a bee in one's bonnet]

Mettere la pulce nell'orecchio (put a flea in the ear) [arouse somebody's doubts]

Saltare i fossi per il lungo (jump ditches the long way) [do it with hands tied behind the back]

Piovere a catinelle (it rains from washbasins) [it rains cats and dogs]

Cotto a puntino (cooked to the small point) [well cooked]

Oca giuliva (merry goose) [not the sharpest tool in the box]

Tirare la corda (pull the rope) [take things too far]

Avere argento vivo addosso (have quicksilver on themselves) [fidgety]

Acqua in bocca (water in the mouth) [keep their mouth shut]

Dormire come un ghiro (sleep like a dormouse) [sleep like a log]

Fuori come un balcone (outside as a balcony) [out of their mind]

Sputare nel piatto dove si mangia (spit in the plate they eat from) [bite the hand that feeds them]

La goccia che ha fatto traboccare il vaso (the drop that made the vase overflow) [it's the last straw]

10. OUT OF CURIOSITY

10.1 La storia della pizza

Le *origini* della pizza sono antichissime ed è nata come piatto dei poveri. Prima della *scoperta* dell'America, gli *alimenti* più semplici e *facili* da trovare di quell'*epoca* erano *farina*, olio, sale e *lievito*. Il pomodoro non era ancora stato scoperto. È arrivato solo dopo, *direttamente* dal Perù dove si usava cotto con un po' di sale e basilico. Qualcuno dopo, ebbe la *geniale* idea di aggiungerlo alla pizza.

Raffaele Esposito, un famoso cuoco di Napoli, ne ha preparate tre versioni su richiesta della Regina Margherita: la marinara, una con il basilico e una con la mozzarella. Ecco perché si chiama "pizza margherita".

GLOSSARIO

origini = origins

scoperta = discover

alimenti = food

facili = easy

epoca = time/age/epoch

farina = flour

lievito = yeast

direttamente = directly

geniale = brilliant

10.2 Le origini del Colosseo

Il Colosseo, *anticamente conosciuto* come Anfiteatro Flavio, è nel centro della città di Roma; era il più grande e importante *anfiteatro* dell'*epoca imperiale*.

Il Colosseo ospitava i giochi dell'anfiteatro: le *lotte* tra animali (VENATIONES), l'*uccisione* di *condannati* da parte di animali *feroci* o altri tipi di *esecuzioni* (NOXII) o i *combattimenti* tra gladiatori (MUNERA)... un vero e proprio *incontro* di wrestling!!!

Un altro spettacolo molto amato dal popolo erano le *battaglie navali,* dove *allagavano* la parte in cui *si svolgevano* gli spettacoli, *provocando* il raffreddore a tutti!!!

GLOSSARIO

anticamente = in ancient times

conosciuto = known

anfiteatro = amphitheatre

epoca imperiale = imperial era

lotte = fights

uccisione = killing

condannati = convicted

feroci = ferocious

esecuzioni = executions

combattimenti = fights

incontro = match

battaglie navali = naval battles

allagavano = flooded

si svolgevano = took place

provocando = causing

10.3 La Torre di Pisa

La *torre pendente* di Pisa (chiamata *semplicemente* torre pendente o Torre di Pisa) è il simbolo della città e un *monumento* conosciuto in tutto il mondo. È un *campanile* che è stato costruito tra il 1200 e il 1300 e si trova vicino al duomo di Pisa: qui il *terreno ha ceduto* un po', *inclinandosi*.

Il campanile è stato costruito in due secoli ed è fatto tutto in *marmo* bianco; si trova nella famosissima Piazza dei Miracoli a Pisa... ma i miracoli per la torre non funzionano!!!

È una delle sette meraviglie del mondo moderno... anche se è molto *storta*, ma le *campane* suonano ancora!

GLOSSARIO

torre pendente = leaning tower

semplicemente = simply

monumento = monument

campanile = bell tower

terreno = land

ha ceduto = collapsed

inclinandosi = leaning

marmo = marble

storta = bent

campane = bells

10.4 La colazione al bar in Italia

Entrare in un bar la mattina in Italia è un'*esperienza culturale*. Agli italiani piace molto fare colazione al bar, è un'*abitudine*. Solitamente bevono un caffè e mangiano *qualcosa di dolce*, detta "pasta", un modo che gli italiani hanno per riferisi a *ciambelle, cornetti o fette di torta*, e bevono il caffè o il cappuccino. Ma se ascoltate come ordinano il caffè, sentirete vari modi per farlo: un macchiato caldo (con la *schiuma* di latte), un macchiato freddo (con latte freddo), un caffè lungo (un po' più lungo di un espresso), un caffè doppio (la *dose* di due caffè espressi in una *tazza*), un caffè in tazza grande (in una tazza da cappuccino), un "marocchino", (un caffè macchiato con la *polvere di cacao*) o un americano, (un caffè espresso ma *allungato* con acqua calda). Ma non sentirete mai dire "un espresso". Se volete un caffè espresso normale, dite "caffè"! Per gli italiani infatti tutto il caffè è espresso! Molto spesso fanno colazione in piedi al bancone, un'*occasione* per *socializzare*!

GLOSSARIO

qualcosa di dolce = something sweet

esperienza culturale = cultural experience

abitudine = habit

ciambelle = donuts

cornetti = croissants

fette di torta = slaces of cake

schiuma = foam

dose = dose

tazza = cup

polvere di cacao = cocoa powder

allungato = watered-down

socializzare = socialize

occasione = occasion

10.5 Aperitivo o Happy Hour?

Il rito dell'aperitivo è un momento molto imporante per gli italiani che, dalle 18 alle 21, si *prendono una pausa* di relax con gli amici. Questa abitudine è *ben radicata* nella storia del Paese, prima della sua *unificazione*. L'happy hour è un tipo particolare di aperitivo. Dalle 18 fino alla 10 circa, è possibile ordinare un cocktail o un bicchiere di vino potendo *accedere* ad a un buffet, *una sorta di* cena leggera. L'aperitivo *vero e proprio* invece è una *sosta* in un bar per bere un cocktail o un bicchiere di vino prima di andare a cena. Possono essere serviti degli *stuzzichini*, *patatine* e *olive*, ma nulla di più, *altrimenti* non si mangia a cena! Si dice che il primo sia stato nel Piemonte di fine '700, nel 1786, quando Antonio Benedetto Carpano inventò il vermouth, un vino bianco con infuso di 30 erbe e spezie. La vera affermazione arriva però nei primi decenni del '900 con la produzione del Campari, la base del cocktail da aperitivo più famoso in Italia, lo Spritz.

GLOSSARIO

prendono una pausa = take a break

ben radicata = deep-seated

unificazione = unification

accedere = access

una sorta di = a sort of

vero e proprio = real

sosta = stop

stuzzichini = finger food

patatine = potato chips

olive = olives

altrimenti = otherwise

10. ICONIC ITALIAN SONGS

Italian people are very bound by traditions and there are some songs, even if they're really old, that people of all ages are used to singing. You can hear them in clubs and discos too!

10.1 Volare – Domenico Modugno – Nel blu dipinto di blu

Penso che un sogno così non ritorni mai più

Mi dipingevo le mani e la faccia di blu

Poi d'improvviso venivo dal vento rapito

E incominciavo a volare nel cielo infinito

Volare oh, oh

Cantare oh, oh, oh

Nel blu dipinto di blu

Felice di stare lassù

E volavo, volavo felice più in alto del sole

Ed ancora più su

Mentre il mondo pian piano spariva lontano laggiù

Una musica dolce suonava soltanto per me

Volare oh, oh

Cantare oh, oh, oh

Nel blu dipinto di blu

Felice di stare lassù

Ma tutti i sogni nell'alba svaniscon perché

Quando tramonta la luna li porta con sé

Ma io continuo a sognare negli occhi tuoi belli

Che sono blu come un cielo trapunto di stelle

Volare oh, oh

Cantare oh, oh, oh

Nel blu degli occhi tuoi blu

Felice di stare quaggiù

E continuo a volare felice più in alto del sole

Ed ancora più su

Mentre il mondo pian piano scompare negli occhi tuoi blu

La tua voce è una musica dolce che suona per me

Volare oh, oh

Cantare oh, oh, oh

Nel blu degli occhi tuoi blu

Felice di stare quaggiù

Nel blu dipinto di blu

Felice di stare quaggiù

Nel blu dipinto di blu

Felice di stare quaggiù

Con te

This song dates back to 1958 when it was first sung at Festival di Sanremo (a very famous Italian music contest) and it can be considered the most representative and Italian song. Last reinterpretation was in 2015.

10.2 Tu vuo' fa l'americano – Carosone/Nisa

Puorte 'e cazune cu nu stemma arreto

Na cuppulella cu 'a visiera aizata

Passe scampanianno pe' Tuleto,

comm'a nu guappo, pe' te fá guardá!

Tu vuo' fá l'americano,

mericano, 'mericano

Siente a me chi t"o ffa fá?

Tu vuoi vivere alla moda,

ma se bevi   Whisky and Soda,

po' te siente 'e disturbá

Tu abballe 'o   Rock and Roll,

tu giochi a   Base Ball

Ma 'e solde p"e Ccamel,

chi te li dá?

La borsetta di mammá!?

Tu vuó' fá l'americano,

mericano, mericano,

ma si' nato in Italy!

Siente a me: Nun ce sta niente 'a fá

Okay, Napolitan!

Tu vuó' fá l'american!

Tu vuó' fá l'american!

Comme te pò capí chi te vò' bene,

si tu lle parle miezo americano?

Quanno se fa l'ammore sott"a luna,

comme te vene 'ncapa 'e dí   I love you?

Tu vuo' fá l'americano,

mericano, 'mericano

ma si' nato in Italy!

Siente a me: Nun ce sta niente 'a fá

Okay, Napolitan!

Tu vuó' fá l'american!

Tu vuó' fá l'american!

Whisky and soda e rock and roll

Whisky and soda e rock and roll

This song dates back to 1956 and it was written by an author from Naples. The last reinterpretation was in 2012.

Conclusion

Our journey through the Italian language is over... for now. Mindful grammar is a starting point, and the topics and word lists given in the previous ten chapters represent a functional beginning.

We hope you enjoyed the book and found it useful for learning the basics of the Italian language, which is enough to have a satisfying conversation in Italian. The path is still long, and we hope this book made you want to carry on with studying Italian.

Now you just have to travel to Italy and practice what you learned! There is one extra thing that this book did not cover: Italian hand gestures. Keep in mind that Italian people use gestures to communicate and sometimes to substitute words or entire phrases!

Part 2: Italian Short Stories

8 Simple Stories for Beginners Who Want to Learn Italian in Less Time While Also Having Fun

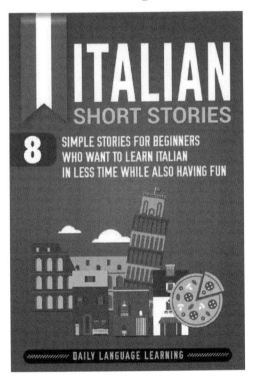

Introduction

Since we were children, we have learned through stories, and people use storytelling to record culture from one generation to the next both before and after writing was invented. Thus, it is something we are familiar with, and so, could you think of a better way to learn a language?

Learning a new language can be tricky. However, short stories transform this challenge into fun! Of course, you have to keep in mind that this is not the traditional way of "studying" a language. It is not how you usually take on an argument that you are supposed to understand, memorize, and use. Modern teaching methods focus on the communicative side of a language with emphasis on how one speaks it. With this in mind, a first approach to a language through a book of short stories can still be very helpful. In fact, while reading stories, you focus on sentences structures, and this makes it easier to understand and form them.

This book is made up of eight Italian short stories, all with a step-by-step translation, a summary, and a reading comprehension with keys. All together, they represent the most effective tool to have a correct approach to Italian grammar, words, and language structure. The stories are for beginners and those whom already have some knowledge of Italian. Indeed, by reading short stories you will have the opportunity to expand your vocabulary and learn grammar on the one hand, and on the other, feel a sense of achievement when reading and understanding each story. Both grammar and vocabulary will be learned more easily as they are offered in the context that they are usually used in. This method also offers you the chance to check your understanding while you are reading.

Furthermore, learners will benefit from another advantage: memorizing words and structures will be simpler and more immediate as characters, descriptions, and stories themselves are elements connecting language and its use by entertaining. Nowadays, we have hectic lives, and sometimes it can be difficult to find enough time to study a new language with classic methods, while short stories are a perfect length for workers and students that cannot commit to longer study sessions. Finishing a story gives the learner a kind of reward that is usually hard to get with classical grammar books as they get more time to be completed and the check of the understanding level is made through exercises that prove if the grammar rule has been assimilated, not the language.

Learning a language via short stories further offers the reader pleasure. The experience of reading a story allows us to escape our lives for a moment, and so this is a perfect way to start learning a language. Reading a story activates your brain and imagination, thus increasing the chance to learn easily and not quit. Often, people start learning a new language only to give up after a couple of weeks. This is not due to the complexity of the language but because they become disheartened as the method they are using does not give the right motivation. This is much less likely to happen if your tool is short stories!

Compared with novels, other positive aspects make short stories a great way to learn a new language. Firstly, they are easier because the level of attention and concentration needed is lower; secondly, they give the learner the opportunity to focus more on words and how they express ideas and concepts; however, thirdly, and above all, readers can read a story without losing too much time—and, if they would like to, they can reread it.

The scope of this book of short stories is to propose plots that will keep your attention so that reading them will take you less time and less work. To get the most out of it, you should undertake the reading via three steps:

Step oneuRead the text carefully using the word list and the translation underneath. Work on the global meaning of the story and answer the questions, not wondering too much about the form at this stage, just the contents.

Step twoeAfter you correct your answers by using keys, come back to the text if necessary.

Step three Reread the text again, focusing on the whole meaning of it. This final step should be simple if you have gone through the previous ones correctly.

Now, just relax and have fun learning Italian!

Chapter 1: Il Barbiere Si È Innamorato! – The Barber Has Fallen In Love!

Gli **antichi** Romani erano grandi amanti del **divertimento** e dello **svago**. Oltre ai famosi **spettacoli** del Colosseo, dove si rappresentavano giochi e sanguinose **lotte** tra uomini e **bestie** feroci, i Romani partecipavano a feste e **banchetti**, amavano il **gioco d'azzardo** e il *trigon*, un antico **gioco** con la palla. La **cura del corpo** nell'antica Roma era però l'aspetto più importante, un **vizio** a cui **nessuno** poteva rinunciare. Infatti, tutti i **cittadini** dell'Impero, **ricchi o poveri** che fossero, investivano gran parte del loro tempo e del loro **denaro** nei centri benessere, nelle terme, dal **parrucchiere** e dal **barbiere**.

Ancient Romans loved entertainment and amusement. Besides famous shows at the Colosseum, where games and bloody fights between men and wild beasts were performed, they also took part in banquets, loved gambling, and playing *trigon,* an ancient game with the ball. But, in Ancient Rome, the care of the body was the most important aspect, a vice nobody could give up. In fact, all citizens of the Empire, rich or poor, invested most of their time and money in spas, hot springs, and in hairdressers and barber shops.

Un barbiere, chiamato al tempo "tonsor", era una **figura** molto richiesta e per questo **guadagnava** tanti soldi, al punto che **alcuni di loro** erano molto ricchi. Per quanto possa sembrare **strano**, era anche un **mestiere** molto rischioso, e questo Seius lo sapeva **bene**. Il barbiere non solo curava i **capelli** dei suoi **clienti**, ma si doveva occupare, come indicato dal nome stesso, anche del **taglio** della **barba**. Seius, che veniva da un'antica **generazione** di barbieri, sapeva bene che l'**affilatissima lama** poteva sfuggire al controllo e tagliare il **viso** del malcapitato al quale, nel migliore dei casi, rimaneva una bella **cicatrice**.

A barber, called "tonsor" at the time, was a demanding profession and so he earned a lot of money, some were rich. Even if it sounded weird, it was also a risky craft and Seius knew it. The barber had to take care of hair and also, as suggested by the name itself, of the beard cut. Seius came from an ancient generation of barbers and he knew that the super sharp blade often got out of hand and cut the face of the unlucky man and this could leave him a big scar, at best.

Molti Romani **preferivano** per questo avere la barba **lunga**... meglio non rischiare! Seius, però, aveva molti anni di **esperienza** ed era così bravo nel suo lavoro che tra i suoi clienti c'erano molti tra i **nobili** più ricchi e potenti dell'Impero. La sua lama era molto affilata, ma la sua **mano** era altrettanto **ferma** e **precisa**. Se ci fosse stata una **gara** di tonsor, lui sarebbe sicuramente arrivato **primo**.

This is why many Romans preferred to keep the beard long... better not risk it! But Seius had many years of experience and he was so good at his job that among his customers there were many of the richest and most powerful men in the Empire. His blade was very sharp, but he had a very steady and precise hand as well. If there had been a tonsor competition, he would have surely been first in it.

Seius era così **concentrato** sul suo **lavoro** da non aver trovato il **tempo** per **nient'altro**, ad esempio per farsi una **famiglia**.

Viaggiava spesso su e giù per l'Impero, di domus in domus e il poco **tempo libero** che gli rimaneva, lo trascorreva ad **imparare** nuove **tecniche** e **stili** di taglio alla moda.

Un giorno si trovava a casa di uno dei suoi clienti per tagliargli barba e capelli. **Improvvisamente** volse lo sguardo verso il **giardino,** dove vide una bellissima **giovane donna.** I capelli biondi le cadevano sulle spalle morbidi e setosi, la sua **pelle** era chiara come la **luce** del mattino e i suoi **occhi** erano blu e profondi come il **mare**. Mai aveva visto donna più bella. Seius rimase molto stupito perché era la prima volta che **qualcosa** lo distraeva dal suo lavoro, e questo lo spaventò.

Seius was so focused on his work that he didn't find time for anything else, for example to start a family. He used to travel a lot up and down the Empire, from domus to domus, and he used to spend the little spare time he had to learn new techniques and fashion cut styles. One day he was in his customer's house to cut his beard and hair. Suddenly he looked towards the garden and saw a beautiful young woman. Her blonde, soft and silky hair slid over her shoulders, her skin was fair as the summer morning light and her eyes were blue and deep like the sea. Never had he seen a more beautiful woman. Seius was astonished because it was the first time something had distracted him from his work, and this scared him.

Non appena finito il lavoro e recuperati **in fretta e furia** tutti i suoi **attrezzi**, fuggì letteralmente a casa **senza** guardarsi indietro. Una volta a casa, non poteva smettere di pensare a quello che gli era successo e si domandava il perché. Forse era giunta l'ora di fare una vacanza, del resto lavorava senza sosta da quando aveva solo dodici anni.

As soon as he had finished his work, he collected his tools and ran away and never looked back. Once at home, he couldn't stop thinking about what happened and he was asking himself why. Maybe it was time for a vacation. In fact, he had been working non-stop since he was only twelve.

Dopo solo una **settimana,** come spesso accadeva, un messo bussò alla sua **porta** con una richiesta da parte di un cliente. Seius era un **famoso** tonsor e riceveva moltissime richieste alla settimana, ed essendo un gran lavoratore, non deludeva **mai** nessuno. Quando però, aprendo la lettera, scoprì che il cliente era proprio quello dove aveva incontrato la bellissima donna, decise di non andarci. Così, rispose che era **troppo** impegnato e disse al messo di portare al **mittente** le sue scuse. Il messo prese il **messaggio** e se ne andò.

After only one week, a messenger knocked at his door with a request from a client as it often happens. Seius was a famous tonsor and he received many requests a week and, as he was a hardworking man, he never disappointed anybody. But when, opening the letter, he saw that the name of the client was where he met the beautiful woman, he decided not to go and he told the messenger to say to the sender he was sorry but he was too busy. The messenger took the message and left.

Era passata un'altra settimana quando il messo si presentò di nuovo **davanti** alla sua porta con un messaggio dello **stesso** cliente, Nevio Ostillo. Il nobile **senatore,** infatti, chiedeva ancora a Seius di tagliargli barba e capelli, ma lui aveva paura. Nevio Ostillo era un nobile molto importante e famoso in città, e se gli avesse tagliato il viso perché distratto dall'incantevole donna dai capelli biondi, nessuno lo avrebbe più voluto come barbiere. Sarebbe così finito povero e solo, trascorrendo i suoi giorni ai **confini** dell'Impero.

One week later the messenger was again at his door with a message from the same client, Nevio Ostillo. The noble senator was asking Seius again to cut his beard and hair, but he was afraid. Nevio Ostillo was a very important and famous noble of the city, and if he had cut his face because he was distracted by the enchanting blonde-haired woman, nobody would have wanted him as a barber and he would have become poor and lonely, ending his life at the borders of the Empire.

Seius sapeva **anche** di non poter dire **due volte** di no ad un nobile e così, qualche giorno dopo, si recò nella meravigliosa villa di Nevio Ostillo. Una volta arrivato, seppe che il nobile non era in casa e così decise di aspettare in giardino. Se ne stava lì seduto quando una **serva** gli fece una strana **domanda**, chiedendogli se credesse nell'amore a prima vista. Seius rimase un po' **confuso** dall'insolita domanda e rispose con un vago, "Sì," ma senza sapere se fosse vero oppure no.

But Seius also knew he couldn't say "no" to a noble twice and so, some days after, he went to Nevio Ostillo's wonderful villa. Once there the noble hadn't arrived home yet and so he waited in the garden. He was sitting when a servant asked him a weird question. She asked him if he believed in love at first sight. Seius was a bit confused by the unusual question and vaguely replied, "Yes," but he didn't know if it was true or not.

Poco dopo arrivò Nevio Ostillo, il quale si sedette sulla **poltrona** dove era solito farsi radere e pettinare. Seius aveva già tirato fuori dalla **borsa** tutti i suoi attrezzi quando, avvicinata la lama al viso del nobile, gli apparve davanti la giovane donna dai capelli biondi. Senza nemmeno capire cosa stesse accadendo, Seius perse il controllo, e tagliò un pezzo di **orecchio** al povero Nevio Ostillo, il quale iniziò subito a gridare.

Shortly after, Nevio Ostillo arrived, who sat in the armchair where he used to have his hair shaved and combed. Seius had already taken his tools out of the bag and he had just put the blade near the noble's face when the young blonde-haired girl appeared. Seius didn't know what was going on and lost the control, cutting a part of Nevio Ostillo's ear, who started to shout.

Seius a quel punto non sapeva cosa fare; voleva solo fuggire via. Imbarazzato, cercò di scusarsi con Nevio Ostillo e gli disse che era la prima volta che gli succedeva una cosa del genere. Nevio Ostillo lo interruppe subito e guardando la giovane donna, disse: "Mia cara

Leonia, guarda che cosa ha fatto tuo **padre** per te. Per farti incontrare il tuo **amato** si è fatto tagliare un pezzo del suo orecchio!"

Seius didn't know what to do; he just wanted to run away. Embarrassed, he tried to apologize to Nevio Ostillo and told him it was the first time something similar had happened. But Nevio Ostillo immediately interrupted him and, looking at the young woman, said: "My darling, look what your father did for you. To make you meet your love, I've one piece of ear cut!"

Seius non capiva. Quella frase lo confuse più della domanda che gli aveva fatto la serva in giardino. Poi, pensandoci bene, mise insieme i pezzi della **storia.** Mentre rifletteva, Nevio Ostillo gli si avvicinò e gli disse: "Mia figlia Leonia è follemente innamorata di te sin dalla prima volta che ti ha visto a casa di suo **zio.** La amo molto e tutto ciò che rende **felice** lei, rende felice anche me. Per questo motivo ho iniziato a farmi la barba, una cosa che non amo molto fare. Sapevo che se fossi venuto qui e l'avessi vista anche solo per un **attimo,** te ne saresti innamorato subito, e così è stato".

Seius didn't understand. This statement confused him more than the servant's question in the garden. But then, thinking it over, he put together the pieces of the story. While he was thinking, Nevio Ostillo got close to him and said: "Leonia, my daughter, has been totally in love with you since the first time she saw you at her uncle's house. I really love her and what makes her happy makes me happy too. I started to have beard cut, that's something I don't love, because of that. I knew if you had come here and seen her only for an instant, you would have been madly in love with her immediately, and so it was."

Seius non poteva credere alle sue **orecchie**, ma **soprattutto** non riusciva a credere che un **errore** che aveva evitato per tutta la **carriera**, potesse cambiare così tanto la sua vita in positivo. Seius e Leonia si sposarono poco tempo dopo. Ebbero molti figli tra cui un solo maschio, che decise di non fare il barbiere. Seius, nonostante tutto, ne fu felice, e continuò a lavorare fino alla vecchiaia.

Seius couldn't believe his ears, but above all he couldn't realize how a mistake he avoided throughout his career had been able to change so much his life for good. They got married shortly afterward. They had many children, but only one boy. He decided not to be a barber. Seius, despite all, was happy with that, and he continued to work until he was old.

1.1 Riassunto - Summary

Nel tempo libero, gli antichi Romani amavano guardare gli spettacoli al Colosseo, andare ai banchetti e giocare a palla. Tuttavia, la cosa più importante per tutti i cittadini ricchi poveri che fossero era la cura del corpo: andare alle terme e curarsi barba e capelli. Il mestiere del barbiere era molto richiesto, e di fatto molti barbieri erano ricchi. Era tuttavia anche un mestiere pericoloso dal momento che le lame affilate potevano ferire il volto dei clienti. Per questo motivo, molti Romani preferivano tenera la barba lunga. Seius era un bravo barbiere di Roma ed era anche molto famoso. Era così impegnato nel suo lavoro da non aver trovato il tempo per farsi una famiglia. Un giorno era a casa di Nevio Ostillo, un famoso nobile romano, per tagliargli la barba quando ad un certo punto apparve una bellissima giovane dai capelli biondi che distrasse la sua attenzione. Seius per poco non ferì il nobile e per l'imbarazzo scappò via. Dopo una settimana, Nevio Ostillo lo mandò a chiamare, ma Seius per paura di quello che era accaduto, rifiutò. Alla seconda richiesta dovette però accettare. Mentre tagliava la barba all'uomo, la giovane donna apparve di nuovo e Seius finì per tagliare al nobile un pezzo d'orecchio. Seius si spaventò per quello che aveva fatto, ma l'uomo gli spiegò che l'aveva chiamato solo perché la giovane donna, sua figlia Leonia, si era innamorata di lui e sapeva che vedendola anche solo una volta anche lui l'avrebbe amata.

In their spare time, ancient Romans loved watching shows at the Colosseum, going to banquets and playing with the ball. But for all citizens rich or poor the most important thing was the care of the body: going to hot springs and having beard and hair care. The barber job was demanding, and many barbers were very rich for this reason. But it was also a dangerous job because sharp blades could injury the customer's face. In fact, many Romans preferred to keep the beard long. Seius was a good and very famous barber in Rome. He was so concentrated on his job that he didn't have time to have a family. One day he was at the house of Nevio Ostillo, a famous Roman noble, to cut his beard when at a certain point a beautiful young blonde-haired woman appeared. Seius was distracted and he nearly injured the noble and immediately after he left. After one week, the noble called him, but Seius refused as he was scared by what had happened. But one week after, he had to accept. Again, while he was cutting Nevio Ostillo's beard, the young woman appeared and Seius cut a piece of the noble's ear. Seius was worried, but the noble explained he called him just because the young woman, his daughter Leonia, was in love with him and he knew that Seius would have loved her the moment he saw her.

1.2 Vocabolario - Vocabulary

antichi = ancient

divertimento =entertainment

svago = amusement

spettacoli = shows

lotte = fights

bestie = beasts

banchetti = banquets

gioco d'azzardo = gambling

gioco = game

cura del corpo = care of the body

vizio = vice

nessuno = nobody

cittadini = citizens

ricchi o poveri = rich or poor

denaro = money

parrucchiere = hairdresser

barbiere = barber

figura = profession

guadagnava = earned

alcuni di loro = some of them

strano = weird

mestiere = craft

bene = well

capelli = hair

clienti = customers

taglio della barba = beard cut

generazione = generation

lama = blade

affilatissima = very sharp

viso = face

cicatrice = scar

molti = many

preferivano = preferred

lunga = long

esperienza = experience

nobili = nobles

mano ferma e precisa = steady and precise hand

gara = competition

primo = first

concentrato = concentrated

lavoro = job

tempo = time

nient'altro = nothing else

famiglia = family

viaggiava = travelled

tempo libero = spare time

imparare = to learn

tecniche = techniques

stili = styles

improvvisamente = suddenly

giardino = garden

giovane donna = young woman

pelle = skin

luce = light

occhi = eyes

mare = sea

qualcosa = something

in fretta e furia = in a hurry

attrezzi = tools

senza = without

dopo = after

settimana = week

porta = door

famoso = famous

mai = never

mittente = sender

troppo = too

messaggio = message

davanti = in front of

stesso = same

senatore = senator

confini = borders

anche = also

due volte = twice

serva = servant

domanda = question

confuso = confused

poltrona = armchair

borsa = bag

orecchio = ear

padre = father

amato = loved

storia = story

zio = uncle

felice = happy

attimo = instant

orecchie = ears

soprattutto = above all

errore = mistake

carriera = career

1.3 Domande - Questions

1. Che cosa amavano fare gli antichi romani nel tempo libero?

What did ancient Romans like to do in their spare time?

2. La cura del corpo era importante solo per i cittadini ricchi?

Was the care of the body only important for rich citizens?

3. Perché alcuni barbieri a Roma erano ricchi?

Why were some Roman barbers rich?

4. Perché il mestiere del barbiere era pericoloso?

Why was the barber's job dangerous?

a. perché era difficile tagliare barba e capelli

because it was difficult to cut beard and hair

b. perché i barbieri potevano ferirsi con la lama

because barbers could injure themselves with the blade

c. perché potevano ferire il volto del cliente

because they could injure the customer's face

5. Chi era Seius?

Who was Seius?

6. Perché molti Romani preferivano tenere la barba lunga?

Why did many Romans prefer to keep their beards long?

a. perché era più alla moda

because it was more fashionable

b. perché avevano paura di essere feriti

because they were scared to be injured

    c. perché era un simbolo di ricchezza
because it was a sign of wealth

    7. Perché Seius non aveva una famiglia?
Why didn't Seius have a family?

    a. perché non aveva trovato la donna giusta
because he hadn't found the right woman yet

    b. perché non aveva tempo
because he didn't have time

    c. perché era troppo concentrato sul suo lavoro
because he was too concentrated on his job

    8. Che aspetto la giovane donna?
What did the young woman look like?

    a. aveva i capelli biondi, la pelle chiara e gli occhi blu
she had blonde hair, fair skin and blue eyes

    b. aveva i capelli biondi, la pelle chiara e gli occhi neri
she had blonde hair, fair skin and dark eyes

    c. aveva i capelli scuri, la pelle chiara e gli occhi blu
she had dark hair, fair skin and blue eyes

    9. Cosa è successo quando Seius l'ha vista?
What happened when Seius saw her?

    10. Quante volte Seius ha detto al messo che non era disponibile?
How many times did Seius say to the messenger he was busy?

    a. una volta
once

b. tre volte

three times

c. due volte

twice

1.4 Risposte - Answers

1. Amavamo guardare gli spettacoli al Colosseo, partecipare ai banchetti e giocare con la palla.

They loved watching shows at the Colosseum, going to banquets and playing with the ball.

2. No, era importante per tutti i cittadini.

No, it wasn't. It was important for all citizens.

3. Perché era un mestiere molto richiesto.

Because it was a demanding profession.

4. c.

5. Seius era un barbiere molto famoso di Roma.

Seius was a very famous barber in Rome.

6. b

7. c.

8. a.

9. Ha tagliato il visto del nobile.

He cut the noble's face.

10. a.

Chapter 2: Lila, La Pecora Ribelle – Lila, The Rebel Sheep

Tra le splendide **colline** vicino al **paesino** di Sinnia, ce n'era una conosciuta come la collina delle **pecore**. Nessuno sapeva il perché, ma lì c'erano sempre state delle pecore. Non erano di nessuno e nessuno le curava, ma erano tra gli **esemplari** più belli che si fossero mai visti. C'era chi diceva che la loro **bellezza** fosse dovuta dal loro essere libere e chi invece sosteneva che fossero le pecore di Dio.

In the wonderful hills close to the small village of Sinnia, there was a hill known as the sheep's hill. Nobody knew why, but sheep have always been there. They were nobody's, nobody took care of them, but they were the most beautiful example that you have ever seen. Some said they were so beautiful because they lived free and others said they were God's sheep.

Qualunque fosse la **ragione**, questi **animali** erano bellissimi, ma per l'**uomo** era anche molto difficile avvicinarli dal momento che avendo sempre vissuto allo stato brado, non erano abituati all'uomo. Questo aveva reso il mistero delle pecore di Sinnia ancor più affascinante. Orde di **turisti** curiosi venivano da tutto il **mondo** per cercare di fotografarle da vicino, ma in pochi riuscivano nell'impresa e il più delle volte la **fotografia** era completamente sfuocata.

Whatever its reason, these animals were very beautiful, but man could not move close to them because they had always lived as wild animals, and they were not used to humans. This made the mystery of Sinnia's sheep even more captivating. Hordes of curious tourists came worldwide to try to get a picture of one of those sheep, but few of them got it and most of the time the picture was completely out of focus.

Le pecore avevano portato molti **vantaggi** al paese, per l'**interesse** che suscitavano nei turisti. C'erano **negozi** di gadget che vendevano **tazze**, **cappelli**, **magliette** e tanto altro, ovviamente tutti a forma di pecora. Alcuni vendevano copie delle poche foto originali disponibili, e quando a qualcuno veniva una fatta bene, i vari **bottegai** del posto si battevano per comprarne i diritti. Molte erano le **locande** nate per accogliere i turisti, e ristoranti, con i loro menù a base di pecora, erano sempre affollati.

The village took advantages of these sheep, and the interest of tourists. There were gadget shops selling cups, hats, T-shirts and much else sheep-shaped, of course. Some sold copies of the few original pictures made, and when somebody took a good picture, all local shopkeepers fought to have its copyright. Many hotels and diners were born for tourists, and restaurants, with their sheep-based menus, were always crowded.

Non mancavano le **guide turistiche**, che garantivano nella propria pubblicità l'**avvistamento** di almeno una pecora. C'erano anche agenzie che organizzavano **campeggi** nelle colline circostanti. Insomma, le pecore per Sinnia erano un vero e proprio business. Nessuno poteva immaginare né prevedere che qualcosa sarebbe cambiato di lì a poco.

There were tourist guides, and each one guaranteed the sighting of one sheep at least. There were also agencies that organized camping in the surrounding hills. Sheep of Sinnia were a real business. Nobody could imagine or predict that something would have changed shortly afterward.

Era **primavera**, la **stagione** in cui nascono gli **agnelli**. Tra tutti i bellissimi esemplari nati quell'anno, c'era anche un'agnellina femmina di nome Lila. All'inizio, nessuno notò la differenza nel **gregge**, ma pian piano che Lila cresceva, tutti quanti iniziarono a capire che era diversa dagli altri.

It was spring, the season in which lambs are born. Among those born that year, all beautiful, there was a female lamb named Lila. At the beginning, no sheep of the flock noticed she was different, but while Lila grew up, everyone started to understand that she was distinct.

Non che non fosse bella o che il suo **pelo** non fosse morbido e lucido come il loro, ma aveva dei **comportamenti** strani, soprattutto quando arrivavano i turisti. Infatti, se tutte le pecore scappavano dietro le **rocce** o dietro ai **cespugli** per non farsi vedere, Lila invece non se ne andava, rimanendo ferma e immobile.

Not that she wasn't beautiful or that her hair wasn't as soft and shiny as theirs, but she behaved strangely, especially when tourists arrived. If all other sheep ran away and hid themselves behind rocks and others behind bushes, Lila, instead didn't leave, remaining still and immobile.

Tuttavia, non appena partiva la raffica di flash delle macchine fotografiche, anche lei scappava impaurita da quei fulmini che la colpivano. Il modo di fare di Lila aveva aumentato il numero di turisti al punto che a Sinnia non si riusciva nemmeno a camminare. Se in città erano tutti felici per quella novità che portava più soldi, dall'altra parte il gregge era molto preoccupato.

However, as soon as the rapid series of camera flashes started, scared from that lightning hitting her, she ran away too. Her behavior increased the number of tourists so that in Sinnia it was almost impossible to walk. While everyone in the town was very happy for the news that brought much more money, on the other hand it worried the flock.

La più anziana delle pecore andò allora dalla **madre** di Lila e le disse con **parole** gentili, "Mia cara, non abbiamo nulla contro la tua piccola agnellina, è bella e simpatica come tutti i suoi amici. Questo suo comportamento con gli umani, però, non ci aiuta affatto. Come ben saprai, sono **secoli** che viviamo libere in queste verdi colline e solo grazie al fatto che mai abbiamo dato confidenza agli umani. Le **conseguenze** per tutti noi, ma soprattutto per Lila, potrebbero essere catastrofiche. Ricordi cosa vedemmo un giorno alla **fattoria** nella valle? Gli umani uccidevano gli agnellini per poi mangiarli cotti al **forno** e le pecore più grandi venivano munte e tosate fino alla vecchiaia, per poi essere uccise e mangiate anche loro. È questa la fine che vuoi per la tua Lila o per tutti noi?"

Then, the oldest sheep went to Lila's mother and told her, with kind words, "My dear, nothing personal with your lambkin, she is beautiful and nice like all the others, but how she behaves with humans doesn't help us at all. As you know, we have been living in these green hills for centuries and this is because we haven't ever been friendly with humans. The consequences for all of us, especially for Lila, could be dire. Do you remember what we saw at the valley farm that day? Humans killed lambs to eat them roasted and older sheep were milked and sheared until they got old and so killed and eaten. Do you want your Lila or we all to end like this?"

La madre, dopo aver ascoltato attentamente quelle parole, promise che avrebbe parlato con sua figlia quella stessa **sera**. Calata la **notte,** chiamò Lila vicino a sé e le disse di non comportarsi più a quel modo per non mettere in pericolo la sua vita e quella delle altre pecore. Lila però non ne voleva sapere; a lei piacevano gli umani e le piaceva farsi ammirare. La madre si sentì scoraggiata dalla reazione della figlia e non sapeva più che fare.

The mother, after listening carefully to those words, promised to speak with her daughter that evening. When night fell, she called Lila close to her and asked her not to behave like that because she endangered hers and other sheep's lives. But Lila didn't care; she liked humans and liked to be admired. The mother was very discouraged and didn't know what to do.

I **giorni** passavano e Lila si avvicinava sempre più agli umani fino a farsi toccare. Il gregge, per sicurezza, emarginò sia lei che la madre. A Sinnia le foto di Lila erano appese ovunque. Si potevano trovare in tutte le botteghe, in tutti i ristoranti e gli alberghi. Per anni, gli abitanti avevano sognato di poter vedere così da vicino una di quelle pecore. Questo spinse il **proprietario** di uno dei più noti alberghi del paese a ideare un **piano** per catturare la famosa agnellina.

Day after day Lila went closer to humans till they could even touch her. The flock, to be safe, marginalized both her and her mother. At Sinnia, Lila's pictures were hung everywhere. You could find them in all shops, restaurants and hotels. For years, inhabitants dreamed to see one of those sheep so close. This pushed the owner of the most famous hotel in the village to come up with a plan to catch the famous lambkin.

Quanti soldi avrebbe potuto guadagnare mettendola nel suo **giardino**! Una notte, mentre tutti dormivano, prese il suo **furgone** e andò sulle colline. Il flash della macchina fotografica catturò l'attenzione di Lila, che andò incontro a quel bagliore notturno.

How much money he could have earned putting her into his garden! One night, while everyone was asleep, he took his van and went up to the hills. By using the flash of the camera, he drew Lila's attention, who went towards the night glow.

Anche la madre la seguì, ma al suo arrivo vide l'uomo che catturava, Lila con un **sacco** e la metteva nel furgone con le **zampe** legate. Senza pensarci troppo, saltò anche lei sul mezzo. L'uomo non credeva ai suoi **occhi**; aveva preso due delle **preziose** pecore **in un colpo solo**. Senza perdere tempo, avviò il **motore** e partì.

The mother followed her, she never left her alone, but when she arrived, she saw the human catching Lila and putting her into a sack in the van with her paws tied. Without thinking, the mother jumped on the van. The owner couldn't believe his eyes; he got two of those precious sheep in one shot. Without wasting time, he started the engine and left.

Arrivato in albergo, si recò in giardino e mise le due pecore nel **recinto** che con cura aveva preparato per loro. La **mattina** dopo, chiamò subito il **giornale locale** e la **notizia** delle due pecore catturate si diffuse così velocemente che già **all'ora di pranzo** si era formata una lunghissima **coda** per ammirare i due animali.

Once at the hotel, he went to the garden and put the two sheep into the pen that he had carefully made for them. The morning after, he immediately called the local newspaper and the news of the two sheep in the hotel garden spread so quickly that at lunchtime there was already a very long line to admire the two animals.

La madre di Lila era molto **triste**. Lila, invece, sembrava essere felice di avere tanti fan che aspettavano ore in coda per vederla. Come la madre di Lila, anche gli abitanti di Sinnia non erano felici, perché adesso guadagnavano molto meno. Nessuno andava più negli altri alberghi e nei ristoranti e nessuno pagava guide turistiche o campeggi notturni sulle colline.

Lila's mother was very sad, while Lila seemed to be happy to have so many fans waiting in line hours to see her. Like Lila's mother, all inhabitants of Sinnia were unhappy too because they earned much less. Nobody went to other hotels nor restaurants and nobody paid for guides or night camping on the hills.

Il gregge sulle colline seppe della cattura il giorno dopo. In un primo momento condannò le due pecore. La più anziana disse: "Io le avevo avvisate!". Con il passare dei giorni, però, iniziarono a mancare loro le **attenzioni** dei turisti e si sentivano trascurate e sole. Lila, invece, iniziava a rimpiangere la sua libertà, soprattutto quando vide con i suoi occhi degli agnellini cotti al forno. Neppure lei voleva più stare in quel recinto.

The flock learned about the capture the next day. At first, they condemned the two sheep. The older said: "I warned them!" But after some days, they started to miss the tourists' attentions and felt neglected and alone. Even Lila started to regret her freedom, especially when she saw roasted lambs with her own eyes. They were exactly like her. She didn't want to stay in that pen either.

Una sera, mentre il proprietario dell'albergo stava dormendo, un **gruppo** di giovani del paese si intrufolò nel giardino con lo **scopo** di rubare le due pecore e riportale sulle colline. Quello che non sapevano era che tutto il gregge, sentendosi in colpa per aver abbandonato le compagne, si era diretto all'albergo per liberarle. Il piano era quello di colpire il recinto tutte insieme, rompendo il cancello d'entrata.

One night, while the hotel owner was sleeping, a group of young people of the village snuck into the garden in order to steal the two sheep and take them back to the hills. But they didn't know all the flock was going to the hotel to release them because they felt guilty to have left their peers alone. In fact, they had realized they loved being admired too. The plan was to hit the pen all together to break the entrance gate.

I giovani vedendo arrivare un gregge di pecore infuriate, scapparono a gambe levate. Per fortuna, lasciarono aperto il **cancello** e così Lila e sua madre poterono fuggire senza troppa difficoltà. Tornarono così sulle amate colline insieme alle loro compagne. Il giorno dopo, tutti quanti uomini e animali riflettterono sulle loro **azioni** e capirono che **testardaggine**, **avidità**, **invidia** e **slealtà** non portano mai a cose buone, e che a volte non tutto il male viene per nuocere. Lila, più di chiunque altro, aveva sicuramente imparato molto da quella avventura.

Seeing a flock of furious sheep arriving in the dark, the group of young people ran away. Luckily, they left the gate open and so Lila and her mother could escape without too much difficulty. Then they went back to their beloved hills together with their peers. The day after, all humans and animals thought about their actions and understood that stubbornness, greed, envy and disloyalty are never positive, but also that from something bad, something good can come. More than anyone else, Lila had surely learned a lot from that adventure.

2.1 Riassunto – Summary

Vicino al paesino di Sannia, c'era una collina rinomata per le pecore che ci vivevano. Il paese offriva vari servizi ai tanti turisti che si recavano lì. C'erano tante locande e ristoranti, e i negozi vendevano gadget a forma di pecora, tra cui tazze, cappelli e magliette. Vendevano anche le poche foto esistenti delle pecore. Queste, infatti, non si lasciavano mai avvicinare. In primavera, nacque un'agnellina di nome Lila che, a differenza delle altre, si faceva anche toccare. Un giorno, la pecora più anziana disse alla madre di Lila che il comportamento della figlia era molto pericoloso e per questo le emarginarono entrambe. Una notte, il proprietario di un famoso albergo del paese decise di catturare Lila. Quando la caricò sul furgone, la madre saltò con lei sul mezzo. Una volta all'albergo le mise nel recinto che aveva preparato per loro. Subito molti turisti si recarono lì per vedere le due pecore. Il resto di Sinnia aveva perso così guadagno, mentre le pecore sulla collina avevano perso i loro ammiratori. Ad un certo punto, si resero anche conto di aver abbandonato le compagne. Una notte, un gruppo di giovani di Sinnia decise di rapire le due pecore ma, non appena aperto il cancello, si videro arrivare tutto il gregge e spaventati fuggirono. La madre e Lila, che nel frattempo avevano capito quanto fossero pericolosi gli umani per le pecore, desideravano tornare sulle colline, così scapparono con le compagne. Il giorno dopo, sia umani che animali, capirono che slealtà e invidia portano guai.

Close to the village of Sinnia, there was a hill that was famous for sheep living there. The village offered all kind of services for tourists going there. There were diners and restaurants, and shops selling sheep-shaped gadgets, like cups, hats and T-shirts. They also sold the few pictures made of the sheep. In fact, sheep never let humans get close. During spring, Lila, a lambkin, was born which, unlike the others, let humans touch her. One day, the older sheep told Lila's mother that her daughter's behavior was very dangerous and for this reason they were both marginalized. One night, the owner of a famous hotel of the village decided to catch Lila. When he put her into his van, her mother jumped with her on the vehicle. Once at the hotel, he put them into the pen he built for them. Soon after lots of tourists went there to see the two sheep. The rest of Sinnia lost earnings while the sheep on the hills had lost their admirers. They also realized that they had abandoned their companions. One night, a group of young people from Sinnia decided to catch the two sheep, but as soon as they opened the gate, they saw the all flock coming and scared they ran away. The mother and Lila, who meanwhile had understood that humans were very dangerous for sheep, wanted to return to the hills, so they escaped with their companions. The day after, both humans and animals understood that disloyalty and envy bring trouble.

2.2 Vocabolario – Vocabulary

colline = hills

paesino = little village

pecore = sheep

esemplari = examples

bellezza = beauty

ragione = reason

animali = animals

uomo = man

turisti = tourists

mondo = world

fotografia = picture

vantaggi = advantages

interesse = interest

negozi = shops

tazze = cups

cappelli = hats

magliette = T-shirts

bottegai = shopkeepers

locande = diners

guide turistiche = tourist guides

campeggi = campsites

avvistamento = sighting

primavera = spring

stagione = season

agnelli = lambs

gregge = flock

pelo = hair

comportamenti = behaviors

rocce = rocks

cespugli = bushes

madre = mother

parole = words

secoli = centuries

conseguenze = consequences

fattoria = farm

forno = oven

sera = evening

notte = night

giorni = days

proprietario = owner

piano = plan

giardino = garden

furgone = van

sacco = sack

zampe = paws

occhi = eyes

preziose = precious

in un colpo solo = in one fell swoop

motore = engine

recinto = pen

mattina = morning

giornale locale = local newspaper

notizia = news

all'ora di pranzo = lunchtime

coda = line

triste = sad

attenzioni = attentions

gruppo = group

scopo = aim

cancello = gate

azioni = actions

testardaggine = stubbornness

avidità = avidity

invidia = envy

slealtà = disloyalty

2.3 Domande – Questions

1. Perché la collina vicino a Sinnia era famosa?

Why was the hill close to Sinnia famous?

2. Perché era difficile fare delle foto alle pecore?

Why was it difficult to take a picture of the sheep?

   a. perché le pecore erano troppo veloci

because the sheep were too fast

   b. perché le pecore scappavano

because the sheep ran away

   c. perché era vietato

because it was forbidden

3. Quali gadget vendevano i negozi?

Which kind of gadgets did the shops sell?

4. Per che cosa si battevano i bottegai?

What were the shopkeepers fighting for?

   a. per avere le tazze più belle

to have the most beautiful cups

   b. per vendere le magliette

to sell T-shirts

   c. per i diritti delle foto

for pictures' copyright

5. Che cosa offrivano le guide turistiche e le agenzie?

What did tourist guides and agencies offer?

    a. campeggi e avvistamenti

camping and sightings

    b. campeggi e passeggiate

camping and strolls

    c. cene e avvistamenti

dinners and sightings

    6. Chi era Lila?

Who was Lila?

    7. Perché Lila era diversa dalle altre pecore?

Why was Lila different from other sheep?

    8. Che cosa ha detto la pecora più anziana alla madre di Lila?

What did the older sheep tell Lila's mother?

    a. che il comportamento della figlia era positivo

that Lila's behavior was positive

    b. che il comportamento della figlia era pericoloso per tutte loro

that Lila's behavior was dangerous for them all

    c. che il comportamento della figlia piaceva agli umani

that humans liked Lila's behavior

    9. Che cosa accade una notte?

What happened one night?

    10. Perché le pecore decidono di aiutare Lila e sua madre?

Why did the sheep decide to help Lila and her mother?

    a. perché si sentivano in colpa

because they felt guilty

b. perché hanno paura di essere catturate

because they were scared to be caught

c. perché volevano diventare famose

because they wanted to become famous

2.4 Risposte – Answers

1. La collina vicino a Sinnia era famosa per le pecore che ci vivevano.

The hill close to Sinnia was famous because of the sheep living there.

2. b.

3. I negozi vendevano tazze, cappelli e magliette.

The shops sold cups, hats and T-shirts.

4. c.
5. a.
6. Lila era un'agnellina

Lila was a lamb

7. Lila era diversa dalle altre pecore perché si avvicinava agli umani e si faceva toccare.

Lila was different from other sheep because she got close to humans and let them touch her.

8. b.
9. Una notte il proprietario di un albergo prese Lila e sua madre per metterle nel suo giardino.

One night the owner of a hotel caught Lila and her mother to put into his garden.

10. a.

Chapter 3: Come è Nato il Ghiacciolo Alla Frutta – How the Fruit Popsicle Was Born

C'era una volta un piccolo **paesino** di **montagna** in cui viveva una **famiglia** di brave persone. A causa dei pochi **soldi** a disposizione, la **madre** ed il **padre** lavoravano duramente tutti i giorni per potersi prendere cura dei loro tre **figli** e mandarli a **scuola**. Due di loro erano bambini ubbidienti. Studiavano molto, aiutavano in casa e facevano sempre quello che i **genitori** dicevano loro.

In a small mountain village, there was a nice family. Because of the little money available, the mother and father worked hard every day to take care of their three kids and send them to school. Two of them were obedient children. They studied a lot, did housework and they always did what their parents said.

Roberto, **invece**, era diverso dagli altri due. Pur essendo il più piccolo, era il più ribelle dei tre. Non amava la scuola e non faceva mai quello che sua madre e suo padre gli chiedevano di fare. Era un **bambino** ribelle e testardo, ma anche molto intelligente.

Roberto, on the other hand, was different from the other two. Even if he was the youngest, he was the most rebellious of them. He didn't love going to school and never did what his mother and father asked him. He was a rebellious and stubborn child but also very smart.

Alla fine dell'anno scolastico, le **maestre**, stanche del suo **comportamento** e del suo scarso impegno, decisero di bocciarlo. I genitori pensarono quindi ad una soluzione per punirlo e responsabilizzarlo, nella speranza che l'**anno** successivo sarebbe stato un bambino più ubbidiente e uno **studente** più diligente.

At the end of the school year, Roberto failed because the teachers were tired of his behavior and he didn't work hard. His parents found a way to punish and make him more responsible, hoping that the following year he would be a more obedient child and a more diligent student.

I tre fratelli erano soliti trascorrere l'estate a casa dei nonni, in un bel paesino sul mare. Quell'anno, però, decisero di non mandare Roberto **in vacanza** e lo iscrissero invece ad un campeggio per bambini indisciplinati. Questo, si trovava in alta **montagna** vicino ad un **ghiacciaio**. I bambini che ci vivevano dovevano rispettare un **programma giornaliero** di attività, studio e faccende domestiche.

The siblings used to spend their summer at their grandparents' house, in a small village next to the sea. But that year they decided not to let Roberto go on holiday and instead enrolled him in a camp for undisciplined children. The camp was up on the mountain close to the glacier. There kids had to respect a daily schedule made up of activities, studying and housework.

Roberto era molto **arrabbiato** con i suoi genitori perché non voleva assolutamente andarci. La madre era **triste**, ma sapeva che quello era l'unico modo per aiutarlo a cambiare e diventare un bravo bambino.

Roberto was very angry with his parents because he didn't want to go there. The mother was sad, but she knew that was the only way to help him change and become a good child.

Una volta arrivato al campo, a Roberto venne assegnata la sua **camera** e gli venne dato il regolamento. Era una lista interminabile di **regole** che lui nemmeno lesse; gli erano bastate le prime righe di "non si può" e "non è permesso" per capire che lì si poteva fare ben poco. Poco tempo, dopo arrivò Alessandro, il suo **compagno di stanza**. I due fecero subito amicizia. Alessandro raccontò a Roberto che quella era sua la seconda **estate** al campeggio, e che questa volta voleva comportarsi bene per evitare di tornarci anche l'anno successivo. Consigliò a Roberto di non commettere il suo stesso **errore** e di cercare di comportarsi meglio che potesse. Lui, però, non diede peso alle parole del compagno. Non ascoltava mai nessuno.

Once at the camp, Roberto was assigned his room and he was given the regulation. It was an endless list of rules that he didn't even read; the first lines of "it's forbidden" and "it's not allowed" were enough to understand how little he could do. Shortly after, his roommate, Alessandro, arrived. The two immediately made friends. Alessandro said it was his second summer at the camp, and that year he wanted to behave well to avoid coming back there the year after. He advised Roberto not to make the same mistake and to try to behave as best he could. He, however, gave no weight to his companion's words. He never listened to anyone.

Iniziò così il soggiorno. Per i ragazzi, le **giornate** erano tutte uguali: si alzavano presto la **mattina**, facevano colazione, lavavano i **piatti**, sbrigavano le faccende domestiche, e dopo pranzo studiavano le **materie** scolastiche in cui erano andati peggio. Roberto, ovviamente, cercava sempre di evitare le faccende domestiche, e al momento di studiare, fissava il **libro** aperto pensando al giorno in cui tutto sarebbe finito.

The stay started. For the boys, the days were all the same: they got up early in the morning, ate breakfast, washed the dishes, did the housework and after lunch they studied the school subjects they failed that year. Roberto, of course, tried to avoid housework, and when it was the time to study, he spent it in front of the open book thinking of the day when everything would be over.

Spesso finiva in punizione per aver combinato qualche **guaio** o per avere fatto qualche brutto **scherzo**. Alessandro gli ricordava sempre che non doveva comportarsi a quel modo, ma a Roberto sembrava non importare.

He was often punished for some troubles he made or for a bad joke. Alessandro reminded him every time that he shouldn't do it, but Roberto didn't seem to care.

Una mattina, il lavoro da sbrigare era diverso dal solito. I ragazzi dovevano infatti recarsi nella **tenuta** del signor Gualdi per aiutarlo nella **raccolta** dei **frutti** che sarebbero serviti per produrre la **marmellata** per l'**inverno**. I ragazzi partirono alla volta dei campi, e una volta arrivati, vennero dati loro dei **cestini** per iniziare la raccolta.

One morning, they had to do something different than usual. The boys had to go to Mr. Guadi's property to help him harvest the fruits that would have been used to produce jam for the winter. The boys left for the fields, and once they arrived, they were given baskets to start the harvest.

Conclusa la raccolta, portarono i cesti colmi di frutta nel laboratorio dove il signor Gualdi li aspettava per iniziare la produzione delle marmellate. L'uomo mise quindi i frutti in una **macchina** che li lavava, li frullava e poi li cuoceva lentamente con lo **zucchero**. Mentre la macchina faceva il suo lavoro, il signor Gualdi invitò i ragazzi ad andare in **cucina** per offrire loro del **pane** e marmellata come ringraziamento per il loro duro lavoro.

When the harvest was over, they took the baskets with fruits into the lab where Mr. Gualdi was waiting to start the jam production. He put all fruits into the machine that washed, blended and slowly cooked them with sugar. While the machine was working, Mr. Gualdi invited the boys to go to his kitchen to have some bread with jam as thanks for their hard work.

Mentre i ragazzi erano in casa per la **merenda**, a Roberto venne un'idea, una delle sue solite idee cattivelle. Andò nel **magazzino** dove la macchina aveva già frullato i frutti e portò via tutto il **succo** ottenuto. Pensò di fare a tutti un dispetto e di portarsi via il succo per berselo tutto da solo. Così lo caricò su un carretto e si avviò verso il campeggio.

While the boys were at home for a snack, Roberto had one of his usual bad ideas. He went to the warehouse where the machine had already blended the fruit and took away all the juice made. He wanted to spite everyone by taking the juice for himself. So he took a cart and headed for the camp.

Roberto camminò a lungo nel **bosco** fino a quando non capì di essersi perso. Il povero ragazzo andò nel panico; la notte era ormai vicina e aveva paura di rimanere nel bosco da solo e al **freddo**. Iniziò così a correre portandosi dietro il carretto con il succo. Ad un certo punto inciampò, e tutti i contenitori finirono sul **lago ghiacciato** che, rompendosi, fece finire sul fondo tutto il succo. Roberto era disperato, ma poco dopo sentì delle voci; fortunatamente, lo avevano trovato.

Roberto walked for a long time in the woods until he realized he was lost. The poor boy panicked; the night was coming and he was afraid to stay in the woods alone and in the cold. So he started to run, taking the juice cart with him. At one point, he tripped and all the containers fell on a frozen lake, which, breaking, caused the juice to fall to the bottom. Roberto was desperate, but just after he heard voices; luckily, they had found him.

Rientrato al campeggio, raccontò tutta la verità e il signor Gualdi si disperò, non potendo più fare le sue marmellate. Questo significava per lui una grandissima perdita di denaro.

Returning to the camp, he told the whole truth and Mr. Gualdi despaired unable to make his jams any more. This meant a huge loss of money for him.

Il giorno dopo, il signor Gualdi andò al lago per cercare di recuperare i contenitori del succo e quando li tirò su, si accorse che da uno di questi fuoriusciva un **pezzo** di ghiaccio di colore **rosso**. Dopo averlo annusato, capì che era **fragola** e lo assaggiò. Era buonissimo. Ebbe così un'idea geniale: "Conserverò questi succhi ghiacciati e li venderò a piccoli pezzi congelati. Li chiamerò ghiaccioli."

The day after, Mr. Gualdi went to the lake to try to recover the juice containers and when he pulled them up, he noticed that a piece of red ice came out of one of these. After sniffing it, he understood it was strawberry and tasted it. It was delicious. He got a brilliant idea: "I will conserve these frozen juices and sell them in small frozen pieces. I will name them popsicles."

I ghiaccioli ebbero un successo incredibile e il signor Gualdi fece molti più soldi di quanti non ne avesse mai guadagnato. Sapeva che Roberto era stato messo in punizione per l'accaduto e, sentendosi in colpa, andò a trovarlo per dargli parte del denaro guadagnato.

The popsicles were incredibly successful and Mr. Gualdi earned much more money than ever. He knew Roberto had been punished for the incident and, feeling guilty, he went to see him to give him part of the money he earned.

Dopotutto, doveva il suo successo a Roberto. Bussò alla **porta** di casa e si ritrovò davanti ai genitori di Roberto. Il signor Gualdi spiegò il motivo della sua visita e consegnò loro una **borsa** piena di soldi. I genitori non riuscivano a crederci e ringraziarono il signor Gualdi, il quale rispose loro: "Non dovete ringraziare me ma vostro figlio Roberto. So che a volte i figli possono fare cose **sciocche** che ci fanno arrabbiare, ma a volte queste sciocchezze possono anche portare a qualcosa di buono."

After all, he owed his success to Roberto. He knocked on the door of his house and found himself in front of Roberto's parents. Mr. Gualdi explained the reason for his visit and gave them a bag full of money. They couldn't believe it and thanked Mr. Gualdi who said:

"You shouldn't thank me but your son Roberto. I know kids do silly things sometimes and they make us angry, but these mistakes can also lead to something good."

3.1 Riassunto – Summary

In un piccolo paese di montagna c'era una famiglia composta da madre, padre e tre figli. I genitori lavoravano duramente per mandarli a scuola. Due di loro erano ubbidienti, ma Roberto non lo era affatto. Lui non amava andare a scuola e non faceva mai quello che i genitori gli dicevano di fare. Quell'anno fu bocciato e così i genitori lo mandarono in un campeggio per bambini indisciplinati che si trovava sulla montagna vicino ad un ghiacciaio. Lì, i ragazzi si alzavano presto, sbrigavano le faccende di casa e studiavano. Un giorno, andarono tutti nella proprietà del signor Gualdi per aiutarlo nella raccolta dei frutti che avrebbe usato per fare le marmellate per l'inverno. Alla fine della raccolta, il signor Gualdi offrì ai ragazzi una merenda. Roberto non andò con loro e decise invece di rubare i succhi per berli da solo. Tornando al campeggio, però, si perse nel bosco. Ad un certo punto inciampò, rovesciando i contenitori del succo che finì sul fondo di un lago ghiacciato. Roberto venne ritrovato e messo in punizione, mentre il signor Gualdi era dispiaciuto per aver perso tutti i suoi succhi. Il giorno dopo andò sul lago per recuperare i contenitori e, tirandoli su, vide un pezzo di ghiaccio rosso. Lo assaggiò e capì che era fragola, ed era anche molto buono. Decise così di vendere il succo congelato in pezzi e di chiamarli ghiaccioli. Quell'anno guadagnò moltissimo. Si sentiva in colpa per Roberto, sapendo che doveva a lui il suo successo. Andò così a trovarlo a casa e consegnò ai genitori una borsa piena di denaro.

In a small mountain village there was a family made up of mother, father and three kids. The parents worked hard to let them attend school. Two of them were obedient, but Roberto was not. He didn't like going to school and he never did what his parents told him to do. That year he failed and so his parents sent him to a camp for undisciplined children that was on the mountain close to a glacier.

There, the boys woke up early, did the housework and studied. One day, they all went to Mr. Gualdi's property to help him harvest the fruit he used to make jam for the winter. At the end of the work, Mr. Gualdi offered the kids a snack. Roberto did not go with them because he wanted to steal the juice to drink by himself. Returning to the camping, however, he got lost in the woods. At a certain point he tripped, knocking over the containers with juice that ended up at the bottom of a frozen lake. Roberto was found and punished, while Mr. Gualdi had lost all his juice. The day after he went to recover the containers and, picking them up, he saw a piece of red ice. He tasted it and realized it was strawberry, and it was also very good. He decided to sell the frozen juice in pieces and to name them popsicles. That year he earned a lot. He felt guilty as he knew he has to thank Roberto for his success. He went to his house and gave the parents a bag full of money.

3.2 Vocabolario – Vocabulary

paesino = little village

montagna = mountain

famiglia = family

soldi = money

madre = mother

padre = father

figli = children/kids

scuola = school

genitori = parents

invece = instead

bambino = child

maestre = teachers

comportamento = behavior

anno = year

studente = student

in vacanza = on holiday

montagna = mountain

ghiacciaio = glacier

programma giornaliero = daily schedule

arrabbiato = angry

triste = sad

camera = room

regole = rules

compagno di stanza = roommate

estate = summer

errore = mistake

giornate = days

mattina = morning

piatti = dishes

materie = subjects

libro = book

guaio = trouble

scherzo = joke

tenuta = property

raccolta = harvest

frutti = fruits

marmellata = jam

inverno = winter

cestini = baskets

macchina = machine

zucchero = sugar

cucina = kitchen

pane = bread

merenda = snack

magazzino = warehouse

succo = juice

bosco = woods

freddo = cold

lago ghiacciato = frozen lake

pezzo = piece

rosso = red

fragola = strawberry

porta = door

borsa = bag

sciocche = silly

3.3 Domande – Questions

1. Chi era la famiglia nella storia?
Who was the family in the story?

    a. padre, madre e tre figli
father, mother and three kids

    b. padre, madre e due figli
father, mother and two kids

    c. madre e tre figli

mother and three kids

    d. padre e due figli

father and two kids

    2. Perché Roberto era diverso dai suoi fratelli?

Why was Roberto different from his siblings?

    3. Perché quell'anno è stato bocciato?

Why did he fail that year?

    4. Dove era Roberto quell'anno per le vacanze estive?

Where did Roberto go for summer holiday that year?

    a. al mare con i nonni

to the beach with his grandparents

    b. in un campeggio al mare

to a beach camping

    c. in un campeggio per bambini indisciplinati

to a camp for undisciplined kids

    d. in un campeggio per bambini indisciplinati con i suoi fratelli

to a camp for undisciplined kids with his siblings

    5. Dove si trovava il campeggio?

Where was the camp?

    a. su una collina

on a hill

    b. in basso

down

    c. in alto vicino ad un ghiacciaio

up close to a glacier

d. su una montagna ghiacciata
upon a frozen mountain

6. Perché Roberto era arrabbiato con i suoi genitori?
Why was Roberto angry with his parents?

7. Perché i ragazzi vanno alla tenuta del signor Gualdi?
Why do the boys go to Mr. Gualdi's property?

8. Perché Roberto ruba tutti i succhi?
Why did Roberto steal juice?

9. Cosa vede il signor Gualdi uscire dal contenitore?
What did Mr. Gualdi see coming out of the container?

a. un ghiacciolo
a popsicle

b. un pezzo di legno rosso
a piece of red wood

c. un pezzo di ghiaccio rosso
a piece of red ice

d. un ghiacciolo giallo
a yellow popsicle

10. Cosa decide di fare il signor Gualdi con quel ghiaccio rosso?
What did Mr. Gualdi decide to do with that piece of red ice?

a. di mangiarselo
to eat it

b. di venderlo come succo
to sell it as juice

c. di venderlo come marmellata ghiacciata

to sell it as frozen jam

    d. di venderlo come ghiacciolo alla frutta

to sell it as a fruit popsicle

3.4 Risposte – Answers

    1. a.
    2. Perché Roberto non amava la scuola e non faceva mai quello che sua madre e suo padre gli chiedevano di fare.

Because Roberto didn't like going to school and never did what his mother and father asked him.

    3. Perché le maestre erano stanche del suo comportamento e del suo poco impegno.

Because the teachers were tired of his behavior and he didn't work hard.

    4. c.
    5. c.
    6. Perché non voleva andare al campeggio.

Because he didn't want to go to the camp.

    7. Per aiutarlo nella raccolta dei frutti.

To help him in harvesting the fruit.

    8. Perché voleva fare un dispetto a tutti e portarlo al campeggio per berlo tutto da solo.

Because he wanted to spite everyone and take it to the camp to drink it all by himself.

    9. c.
    10. d.

Chapter 4: Nadia e il Natale – Nadia and Christmas

Non c'è persona al **mondo** che non aspetti con ansia il **periodo natalizio**. Bambini, ragazzi e adulti gioiscono dell'atmosfera frenetica e festosa di quei giorni, delle **luci** che decorano le **città**, delle cene e dei pranzi con **amici** e **parenti**. Per non parlare dei regali da fare e ricevere. Sono poche le **persone** che invece il Natale non lo sopportano. Fino a qualche **anno** fa, Nadia era proprio una di queste.

Everyone in the world eagerly awaits Christmas time. Children, youths and adults all appreciate and enjoy the chaotic and joyful atmosphere of those days, the lights that decorate the cities, dinners and lunches with friends and family. Not to mention the gifts to give and receive. On the other hand, few people hate Christmas. Until some years ago, Nadia was one of them.

Nadia si era trasferita a Roma dopo l'**università** e aveva trovato lavoro in un'agenzia di comunicazione. Era una ragazza molto **bella**, **intelligente** e solare, e aveva numerosi hobby e amici. Aveva scelto Roma perché parte della sua **famiglia** abitava lì, sebbene non vedesse quasi mai i parenti. La famiglia non era per lei una priorità.

Nadia moved to Rome after university because she got a job in a communications agency. She was a beautiful, smart and cheerful girl with many hobbies and friends. She chose Rome because part of her family lived there, although she hardly ever saw relatives. Family was not a priority for her.

Quando arrivava il Natale, però, non era **felice** come tutti gli altri, e perdeva il **sorriso**. Non sopportava le decorazioni natalizie e i volti felici delle persone. Non riusciva a capire il perché la gente gioisse per una festa comandata e non sopportava che tutti diventassero improvvisamente più buoni. Neppure i **regali** la interessavano. Non le piaceva spendere i soldi per gli altri e non sopportava ricevere cose inutili (come quel set da campeggio che Zia Cinzia le regalò qualche anno prima... e Nadia in campeggio non c'era mai stata).

But when it was Christmas, however, she wasn't as happy as the others, and she didn't smile anymore. She couldn't stand Christmas decorations and people's happy faces. She couldn't understand why people should be happy for a feast and could not bear that everyone suddenly became better. Not even the gifts interested her. She didn't like to spend money on others and couldn't stand to receive lots of useless things (like the camping kit Aunt Cinzia gifted her some years before... and Nadia had never been to a campsite).

La sua filosofia era: "Abbiamo bisogno di poche cose e quello che ci serve ce lo possiamo comprare da soli e, soprattutto, non solo a Natale!" Insomma, mentre tutti in città erano colmi di gioia ed entusiasmo per lo shopping natalizio, Nadia vagava malvolentieri per i **negozi**. Non sopportava la gente in fila con i **pacchetti**, e la frenesia che si respirava nei negozi di alimentari (e si sa quanto il cibo sia importante per gli italiani, specie a Natale).

Her opinion was: "We need a few things and we can buy what we need by ourselves and, above all, not only at Christmas!" So, while everyone in the city was filled with joy and enthusiasm doing Christmas shopping, Nadia wandered reluctantly among the shops. She despised people in line with packages, and the frenzy that one breathed in grocery stores (and everyone knows how food is important for Italians, especially at Christmas).

Il **giorno** della vigilia si sforzò di andare a comprare gli ultimi regali per amici e parenti (la sua **lista** era molto corta) e, ultimati gli acquisti, tornò a casa nervosa e stanca.

The day before Christmas she made the final effort to buy the last gifts for friends and relatives (her list was very short) and, once the purchases were completed, she came back home nervous and tired.

Ogni anno trovava una buona **scusa** per rifiutare gli **inviti** a cena per la vigilia. La sera del 24 era per lei un momento di preparazione al giorno di Natale: si metteva sul **divano** e mangiava una delle sue **zuppe** precotte (non le piaceva molto cucinare), nel tentativo di raccogliere le forze per il giorno dopo. La aspettava infatti un pellegrinaggio di casa in **casa** tra scambi di auguri e parole d'affetto che lei, ovviamente, detestava.

Each year she found a good excuse to decline dinner invitations for the day before. On the evening of the 24th it was a preparing time for Christmas: she lied on the couch having a pre-cooked soup (she didn't like cooking much), in an attempt to gather strength for the next day. In fact, a pilgrimage from home to home was waiting for her between exchanges of greetings and words of affection that she, of course, hated.

Il giorno di Natale si svegliò di **buon mattino** e, come ogni anno, indossò abiti eleganti. Organizzò le sue visite a casa di amici e parenti prima di essere a **pranzo** a casa della zia Angelica dove, in perfetto orario, si sarebbe riunita tutta la famiglia.

On Christmas Day she woke up early in the morning and, as usual, wore elegant clothes. She organized her visits to the homes of friends and relatives before she went to dinner at Aunt Angelica's house, where all the family would meet on time.

Sebbene detestasse il Natale, Nadia sapeva che si trattava di un suo **problema** e si sforzava di non deludere gli altri. Non era una persona **egoista** e non le piaceva ferire le persone a cui voleva bene. Prese quindi tutti i pacchetti dei regali e uscì di casa.

Even if Nadia didn't appreciate Christmas, she had understood the problem was only her problem. Thus, she had always tried to make a huge effort in order not to disappoint other people. She wasn't a selfish person and she didn't like hurting the people she loved. She then took all the gifts and left home.

Appena fuori avvertì una strana **sensazione**. Tutto era insolitamente **calmo** e **silenzioso**. Le **strade** erano deserte, senza **macchine** né persone in movimento. Nadia pensò allora che fosse ancora **presto**, così non ci fece caso e proseguì il suo itinerario.

Just outside she got a strange feeling. Everything was unusually calm and quiet. The streets were oddly deserted, without cars or people on the move. Nadia thought it may be too early, so she didn't mind and continued her itinerary.

Più camminava e più quella strana sensazione che l'aveva colta uscendo di casa cresceva. Alzando gli **occhi** al **cielo**, vide che le luci natalizie non c'erano più. Osservò poi le case e notò che erano tutte buie, come fossero disabitate.

The more she walked, the more the feeling she got going out grew. Looking up to the sky, she realized that the Christmas lights were gone. She then looked at the houses and realized they were all dark, as if they were empty.

Un altro particolare insolito la colpì: non si sentivano nell'aria quei buoni **profumi** di cucina che invadono l'atmosfera nel giorno di Natale. Pensando che mancasse l'**elettricità** e che non sentisse gli odori a causa del suo **raffreddore**, continuò a camminare. La prima tappa era la casa della sua amica Laura. Si erano conosciute al lavoro e ogni anno andava da lei per portare i regali ai suoi due figli.

There was another absolutely strange thing: no usual good kitchen smells in the air. Thinking of a lack of electricity and that her cold prevented her to smell, she carried on walking. The first leg was her friend Laura's house. They had met at work and every year Nadia visited her to give Laura's kids gifts.

Arrivata davanti casa suonò il campanello, ma nessune rispose. Nadia pensò che Laura fosse già uscita, magari per aiutare la **suocera** a preparare il pranzo. Non capiva perché Laura non l'avesse avvertita. "Pazienza", pensò "lei avrà avuto le sue buone ragioni."

Once in front of her house she rang the buzzer, but nobody answered. Nadia thought that Laura might have already gone, perhaps to help her mother-in-law prepare lunch. She did not understand why Laura had not warned her. "That's fine", she thought "she will have had her reasons."

Continuò quindi il suo tragitto e arrivò dal suo capo, ma anche lì non trovò nessuno. Nadia pensò quindi che non poteva trattarsi di coincidenze. Iniziò ad agitarsi e andò di corsa a casa della Zia Cinzia, poi dal suo **collega** del corso di yoga e così dagli altri amici, ma non trovò nessuno ad aspettarla. In preda al panico, corse a casa di Zia Angelica, dove doveva per forza esserci qualcuno ad aspettarla. Suonò e con grande stupore capì che anche lì non c'era nessuno.

She continued towards the second leg of her itinerary, her boss, but she didn't find anybody. Nadia started to realize it couldn't be accidental. She started to get upset and ran to Aunt Cinzia's house, then to her yoga peer and so on to other friends, but she didn't find anyone. Panicked and shaken, she ran to Aunt Angelica's house where there had to be somebody waiting for her. She rang the buzzer and to her amazement she understood that nobody was there.

Iniziò a piangere. Era rimasta sola, nessuno l'aspettava e avrebbe passato il giorno di Natale senza i suoi amici, i suoi parenti e… senza regali! Non riusciva a smettere di piangere e, pensando al passato. Si pentì di non aver goduto della felicità dei Natali precedenti.

She started to cry. She was alone, nobody was waiting for her and she would have spent Christmas day without her friends, family and... without gifts! She could not stop crying and thinking of the past. She regretted not having enjoyed the happiness of the previous Christmases.

Ad un certo punto aprì gli occhi e si ritrovò nel suo letto. Per fortuna si era trattato solo di un brutto sogno, ma servì a farle capire che il Natale è un'**occasione** per trascorrere momenti di felicità in compagnia di amici e parenti.

Suddenly she opened her eyes and she was in her bed. Luckily it was only a bad dream, but thanks to it she understood that Christmas is an opportunity to spend some happy moments with family and friends.

Si alzò sentendosi felice, si vestì e andò a consegnare tutti i regali con il viso colmo di gioia.

Da quella volta Nadia non odiò più il Natale.

She woke up feeling happy, got dressed and went to give all the gifts with her face filled with joy.

Since then Nadia no longer hated Christmas.

4.1 Riassunto – Summary

Nadia era una ragazza giovane e bella che si era trasferita a Roma dopo l'università. Lì aveva trovato lavoro in un'agenzia di comunicazione e parte della sua famiglia viveva lì. Fino a qualche anno fa, Nadia non sopportava il Natale. Non le piacevano le luci natalizie, le cene con amici e parenti, né i regali. Il giorno della vigilia di Natale, finiva di comprare i regali, poi andava a casa a mangiare una zuppa precotta sul divano. La mattina dopo si alzava presto, indossava abiti eleganti e usciva per andare a consegnare i regali che aveva comprato. Lo faceva più che altro per rispetto nei confronti delle altre persone, perché a lei proprio non importava. Un anno, uscendo di casa, sentì una strana sensazione: non c'erano rumori, macchine, luci natalizie, né i buoni profumi di cucina che di solito invadono le strade. Nadia continuò a camminare, trovando una spiegazione logica a tutto. Quando suonò il campanello della sua amica Laura per darle i regali per i suoi bambini, scoprì che in casa non c'era nessuno. Andò poi dal suo capo e dal suo amico di yoga, ma anche lì non trovò nessuno. Non c'era nessuno nemmeno a casa della Zia Angelica dove avrebbe dovuto pranzare con tutta la famiglia. Iniziò così a piangere per poi rendersi conto che era stato solo un brutto sogno. Grazie a quel sogno, Nadia capì che il Natale era un'occasione importante per trascorrere momenti di felicità con amici e parenti. Da quel giorno non odiò più il Natale.

Nadia was a young and beautiful girl who had moved to Rome after university. There she got a job in a communication agency and part of her family lived there. Until some years ago, Nadia hated Christmas. She didn't like Christmas lights, dinners with friends and family, or gifts. On Christmas Eve, she finished buying gifts, then went home to eat a pre-cooked soup on the couch. The morning after she woke up early, wore elegant clothes and went out to deliver the gifts she had bought. She did it more than anything else out of respect towards other people, because she really didn't care. One year, leaving home, she felt a strange feeling: there were no noises, cars, Christmas lights, or the good cooking smells that usually invade the streets. Nadia kept walking, finding a good reason for everything. She always brought gifts to her friend Laura's kids, but when she rang her doorbell, she realized nobody was at home. Then she went to her boss and her yoga peer, but even there she found no one. No one was even at Aunt Angelica's house where she was supposed to have lunch with all the family. She started to cry and then realized that it was only a bad dream. Thanks to that dream, Nadia understood that Christmas was an important occasion to spend some happy moments with friends and family. Since then she no longer hated Christmas.

4.2 Vocabolario – Vocabulary

mondo = world

periodo natalizio = Christmas time

luci = lights

città = cities

amici = friends

parenti = relatives

persone = people

anno = year

università = university

bella = beautiful

intelligente = smart

famiglia = family

felice = happy

sorriso = smile

regali = gifts

negozi = shops

pacchetti = packets

giorno = day

lista = list

scusa = excuse

inviti = invitation

divano = couch

zuppe = soups

casa = house

buon mattino = early in the morning

pranzo = lunch

problema = problem

egoista = selfish

sensazione = feeling

calmo = calm

silenzioso = quiet

strade = streets

macchine = cars

presto = early

cielo = sky

occhi = eyes

profumi = scents

elettricità = electricity

raffreddore = cold

suocera = mother-in-law

collega = peer

occasione = opportunity

4.3 Domande – Questions

1. Perché Nadia si è trasferita a Roma?

Why did Nadia move to Rome?

2. Perché quando arrivava il Natale perdeva il sorriso?

Why did she stop smiling at Christmas?

3. Che cosa faceva la sera della vigilia di Natale?

What did she used to do on Christmas Eve?

a. andava a cena da sua zia

she used to have dinner at her aunt's house

    b. mangiava un panino al bar

she used to have a sandwich at the bar

    c. mangiava una zuppa che amava cucinare

she used to eat a soup she loved cooking

    d. mangiava una zuppa precotta

she used to have a pre-cooked soup

    4. Dove doveva andare a pranzo il giorno di Natale?

Where did she have to have Christmas lunch?

    a. dalla Zia Angelica's

at Aunt Angelica's

    b. dalla Zia Cinzia's

 at Aunt Cinzia's

    c. dalla sua amica Laura's

at her friend Laura's

    d. rimaneva a casa da sola

at home alone

    5. Perché uscendo di casa ebbe una sensazione strana?

Why did she have a strange feeling going out?

    6. Cosa pensò quando vide che non c'erano luci decorative nelle strade?

What did she think not seeing decorative lights in the streets?

    a. erano state rimossi perché brutte

they had been removed because they were ugly

    b. erano state tolte perché rotte

they had been removed because they were broken

 c. non c'erano mai state
they had never been there

 d. che era lei che non le vedeva ma c'erano
that she couldn't see them but they were there

 7. Come si erano conosciute Laura e Nadia?
How had Laura and Nadia met?

 a. all'università
at the university

 b. al corso di yoga
at yoga class

 c. al lavoro
at work

 d. erano cugine
they were cousins

 8. Qual era la seconda tappa del suo itinerario?
Which was the second leg of her itinerary?

 9. Quando inizia a piangere?
When did she start crying?

 10. Che cosa stava succedendo in realtà?
What was really happening?

 a. aveva sbagliato giorno
it was the wrong day

 b. stava sognando
she was dreaming

 c. qualcuno ha fatto uno scherzo

someone made a joke

    d. era matta

she was crazy

4.4 Risposte – Answers

    1. Perché aveva trovato lavoro in un'agenzia di comunicazione e perché parte della famiglia di sua madre abitava lì.

Because she got a job in a communication agency and because part of her mother's family lived there.

    2. Perché non sopportava le decorazioni della città e i volti felici delle persone.

Because she couldn't stand decorations in the city and people's happy faces.

    3. d.
    4. a.
    5. Perché era tutto calmo e silenzioso, le strade erano deserte e non c'erano macchine o persone.

Because everything was calm and quiet, the streets were deserted and there were no cars or people.

    6. b.
    7. c.
    8. La casa del suo capo.

Her boss' house.

    9. Inizia a piangere quando non trova nessuno nemmeno a casa della Zia Angelica.

She started crying when she realized nobody was at Aunt Angelica's house either.

Chapter 5: Un Amore Impossibile – An Impossible Love

A Torbia, un piccolo **paesino** di **campagna**, la vita trascorreva tranquillamente. Non c'era nulla da fare in paese, c'era solo un bar, e gli **abitanti** si spostavano nei centri vicini per fare la spesa, per andare a **scuola** e per qualsiasi altra necessità. A Torbia c'era però un'importante azienda vinicola che dava lavoro a molti abitanti del paese.

In Torbia, a small country village, life was calm. There was nothing to do in the village, there was only a bar, and all residents moved to the closest towns to shop, go to school and for anything else they needed. In Torbia, however, there was an important winery that employed many residents of the town.

Carlo, un giovane contabile di Torino, era stato mandato dal suo capo nell'azienda di Torbia per rivedere la contabilità. Anche se si trattava solo di un periodo di tre **mesi**, sapeva che sarebbe stato un tempo lunghissimo. Si era infatti informato e aveva saputo dai **colleghi** che erano stati lì prima di lui, che a Torbia non c'era nulla da fare. Si era quindi preparato ad annoiarsi a morte e a trascorrere il suo tempo a lavorare.

Carlo, a young accountant from Turin, had been sent by his boss to the Torbia company to audit the accounts. Even if it was only a three-month period, he knew it would be a very long time. Some colleagues that had been there before him said there wasn't anything to do in Torbia. He had therefore prepared to be bored stiff and to spend his time working.

Ancora prima di leggere il **cartello** "Torbia" collocato all'**ingresso** del paese, tutti gli abitanti sapevano già che lo "straniero" (così chiamavano quelli che non c'erano nati) sarebbe arrivato. Carlo parcheggiò la macchina accanto alla porta della casetta che aveva affittato e iniziò a scaricare i bagagli. Si sentiva osservato, e non era solo una sensazione.

Even before Carlo could see the sign "Torbia" placed just before the entrance to the village, everyone already knew that the "foreigner" (as they called those who were not born there) would arrive. Carlo parked the car next to the door of the little house he had rented and started to unload his bags. He felt like he was being watched, and it wasn't just a feeling.

C'era infatti chi lo guardava dalla **finestra**, chi lo spiava da dietro le **tende** e chi era sceso in **strada** per guardarlo da vicino. Carlo cercò di far finta di niente, ma pian piano la sua ansia cresceva. Così, fece tutto il più velocemente possibile e si chiuse in casa.

In fact somebody was watching him from the window, others were spying on him from behind the curtains and others who had come down the street to look at him closely. Carlo looked the other way, but he became anxious. So he did everything as soon as possible and locked himself in the house.

Le sue **giornate** trascorrevano tutte uguali, spostandosi solo dalla casa al lavoro. Non aveva, però abbandonato un'abitudine a lui cara: una sana **corsa** al mattino prima di andare al lavoro. Così, tutti i giorni si alzava alle sei e seguiva un **percorso** che costeggiava la strada principale del paese.

His days were all the same, moving only from home to work. He had not, however, stopped a habit he loved: a healthy morning run before going to work. Thus, every morning he woke up at six and followed a path that ran along the main street of the village.

Ogni mattina incontrava Beatrice, una ragazza del posto, che aspettava l'autobus per andare a scuola. Un giorno i loro occhi si incontrarono e un altro giorno si salutarono a vicenda finché non finirono per parlare di questo e quello. Così, ogni mattina si trovavano alla **fermata dell'autobus** e trascorrevano insieme un po' di tempo.

Every morning he met Beatrice, a girl of the village, who was waiting for the bus to go to school. One day their eyes met and another day they greeted each other until they ended up chatting about this and that. Thus, every morning they were at the bus stop and stayed together.

A Carlo piaceva Beatrice. Nonostante vivesse in un paesino molto piccolo, aveva una mente aperta, era **simpatica** e pure molto **bella**. Anche a Beatrice piaceva Carlo, nonostante le fosse stato insegnato di non fidarsi degli estranei e, soprattutto, di non frequentarne mai uno. Fu così che i due giovani iniziarono a incontrarsi di nascosto nei **fine settimana**.

Carlo liked Beatrice. Even if she lived in such a small village, she was open-minded, nice and very beautiful. Beatrice liked Carlo too, although she had been taught not to trust strangers and, above all, never to hang out with them. So they started to date secretly on the weekends.

I due erano soliti darsi appuntamento al vecchio **capanno** del sig. Marchini, proprietà di un vecchio **contadino** deceduto anni prima in cui nessuno abitava più e che nessuno avrebbe mai comprato perché si diceva portasse **sfortuna**. Né Beatrice né Carlo credevano a quelle storie e passavano lì il loro tempo da felici **amanti** segreti.

They usually met at Mr. Marchini's shed, the property of an old farmer who died years earlier when nobody was living there and nobody would ever buy because it was thought to bring bad luck. Neither Beatrice nor Carlo believed in those stories and spent their time there as happy secret lovers.

Si sa, però, che nei piccoli paesi non è possibile avere dei **segreti** e così Girolamo, il **padre** di Beatrice, venne a sapere dell'amante segreto della **figlia**. Un giorno si recò al capanno e li colse di sorpresa. Infuriato, ordinò a Beatrice di non vedere mai più quel ragazzo.

It is known, however, that it is impossible to keep secrets in villages and so Girolamo, Beatrice's father, learned of his daughter's secret lover. One day he went to the shed and caught them by surprise. Enraged, he ordered Beatrice to never see that boy again.

Beatrice era molto **triste** e cercò di convincere il padre che Carlo e lei si amavano, e che nulla avrebbe ostacolato il loro **amore**. Girolamo, al quale non importava realmente che sua figlia frequentasse uno "straniero", si era sentito costretto a reagire a quel modo. Se non l'avesse fatto, avrebbe perso la credibilità e il rispetto degli altri cittadini del villaggio.

Beatrice was very sad and she tried to convince her father they loved each other, and that nothing would stop their love. Girolamo, who didn't care if his daughter dated a "stranger", felt compelled to react in that way. If he had not done so, he would have lost the credibility and respect of the other citizens of the village.

Vedere sua figlia così **infelice**, lo rendeva però molto triste, così ebbe un'idea. Convocò una **riunione** con tutti gli uomini di Torbia (una decina al massimo) per ideare una **prova** da far sostenere al povero e ignaro Carlo. Se l'avesse superata, avrebbe avuto l'autorizzazione ad uscire con Beatrice.

But seeing his daughter so unhappy made him sad as well, so he got an idea. He called a meeting of all Torbia men (ten at maximum) to devise a test for the poor and unaware Carlo. If he had passed it, he would have had the permission to see Beatrice.

Discussero per ore e alla fine trovarono una soluzione a dir poco assurda: Carlo doveva portare a Girolamo un **pelo** di **cinghiale**, un **pezzo** di **marmo** di una cava sulla montagna del paese e un **fagiano** vivo. Mentre gli uomini di Torbia elaboravano il piano, non potevano smettere di ridere immaginandosi il povero Carlo impegnato in quell'impresa assurda. Sebbene la cosa non avesse alcun senso, decisero di farla comunque per divertirsi un po'. Del resto, a Torbia non succedeva mai nulla!

They talked for hours and eventually found an absurd solution: Carlo had to bring a wild boar hair to Girolamo, a piece of marble from the cave upon the village mountain and a live pheasant. While the village men of Torbia were discussing the solution, imagining poor Carlo doing that, they could not stop laughing. Although it didn't make sense, they decided to do it anyway to have some fun. After all, nothing ever happened in Torbia!

Girolamo bussò quindi alla porta di Carlo e gli disse: "Se vuoi vedere mia figlia, dovrai superare una prova: dovrai portarmi un pelo di cinghiale, un pezzo di marmo della cava in cima alla montagna e un fagiano vivo. Avrai solo 24 ore di tempo." Carlo, che non aveva mai visto un cinghiale né scalato una montagna, e non amava gli **uccelli**, rifletté un attimo e accettò la sfida.

Girolamo then knocked on Carlo's door and said to him: "If you want to see my daughter, you will have to pass a test: you will have to bring me a piece of wild boar hair, a piece of marble from the cave upon the village mountain and a live pheasant. You will only have 24 hours." Carlo, sho hadn't ever seen a boar before or climbed a mountain, and he did not like birds, thought about it a bit and accepted the challenge.

Girolamo tornò a casa e raccontò a sua figlia ciò che era successo. Beatrice si infuriò con il padre per l'idea irragionevole e imbarazzante che aveva avuto. Allo stesso tempo era, però, felice che Carlo avesse accettato; era davvero la **prova** che l'amava.

Girolamo came back home and told his daughter what had happened. Beatrice got mad with her father for the silly and embarrassing idea he had. At the same time, however, she was happy that Carlo had accepted; it was really the proof that he loved her.

La mattina dopo Carlo si mise in marcia. All'alba del giorno seguente si presentò nella **piazza** centrale del paese dove una **folla** numerosa lo stava aspettando. Quando lo videro tutto sporco, stanco, malconcio e con un fagiano vivo in **mano**, tutti iniziarono a ridere a crepapelle.

The next morning Carlo set off. At sunrise the following day he was in the central square of the town where a big crowd was waiting for him. When they saw him all dirty, tired and in bad shape with a live pheasant in his hands, they all started to laugh.

Solo Girolamo non rideva. Si rese che Carlo era un **ragazzo coraggioso**, e Girolamo si vergognava di quello che gli aveva fatto. Carlo non disse una parola e consegnò al padre di Beatrice il pelo di cinghiale, il pezzo di marmo e il fagiano vivo. Tutti smisero di ridere e calò il silenzio.

Only Girolamo wasn't laughing. It turned out that Carlo was a brave boy, and Girolamo was ashamed of what he had done to him. Carlo didn't say a word and gave Beatrice's father the boar's hair, the piece of marble and the live pheasant. Everyone stopped laughing and silence fell.

Girolamo disse: "Ora potrai vedere mia figlia."

Beatrice, che era lì accanto, corse ad abbracciare Carlo, che la baciò davanti a tutto il paese.

A quel punto Carlo si girò verso Girolamo e disse: "Sei mai stato al **mercato** di Fisolo, il paese qui vicino?"

"No, mai," disse Girolamo.

Allora Carlo iniziò a ridere e disse: "Vendono di tutto... fagiani vivi, cinghiali e marmo a volontà!"

Girolamo said: "Now you can see my daughter."

Beatrice, who was next to him, ran to hug Carlo, who kissed her in front of the whole town.

So Carlo turned towards Girolamo and said: "Have you ever been to Fisolo Market, the town near here?"

"No, never," said Girolamo.

Then Carlo started to laugh and said: "They sell any kind of thing... live pheasants, wild boars and marble at will!"

Tutti in paese realizzarono che la loro chiusura mentale li aveva portati a comportarsi in modo insensato e, soprattutto, a non godersi la vita come avrebbero dovuto. Da quel giorno tutti iniziarono a viaggiare e a conoscere luoghi e persone nuove.

Everybody in the village realized they had been behaving strangely because they were close-minded and, above all, they realized they didn't enjoy life as they should. Since then, they all started to travel and learn about new places and people.

5.1 Riassunto – Summary

Torbia era un piccolo paese di campagna dove non c'era nulla, solo un bar ed un'azienda vinicola dove lavorava la maggior parte degli abitanti. Carlo, un giovane contabile di Torino, fu mandato lì dal suo capo per rivedere i conti dell'azienda. I suoi colleghi, che ci erano già stati, gli avevano detto che avrebbe solo lavorato perché a Torbia non c'era nulla da vedere né da fare. Il giorno del suo arrivo, tutti gli abitanti osservarono lo "straniero" (così chiamavano chi non era nato lì). Carlo non faceva altro che lavorare, e amava andare a correre al mattino. È così che conobbe Beatrice, una bella ragazza del paese ma con una mente molto aperta. I due iniziarono a frequentarsi, ma alla fine il padre di Beatrice, Girolamo, lo venne a sapere e proibì alla ragazza di vedere Carlo. Quando però vide che la figlia era triste, decise di parlare con gli uomini del paese. Insieme idearono una prova assurda: se Carlo avesse portato a Girolamo un pelo di cinghiale, un pezzo di marmo della cava in cima alla montagna vicina e un fagiano vivo, avrebbe potuto vedere sua figlia. Carlo amava le sfide e accettò. Riuscì infine a superare la prova trovando tutto quello che Girolamo gli aveva chiesto al mercato di un paese vicino, prendendosi gioco di tutti.

Torbia was a small country town with nothing, except a bar and a winery where most of the residents worked. Carlo, a young accountant from Turin, was asked to go there by his boss to audit the company's accounts. His colleagues, who had been there before, had told him that he would have just worked in Torbia as there wasn't anything to see or do. The day he arrived, all the residents were looking at the "stranger" (as they called those who weren't born there). Carlo did nothing but work, and he loved to go running in the morning. That's how he met Beatrice, a beautiful and open-minded girl of the village. They started to date, but when Beatrice's father, Girolamo, found out she was forbidden to see Carlo. But when he saw how sad his daughter was, he decided to speak to the men of the village. Together they planned an absurd test: if Carlo had brought Girolamo a wild boar hair, a piece of marble from the cave upon the village mountain and a live pheasant, he could have seen his daughter. Carlo loved challenges and accepted. Eventually he got everything Girolamo asked for at the market of a village nearby, making fun of everyone.

5.2 Vocabolario – Vocabulary

campagna = countryside

paesino = village

abitanti = residents

scuola = school

mesi = months

colleghi = colleagues

cartello = sign

ingresso = entrance

finestra = window

tende = curtains

strada = street

giornate = days

corsa = run

percorso = way

fermata dell'autobus = bus stop

simpatica = nice

bella = beautiful

fine settimana = weekends

capanno = shed

contadino = farmer

sfortuna = bad luck

amanti = lovers

segreti = secrets

padre = father

figlia = daughter

triste = sad

amore = love

infelice = unhappy

riunione = meeting

prova = test

pelo = hair

cinghiale = wild boar

pezzo = piece

marmo = marble

fagiano = pheasant

uccelli = birds

prova = proof

piazza = square

folla = crowd

mano = hand

ragazzo = boy

coraggioso = brave

mercato = market

5.3 Domande – Questions

   1. Che cosa c'era a Torbia?

What was there in Torbia?

    a. una scuola e un supermercato

a school and a supermarket

    b. un bar e un'azienda vinicola

a bar and a winery

    c. un bar e una scuola

a bar and a school

    d. un bar e un supermercato

a bar and a supermarket

   2. Che cosa avevano detto a Carlo i suoi colleghi su Torbia?

What did Carlo's colleagues tell him about Torbia?

    a. che c'erano molte cose da vedere

that there were many things to see

    b. che c'erano molte cose da vedere ma che non avrebbe avuto tempo

that there were many things to see but he wouldn't have had time

    c. che avrebbe solo lavorato perché non c'era nulla da vedere

that he would have just worked because there wasn't anything to see

    d. che avrebbe lavorato poco e che poco c'era da vedere

that he would have worked little and that there was little to see

    3. Cosa hanno chiamato gli abitanti di Torbia quelli che non sono nato lì?

What did the inhabitants of Torbia call those who were not born there?

    4. Che cosa faceva Carlo tutte le mattine?

What did Carlo used to do every morning?

    5. Chi era Beatrice?

Who was Beatrice?

    a. la sua collega

his colleague

    b. una sua amica

one of his friends

    c. una ragazza del villaggio

a girl of the village

    d. la figlia del suo capo

his boss' daughter

    6. Perché nessuno viveva più nel capanno del sig. Marchini?

Why did nobody live in Mr. Marchini's shed?

7. Cosa fa Girolamo quando scopre che sua figlia vede Carlo?

What does Girolamo do when he finds out that his daughter sees Carlo?

   a. Lui la tiene a casa

he keeps her at home

   b. picchia Carlo

beats Carlo

   c. approva il loro amore

approves their love

   d. dice loro di non farsi vedere da nessuno

tells them not to be seen by anyone

8. Perché Girolamo si inventa la prova per Carlo?

Why did Girolamo invent the test for Carlo?

9. Che cosa deve portare Carlo a Girolamo?

What did Carlo have to bring to Girolamo?

   a. un pelo di cinghiale, un pezzo di marmo e un fagiano vivo

a wild boar hair, a piece of marble and a live pheasant

   b. un pelo di cinghiale, un pezzo di legno e un fagiano vivo

a wild boar hair, a piece of wood and a live pheasant

   c. un pelo di maiale, un pezzo di marmo e un fagiano vivo

a pig hair, a piece of marble and a live pheasant

   d. un pelo di cinghiale, un pezzo di marmo e un fagiano morto

a wild boar hair, a piece of marble and a dead pheasant

10. Dove trova Carlo tutto quello che Girolamo gli aveva chiesto?

Where did Carlo find everything that Girolamo had asked him for?

5.4 Risposte – Answers

1. b.
2. c.
3. Straniero.
Stranger.
4. Andava a correre.
He went running.
5. c.
6. Perché il sig. Marchini era morto e nessuno lo comprava perché dicevano che portava sfortuna.
Because Mr. Marchini was dead and nobody wanted to buy it because it was bad luck.
7. a.
8. Perché voleva trovare un modo per non far soffrire la figlia senza perdere il rispetto dei concittadini.
Because he wanted to find a way to not let his daughter suffer without losing the respect of his fellow citizens.
9. a.
10. Al mercato di un paese vicino.
At the market of a village nearby.

Chapter 6: Tuti la Gallina e le Uova per la Regina – Tuti the Hen and the Queen's eggs

Nella **fattoria** del signor Berti vivevano molti animali. C'erano **mucche**, **maiali**, **cavalli**, **asini**, **conigli** e, come ogni fattoria che si rispetti, c'era anche un pollaio. Le giornate nella fattoria trascorrevano in allegria e serenità. Tutte le mattine il signor Berti si alzava al canto del **gallo** Danilo e, dopo aver fatto un'abbondante **colazione**, salutava la moglie, Gilda, e andava dai suoi animali.

Many animals lived on Mr. Berti's farm. There were cows, pigs, horses, donkeys, rabbits and a henhouse, like any honorable farm. The days on the farm were happy and cheerful. Every morning Mr. Berti would get up at the cock's crow, Danilo, and, after having a plentiful breakfast, he greeted his wife, Gilda, and went to his animals.

Dopo aver dato loro da mangiare, mungeva le mucche, spazzolava i cavalli, faceva correre gli asini, preparava il bagno per i maiali, faceva saltare i conigli e andava a raccogliere le **uova** che avevano deposto le galline. Il signor Berti amava i suoi animali e loro amavano il signor Berti. Tra le **galline** del pollaio, però, ce n'era una un po' scorbutica. Il suo nome era Tutilina, ma tutti la chiamavano Tuti "la capricciosa".

After feeding them, he milked the cows, brushed the horses, let the donkeys run, prepared the bath for the pigs, trained the rabbits and went to collect the eggs that the hens had laid. Mr. Berti loved his animals and they loved Mr. Berti. Among the hens of the chicken coop, however, there was one that was a bit crabby. Her name was Tutilina, but everybody called her Tuti the "whimsical".

A Tuti non andava mai bene niente. Non le piaceva il pollaio e odiava il gallo Danilo che con il suo canto, a parer suo stridulo, la svegliava ogni mattina. Non sopportava inoltre di dover fare le uova in continuazione e diceva sempre che quel **lavoro** non la gratificava. Le altre galline non capivano perché si lamentasse tanto e non la ascoltavano mai.

Tuti wasn't ever happy with anything. She did not like the hen house and hated Danilo the rooster that woke her up every morning with his jarring crow. She also couldn't stand laying eggs all the time and used to repeat that the job didn't gratify her. The other hens did not understand why she complained so much and never listened to her.

Proprio accanto alla fattoria del signor Berti ce n'era un'altra. Questa era completamente diversa: era **moderna**, con **gabbie** e pollai tecnologici. Ogni **stalla**, ogni **recinto** e casetta aveva **luce**, musica e **acqua** corrente. Tuti si ritrovava spesso con il **becco** appoggiato sulla staccionata ad ammirare invidiosa la **vita** degli animali di quella fattoria.

There was another farm very close to Mr. Berti's one. It was completely different: it was modern, with high-tech cages and hen houses. Every stable, every fence and cottage had light, music and running water. Tuti often leaned her beak on the fence admiring the life of the animals on that farm.

Per un po' di mesi pensò alla fuga e una **notte** si fece coraggio. Prese una **paletta** che il signor Berti usava per pulire il pollaio e la usò per scavare una **buca** sotto la staccionata. Quando finì di scavare e la buca fu sufficientemente grande, Tuti non ci pensò due volte e ci si infilò dentro.

For a few months she had been thinking of escape and one night she embraced the courage. She took a shovel that Mr. Berti used to clean the hen house and used it to dig a hole under the fence. When she finished digging and the hole was large enough, Tuti got into it without hesitation.

Una volta arrivata nella nuova fattoria fece un giretto. Con grande stupore, notò che tutto era perfettamente ordinato nuovo e brillante. Andò così in cerca del pollaio per scoprire se ci fosse un posto libero per lei. Si diresse verso il **luogo** da cui sentiva provenire il canto gallo e infine lo trovò.

Once she arrived at the new farm she took a walk. To her astonishment, she noticed that everything was perfectly in order, new, and sparkling. So she went in search of the hen house to find out if there was a free place for her. She went towards the place where she heard the rooster crow coming from and finally found it.

La porticina d'ingresso era di un **materiale color argento** e vi erano disegnate sopra uova colorate. Era così bella che Tuti non poteva credere ai suoi occhi. Entrando, osservò che ogni **nido** era fatto con una paglia morbida che ricordava il pelo dei conigli. Tutte le galline stavano ancora dormendo e Tuti, avendo trovato un posto libero, decise di fare un **riposino**.

The front door was made of a silver colored material and colored eggs were drawn on it. It was so beautiful that Tuti could not believe her eyes. Getting in, she noticed that every nest was made of soft straw that resembled the fur of rabbits. All the hens were still sleeping and Tuti, having found a free place, decided to take a nap.

La mattina dopo si svegliò al canto del gallo. Quando anche le altre galline si svegliarono, si accorsero subito di Tuti e curiose le chiesero da dove venisse.

The next morning she awoke to the rooster's song. When the other hens woke up too, they immediately noticed Tuti and, curious, asked her where she came from.

Tuti raccontò loro la sua storia: "Vengo dalla fattoria accanto, la fattoria del signor Berti. Ero stufa di fare uova per sua moglie e le **donne** del paese, e anche di vivere in una fattoria così **vecchia**. Ho passato giorni interi ad osservare la vostra e così ieri sera mi sono fatta coraggio e sono scappata. Ma ditemi, mie nuove **amiche**, com'è la vita qui?"

Tuti told them her story: "I come from the farm next door, Mr. Berti's farm. I was tired of laying eggs for his wife and the women of the village, and living on such an old farm too. I spent entire days observing yours and so last night I embraced the courage and escaped. Please tell me, my new friends, how is life here?"

Una di loro si alzò e disse: "La nostra è una delle fattorie più moderne del paese. Ogni mattina ci svegliamo, facciamo colazione nelle nostre mangiatoie personali, aspettiamo il **parrucchiere** che ci venga a sistemare le **piume** e poi diamo le uova al signor Mirri. Lui le lava delicatamente, le carica sul suo **furgone** e le consegna alla **Regina** per la sua frittata."

One of them stood and said: "This is one of the most modern farms in the country. Every morning we wake up, have breakfast in our personal trough, wait for the hairdresser to fix our feathers and then give Mr. Mirri eggs. He gently washes them, loads them on his van and delivers them to the Queen for her omelet."

Tuti non riusciva a credere alle sue orecchie. Non solo la vita in quella fattoria era migliore, ma anche deporre le uova aveva un nobile scopo. Erano uova reali.

Tuti couldn't believe her ears. Not only was life on that farm better, but spawning also had a noble purpse. They were real eggs.

Tuti si inserì molto bene nella fattoria del signor Mirri. Amava farsi spazzolare le penne ogni mattina e fare le uova per la Regina. "Questa sì che è una vita degna di una gallina!" pensava tra sé e sé.

Tuti fit very well into Mr. Murri's farm. She loved having her feathers brushed every morning and laying eggs for the Queen. "This is a life worthy of a hen!" she thought to herself.

Un pomeriggio, rientrando nel pollaio, si accorse che una delle sue nuove amiche non era nel suo giaciglio. Dapprima non si preoccupò, pensando che l'avessero portata a fare qualche trattamento speciale vista la sua età avanzata. Quando arrivó sera e lei notò che la sua amica non era ancora tornata, chiese alle altre galline un aspiegazione.

One afternoon, going back to the hen house, she noticed that one of her new friends was not in her nest. She wasn't worried, thinking that she went to have some special treatment for her old age. When evening came and she noticed that her friend had not yet returned, she asked the other hens for an explanation.

Una di loro si alzò e disse a Tuti: "Arriva un giorno in cui una gallina non riesce più a fare le uova e così il signor Mirri la prende tu la porta nella scuola dei **pulcini** per insegnare fino alla fine dei suoi giorni. Ogni gallina qui, dice sempre il signor Mirri, serve a qualcosa."

One of them stood and said to Tuti: "There comes a day when a hen can no longer make eggs and so Mr. Mirri takes her to the school of chicks to teach until the end of her days. Each hen here, Mr. Mirri says, serves something."

Tutte si misero poi a dormire, tranne Tuti. La storia della scuola dei pulcini non la convinceva; non capiva cosa potesse insegnare a dei pulcini una gallina vecchia. Decise così di cercare la scuola per capirci qualcosa. Una gallina le aveva detto che era in una **casetta verde dietro** il **giardino**, così si incamminò per trovarla.

They all fell asleep, except Tuti. The story of the school of chicks did not make sense to her; she did not understand what an old hen could teach to chicks. She decided to find the school to better understand. A hen said the school was in a small green house behind the garden, so she set out to find her.

Man mano che vi si avvicinava, sentiva una strana **sensazione** crescere dentro di lei. Una volta arrivata, capì di che sensazione si trattava: **paura**. Sbirciando dalla **finestra,** vide la sua amica gallina appesa per il **collo** e senza piume. Proprio sotto di lei c'era un **pentolone** fumante. Tuti capì subito che cosa succedeva: il signor Mirri prendeva le galline più vecchie, quelle che non facevano più le uova, e le uccideva per mangiarle.

As she approached, she had a strange feeling growing inside of her. Once there, she realized what the feeling was: fear. Peering out of the window, she saw her hen friend hanging by the neck and without feathers. Just below her was a smoky pot. Tuti immediately understood what was happening: Mr. Mirri took the older hens, the ones that no longer laid eggs, and killed them to eat them.

Spaventata a morte, corse al pollaio e recuperò la paletta. Scavò nuovamente la buca sotto la staccionata e tornò di corsa nella fattoria del signor Berti. Da quel giorno, Tuti non si lamentò più e diventò una delle maggiori **produttrici** di uova della fattoria.

Scared to death, she ran to the hen house and recovered the shovel. She dug the hole under the fence and ran back to Mr. Berti's farm. From that day, Tuti no longer complained and became one of the farm's best egg producers.

6.1 Riassunto – Summary

Nella fattoria del signor Berti c'erano mucche, maiali, cavalli, asini, conigli, galline e un gallo. Il signor Berti si prendeva molta cura dei suoi animali, ma tra le galline ce n'era una alla quale non andava mai bene niente e che non amava fare le uova. Il suo nome era Tuti, detta "la capricciosa". Infatti, si lamentava sempre. Tuti osservava spesso la fattoria moderna accanto alla sua. Lì c'erano stalle, recinti e casette con luce, musica e acqua corrente. Una notte decise di scappare e di andare nella fattoria accanto. Una volta dentro, si stupì di come fosse tutto bello e pulito e andò nel pollaio per trovare un posto libero per lei. La mattina dopo, una delle galline descrisse a Tuti la loro vita lì: tutte le mattine veniva servita loro la colazione, aspettavano il parrucchiere e poi davano le uova al signor Mirri che le lavava e le consegnava alla Regina per la sua frittata. Un giorno, però, Tuti notò che nel pollaio mancava una gallina. Inizialmente non si preoccupò, ma arrivata la sera chiese informazioni alle altre galline, che le dissero che il signor Mirri portava le galline anziane nella scuola dei pulcini dove insegnavano fino alla fine dei loro giorni. Tuti non credette a quella storia e decise di controllare di persona. Una volta arrivata alla scuola, vide la gallina scomparsa appesa per il collo con sotto un pentolone. Capì così che il signor Mirri uccideva e mangiava le galline più vecchie. Spaventata, decise di tornare nella fattoria del signor Berti e da quel giorno non si lamentò più.

On Mr. Berti's farm there were cows, pigs, horses, donkeys, rabbits, hens and a rooster. Mr. Berti looked after his animals a lot, but among the hens there was one that didn't like anything and did not like laying eggs. Her name was Tuti, called the "whimsical". Indeed, she was always complaining. Tuti used to observe the modern farm next to hers. There where stables, fences and houses with light, music and running water. One night she decided to escape and go to the next farm. Once inside, she was amazed to see everything so beautiful and clean and went to the hen house to find a free place for her. The morning after, one of the hens described their life there to Tuti: every morning they were served breakfast, they waited for the hairdresser and then they gave Mr. Mirri eggs who cleaned and delivered them to the Queen for her omelet. But one day, Tuti noticed there was a missing hen in the hen house. She wasn't worried at the beginning, but in the evening she asked the other hens for information, who told her that Mr. Mirri took the old hens to the school of chicks where they taught until the end of their days. Tuti didn't believe that story and decided to check for herself. Once at the school, she saw the missing hen hanging by the neck with a big pot underneath. She realized that Mr. Mirri killed and ate older hens. Scared, she decided to go back to Mr. Berti's farm and after that day she never complained.

6.2 Vocabolario – Vocabulary

mucche = cows

maiali = pigs

cavalli = horses

asini = donkeys

conigli = rabbits

fattoria = farm

gallo = rooster

colazione = breakfast

uova = eggs

galline = hens

lavoro = work

moderna = modern

gabbie = cages

stalla = stable

recinto = fence

luce = light

acqua = water

becco = beak

vita = life

notte = night

paletta = shovel

buca = hole

luogo = place

materiale = material

color argento = silver

nido = nest

riposino = nap

donne = women

vecchia = old

amiche = friends

parrucchiere = hairdresser

piume = feathers

furgone = van

regina = queen

pulcini = chicks

casetta = small house/cottage

verde = green

dietro = behind

giardino = garden

sensazione = feeling

paura = fear

finestra = window

collo = neck

pentolone = pot

produttrici = producers

6.3 Domande – Questions

1. Quali animali c'erano nella fattoria del signor Berti?
What animals were there in Mr. Berti's farm?

2. Che cosa faceva il signor Berti tutti i giorni?
What did Mr. Berti do every day?

3. Perché il soprannome di Tuti era "la capricciosa"?
Why was Tuti's nickname "the whimsical"?

4. Che cosa non piaceva a Tuti della fattoria del signor Berti?
What did Tuti not like on Mr. Berti's farm?

a. le mucche che muggivano sempre
cows always mooing

b. il canto del gallo e i cavalli
the rooster's crow and horses

c. fare uova e le altre galline
laying eggs and other hens

d. il canto del gallo e fare uova
the rooster's crow and laying eggs

5. Cosa aveva in più la fattoria moderna?
What did the modern farm have?

6. Com'era la porta del pollaio?
What was the hen house door like?

a. dorata con delle galline disegnate
golden with hens drawn

    b. argentata con delle uova disegnate

silver with eggs drawn

    c. dorata con delle uova disegnate

golden with eggs drawn

    d. argentata con delle galline disegnate

silver with hens drawn

    7. Per chi le il galline depongono le uova?

For whom do the hens lay their eggs?

    a. per la Regina

for the Queen

    b. per il parrucchiere

for the hairdresser

    c. per il signor Mirri

for Mr. Mirri

    d. per la moglie del signor Mirri

for Mr. Mirri'wife

    8. Perché Tuti non si preoccupò subito per la gallina che mancava?

Why wasn't Tuti worried about the missing hen from the beginning?

    a. perché sapeva che era andata in un'altra fattoria

because she knew she was in another farm

    b. perché pensava che fosse morta vista la sua età

because she thought she was dead

    c. perché pensava che fosse a fare un trattamento per l'età

because she thought she went for an aging treatment

d. perché non le interessava

because she didn't care

9. Secondo le galline della fattoria del signor Mirri, dove andavano quelle vecchie?

According to Mr. Mirri's farm hens, where did the old ones go?

10. Che cosa scoprì Tuti sbirciando dalla finestra della casetta verde?

What did Tuti find by peeking through the window of the green house?

a. che la gallina che mancava stava insegnando ai pulcini

that the missing hen was teaching the chicks

b. che il signor Mirri aveva ucciso la gallina che mancava

that Mr. Murri had killed the missing hen

c. che la gallina che mancava era in una pentola

that the missing hen was in a pot

d. che la gallina che mancava era a casa del signor Mirri

that the missing hen was in Mr. Mirri's house

6.4 Risposte – Answers

1. C'erano le mucche, i maiali, i cavalli, gli asini, i conigli, un gallo e le galline.

There were cows, pigs, horses, donkeys, rabbits, a rooster and hens.

2. Dava da mangiare ai suoi animali, mungeva le mucche, spazzolava i cavalli, faceva correre gli asini, preparava il bagno per i maiali, faceva fare esercizi ai conigli e andava a raccogliere le uova delle sue galline.

He fed his animals, milked cows, brushed horses, let donkeys run, prepared the bath for pigs, trained rabbits and went to collect his hens' eggs.

3. Perché non le andava mai bene niente e si lamentava sempre.

Because she wasn't ever happy with anything and she was always complaining.

4. d.

5. Ogni stalla, recinto e casetta avevano luce, musica e acqua corrente.

Every stable and little house had light, music and running water.

6. b.

7. a.

8. c.

9. Insegnavano nella scuola dei pulcini fino alla fine dei loro giorni.

They taught at the school of chicks until the end of their days.

10. b.

Chapter 7: L'amico Segreto di Giulio Cesare – Julius Caesar's Secret Friend

Era l'anno 100 a.c. quando nasceva Gaio Giulio Cesare, meglio noto come Giulio Cesare. Nessuno all'epoca si sarebbe mai immaginato che proprio quel **bambino** paffuto e sorridente sarebbe diventato un giorno uno dei personaggi più influenti e importanti della storia. Neppure sua **madre** lo sospettava e si sa: le madri conoscono sempre bene i loro **figli**.

Gaius Julius Caesar, better known as Julius Caesar, was born in 100 BC. No one at the time would have ever imagined that this chubby and smiling baby would one day become one of the most influential and important characters in history. Not even his mother suspected it and it is known: mothers always know their kids well.

Passavano gli anni e Giulio Cesare, ancora bambino, dimostrava di essere speciale. Era **forte**, **veloce** nei movimenti e nel ragionamento e interveniva sempre nei **discorsi** di **politica** degli **uomini** più grandi. Anche se non sapeva ancora bene che cosa fosse realmente la politica (solo più tardi ne sarebbe diventato esperto), suggeriva sempre idee e soluzioni brillanti lasciando tutti a bocca aperta. Era comunque sempre un bambino e, come tutti i bambini, amava giocare a **palla**, fingere di essere un gladiatore e correre a perdifiato su e giù per le **colline**.

The years went by, and Julius Caesar, still a child, proved to be special. He was strong, fast in his movements and in his reasoning and always participated in the politics of the older men. Even if he hadn't an idea of what politics was (only later he would become an expert), he always suggested brilliant ideas and solutions, leaving everyone surprised. Anyway he was a child and, as any other, he loved playing ball, pretending to be a gladiator and running up and down the hills.

Il suo **compagno di giochi** preferito era il figlio di una fidata **schiava** di sua madre. Il suo nome era Gavius. I due passavano molto **tempo** insieme ed erano diventati **amici** inseparabili. Gavius, diversamente da Giulio Cesare, non era molto alto né forte, ma era altrettanto intelligente. Aveva imparato da autodidatta a leggere e a scrivere. Gavius, però, era di uno **ceto sociale** molto inferiore e spesso non poteva accompagnarlo nei suoi viaggi. Sapeva che mai avrebbe potuto dimostrare al suo amico il suo valore se non aiutandolo e offrendogli tutta la sua **saggezza** e **lealtà**. Amava molto leggere; infatti, era stato proprio lui ad insegnare a Giulio Cesare molto sulla storia, sulla filosofia e sulla matematica.

His favorite playmate was the son of a trusted slave of his mother. His name was Gavius. The two spent a lot of time together and were inseparable friends. Gavius, unlike Julius Caesar, was not that tall or strong, but he was equally smart. He had taught himself to read and write. Gavius, of course, belonged to a much lower social class and often could not go with him on his travels. He knew he could never prove his worth except by helping him and offering him all his wisdom and loyalty. He loved reading; in fact, it was he who taught Julius Caesar a lot about history, philosophy and mathematics.

Giulio Cesare, per ringraziarlo e dimostrargli il suo affetto, non lo abbandonava mai e lo portava sempre con sé; ufficialmente come schiavo, ufficiosamente come amico e fidato **consigliere**. In ogni **tappa** importante della sua **carriera**, Gavius era con lui e indirettamente beneficiava di tutti i **successi** dell'amico.

Julius Caesar, to thank him and show how much he cared, never left him alone and was always with him; officially as a slave, unofficially as a friend and trusted adviser. At any important stage of his career, Gavius was with him taking advantage, of course, of all his friend's successes.

Nell'anno 46 a.c., Giulio Cesare si trovava a Tapso in quella che ora è la Tunisia. Era lì per affrontare la **battaglia** finale di una **guerra** sollevata dal Senato e iniziata qualche **anno** prima. Anche in quell'occasione Gavius era con lui. Erano stati anni di fatiche, pericoli e lotte, ma anche di grandi successi e momenti di gloria, durante i quali i due amici avevano condiviso ogni singolo **attimo** e peripezia.

In the year 46 BC., Julius Caesar was in Tapso, which is now Tunisia. He was there for the final battle of a war unleashed by the Senate some years before. Gavius was with him again. Those were hard years, with dangers and fights, but also great successes and glorious moments, during which the two friends had shared every single moment of those events.

Era l'alba e tutti all'**accampamento** si armavano per la battaglia che sarebbe iniziata a breve. Anche Giulio Cesare si preparava per condurre i suoi **soldati** in battaglia. Gavio era sempre con lui; gli affilava la lama della **spada**, gli lucidava l'armatura, curava i suoi **cavalli** e lo aiutava nel rivedere e studiare le **tattiche** e le strategie di guerra.

It was dawn and everyone in the camp was getting ready for the battle that was about to start. Julius Caesar was getting ready to lead his soldiers into battle. Gavius was always with him; he sharpened his sword, polished his armor, took care of his horses and helped him to review and study battle tactics.

Da attento osservatore, Gaio notò che quella mattina Giulio Cesare, alzandosi in piedi, aveva perso l'**equilibrio**. Non disse nulla all'amico fidato e pensò che si trattasse di stanchezza; gli anni erano passati per entrambi e quella campagna di guerra era stata molto impegnativa. Continuò così ad occuparsi dei **preparativi**. Ad un certo punto, sentì un **rumore** molto forte. Si girò e vide il suo amico Giulio Cesare per **terra**, proprio davanti all'**ingresso** della **tenda**.

Gavius was a keen observer, and that morning he noticed that Julius Caesar, standing up, had lost his balance. He didn't say anything to his trusted friend and thought it was fatigue; the years had passed by for both of them and that war campaigning had been very tiring. He carried on with preparations. At one point, he heard a very loud noise. He turned and saw his friend Julius Caesar on the floor, right in front of the entrance to the tent.

Gavio corse preoccupato verso l'amico e capì immediatamente che era svenuto. Se qualcuno avesse saputo che Giulio Cesare non stava bene, la **notizia** sarebbe potuta arrivare all'esercito nemico che ne avrebbe tratto vantaggio, mentre le **truppe** di Cesare avrebbero perso **fiducia** e **coraggio**. Gavio, per prima cosa, spostò il **corpo** dell'amico lontano dagli sguardi dei soldati. Poi, per aiutarlo a rimettersi in piedi, gli diede una miscela di **erbe** mediche che aveva preparato lui stesso.

Gavius ran towards his friend with concern and knew immediately that he had fainted. If somebody had known that Julius Caesar was not well, the news could have reached the enemy army that would have taken advantage, while Caesar's troops would have lost faith and courage. Gavius, first of all, moved his friend's body away from the eyes of the soldiers. Then, to help him get better, he offered him a mixture of herbs he had prepared himself.

Giulio Cesare si risvegliò sentendosi confuso e **debole** e disse all'amico di non avere le forze per combattere. Gavio gli spiegò che era svenuto non perché fosse debole, ma perché gli **dei** gli avevano donato una forza tale da farlo svenire e che un **bicchiere** di **succo d'uva** lo avrebbe aiutato. Giulio Cesare, confortato dalle **parole** dell'amico e dal boccale di succo, si rialzò più forte di prima e condusse i suoi soldati in battaglia.

Julius Caesar awoke feeling confused and weak and told his friend that he did not have the strength to fight. Gavius explained that he fainted not because he was weak, but because the gods gave him such a strength that made him faint and that a glass of grape juice would help him. Julius Caesar, comforted by the words of his friend and the glass of juice, stood again stronger than before and led his soldiers into battle.

Fu una battaglia lunga e difficile, ma le truppe di Giulio Cesare ebbero la meglio.

Quando Giulio Cesare ritornò nella sua tenda, trovò il suo caro ed unico amico Gavio steso per terra; era **morto**. Quella fu per lui la giornata più triste della sua **vita**, nonostante la **vittoria** tanto sperata. Il suo fedele amico non era più con lui.

It was a long and hard battle, but Julius Caesar's troops won.

When Julius Caesar went back to his tend, he found his dear and only friend Gavius laying on the floor; he was dead. That was the saddest day of his life, despite the long-awaited victory. His loyal friend was not with him anymore.

Era trascorso un anno e, mentre Giulio Cesare si preparava per fare una **passeggiata**, svenne nuovamente, proprio come quel giorno al campo. Al suo risveglio, il pensiero andò immediatamente al giorno in cui era svenuto la prima volta e capì che l'amico, per dargli la forza necessaria per combattere, si era inventato la **storia** degli dei.

In realtà, secondo molti **storici**, Giulio Cesare iniziò a soffrire di epilessia con l'età e questa malattia gli provocava frequenti svenimenti.

One year later and, while Julius Caesar was getting ready for a stroll, he fainted again, just like that day at the camp. When he woke up, his memory went immediately back to the day he had fainted the first time and realized that his friend, to give him the strength necessary to fight, had invented the story of the gods.

In fact, according to many historians, Julius Caesar started to suffer from epilepsy with age and that this disease made him faint frequently.

Giulio Cesare capì in quel momento che mai nessuno in tutta la sua vita gli aveva dimostrato tanto amore. Realizzò anche di non aver mai dimostrato al suo amico il giusto rispetto e affetto quando era ancora in vita. Per onorare la sua **memoria**, ordinò di costruire una grande **statua** di **marmo** per dimostrare a tutti la stima e la riconoscenza per il suo unico e più grande amico Gavio.

Julius Caesar understood at that moment that no one in his whole life had shown him so much love. He also realized that he had never shown his friend the right respect and devotion when he was still alive. To honor his memory, he ordered a big marble statue to be built to show everyone the esteem and gratitude for his only and great friend Gavius.

7.1 Riassunto – Summary

Giulio Cesare nacque nel 100 a.c. e più tardi diventò uno dei personaggi più influenti e importanti della storia. Già da piccolo discuteva con gli adulti di politica, ma amava anche giocare a palla e correre. Il suo compagno di giochi era Gavio, il figlio di una schiava. Gavio era molto intelligente; aveva imparato da solo a leggere e a scrivere e insegnava a Giulio Cesare la matematica, la filosofia e la storia. I due erano sempre insieme. Ufficialmente Gavio era lo schiavo di Giulio Cesare, ma ufficiosamente era suo amico e consigliere. Nel 46 a.c. Giulio Cesare si trovava a Tapso per combattere la battaglia finale contro il Senato. Ovviamente, Gavio era con lui. Lo aiutava ad affilare la lama della spada, a lucidare l'armatura, a curare i suoi cavalli e a studiare le tattiche di guerra.

Poco prima della battaglia, Giulio Ceasare svenne davanti all'ingresso della tenda. Gavio spostò subito il corpo perché nessuno lo vedesse. La notizia avrebbe aiutato l'esercito nemico e demoralizzato invece le sue truppe. Gavio aiutò poi l'amico a riprendersi, ma Giulio Cesare gli disse di non avere le forze per combattere e così Gavio si inventò una storia: gli disse che gli dei gli avevano dato una tale forza da farlo svenire. Giulio Cesare andò così a combattere e vinse. Una volta tornato alla tenda, trovò il suo amico morto. Un anno dopo, poco prima di andare a fare una passeggiata, Giulio Cesare svenne di nuovo e capì che Gavio gli aveva raccontato quella storia solo per aiutarlo, e che in realtà non era vera. Per onorare la sua memoria e dimostrare a tutti la sua gratitudine per l'amico, Giulio Cesare fece costruire una grande statua di marmo.

Julius Caesar was born in 100 BC and later became one of the most influential and important figures in history. Since he was a child he discussed politics with adults, but he also loved playing ball and running. His playmate was Gavius, the son of a slave. Gavius was very intelligent; he had taught himself to read and write and taught Julius Caesar mathematics, philosophy and history. The two were always together. Officially Gavius was the slave of Julius Caesar, but he was unofficially his friend and adviser. In 46 BC Julius Caesar was in Tapso to fight the final battle against the Senate. Of course, Gavius was with him. He helped him sharpen his sword, polish armor, take care of his horses and study battle tactics. But just before the battle, Julius Caesar fainted in front of the entrance to the tent. Gavio immediately moved his body so that nobody could see it. The news would have helped the enemy army and discouraged his troops. Gavius then helped his friend to recover, but Julius Caesar told him he did not have the strength to fight and so Gavius invented a tale: he told him that the gods had given him such strength to make him faint. Thus Julius Caesar fought and won. Once he went back to the tent, he found his friend dead. One year later, just before a stroll, Julius Caesar fainted again and realized that Gavius had told him that tale just to help him, and that in reality it was not true. To honor his memory and show his gratitude to everyone for his friend, Julius Caesar had a big marble statue built.

7.2 Vocabolario – Vocabulary

bambino = baby

madre = mother

figli = kids

forte = strong

veloce = fast

discorsi = discussions

uomini = men

politica = politics

palla = ball

colline = hills

compagno di giochi = playmate

schiava = slave

tempo = time

amici = friends

ceto sociale = social class

saggezza = wisdom

lealtà = loyalty

consigliere = adviser

tappa = stage

carriera = career

successi = successes

battaglia = battle

guerra = war

anno = year

attimo = moment

accampamento = camp

soldati = soldiers

spada = sword

cavalli = horses

tattiche = tactics

equilibrio = balance

preparativi = preparations

rumore = noise

ingresso = entrance

terra = floor/ground

tenda = tent

notizia = news

truppe = troops

fiducia = faith

coraggio = courage

corpo = body

erbe = herbs

debole = weak

dei = gods

bicchiere = glass

succo = juice

uva = grape

parole = words

morto = dead

vita = life

vittoria = victory

passeggiata = stroll

storia = tale

storici = historians

memoria = memory

statua = statue

marmo = marble

7.3 Domande – Questions

1. Quando è nato Giulio Cesare?

When was Julius Caesar born?

   a. 100 a.c.

100 BC

   b. 90 a.c.

90 BC

   c. 100 b.c.

100 AD

   d. 46 a.c.

46 BC

2. Che cosa amava fare da bambino?

What did he like when he was a child?

3. Chi era il suo compagno di giochi?

Who was his playmate?

4. Che cosa gli aveva insegnato Gavio?
What did Gavius teach him?

   a. la matematica, a giocare a palla, la storia e la politica
mathematics, to play with the ball, history and politics

   b. a correre, la filosofia e la storia
to run, philosophy and history

   c. la matematica, la filosofia e la storia
mathematics, philosophy and history

   d. la politica, la filosofia e la storia
politics, philosophy and history

5. Perché Giulio Cesare si trovava a Tapso?
Why was Julius Caesar in Tapso?

   a. per combattere una battaglia contro il Senato
to fight a battle together with the Senate

   b. per visitare la Tunisia
to visit Tunisia

   c. per combattere contro la Tunisia
to fight a battle against Tunisia

   d. per combattere contro il Senato
to fight a battle against the Senate

6. Che cosa faceva Gavio per aiutare l'amico al campo?
What did Gavius do to help his friend at the camp?

7. Perché quando Giulio Cesare è svenuto Gavio ha spostato subito il corpo?
Why did Gavius move Julius Caesar's body immediately when he fainted?

a. perché la notizia avrebbe aiutato i suoi soldati e i nemici

because the news would have helped both his soldiers and enemies

b. perché la notizia non avrebbe aiutato i suoi soldati e i nemici

because the news would not have helped both his soldiers and enemies

c. perché la notizia non avrebbe aiutato i suoi soldati ma avrebbe aiutato i nemici

because the news would not have helped his soldiers but enemies

d. perché la notizia avrebbe confuso i suoi soldati e i nemici

because the news would not have confused both his soldiers and enemies

8. Che storia racconta Gavio all'amico per dargli le forze per combattere?

What tale did Gavius tell his friend to give him the strength to fight?

9. Che cosa accade un anno dopo?

What happened one year later?

10. Cosa pensano gli storici?

What do historians think?

a. che Giulio Cesare svenisse perché vecchio

that Julius Caesar fainted because he was old

b. che Giulio Cesare svenisse perché epilettico

that Julius Caesar fainted because he was epileptic

c. che Giulio Cesare svenisse perché aveva combattuto troppe battaglie

that Julius Caesar fainted because he had fought too many battles

d. che Giulio Cesare svenisse perché faceva troppe passeggiate

that Julius Caesar fainted because he took too many strolls

7.4 Risposte – Answers

1. a.

2. Amava giocare a palla, fingere di essere un gladiatore e correre nelle colline.

He loved playing ball, pretending to be a gladiator and running in the hills.

3. Gavio

Gavius

4. c.

5. d.

6. Gli affilava la lama della spada, gli lucidava l'armatura, curava i suoi cavalli e lo aiutava nel rivedere e studiare le tattiche e le strategie di guerra.

He sharpened his sword, polished the armor, took care of his horses, and helped him to review and study battle tactics and strategies.

7. c.

8. Che era svenuto perché gli dei gli avevano donato una forza tale.

He had fainted because the gods had given him such strength.

9. Mentre si stava preparando per fare una passeggiata, Giulio Cesare sviene.

While Julius Caesar was getting ready for a stroll, he fainted.

10. b.

Chapter 8: Meglio Tardi Che Mai – Better Later Than Never

Mario Tronfi, un uomo sulla cinquantina, di **statura bassa** e **in carne**, e non quello un uomo **affascinante**, ma era un attento ascoltatore e una persona di una bontà infinita. Nessuno era **preciso**, puntuale, **disponibile** e **solare** quanto Mario. Nel suo ufficio tutti gli chieseri aiuto; era infatti famoso per i suoi ottimi **consigli** sulle **relazioni**.

Mario Tronfi, a man in his fifties, was quite short and plump, and not a charming man, but he was a perfect listener and an extremely good person. Nobody was as precise, punctual, helpful and cheerful as Mario. In his office everybody asked him for help; he was indeed famous for his excellent advice on relationships.

Mario lavorava come **contabile** in un'**azienda** di **materiale edile** nella **provincia** di Milano, la città dove era nato e cresciuto e da cui non era mai uscito. Viveva in una piccola **casa** sempre ordinata, pulita e con un **arredo** minimale e serio, quasi tetro. Molte persone avrebbero detto che quella casa era **fredda** e **triste**, ma a Mario piaceva così.

Mario worked as an accountant in a building material firm in the province of Milan, the city where he was born and raised and he had never left. He lived in a small house that was always tidy, clean and with minimal and serious furniture, almost gloomy. Most people would have defined it as cold and sad, but Mario liked it as it was.

Infatti, lo rispecchiava alla perfezione: non c'erano **foto** alle pareti né **quadri**. Le **tende** erano tutte **bianche** e i mobili tutti **marroni** come la cioccolata. Non c'erano **soprammobili**, **tappeti** o **piante**. In **cucina** c'erano solo due **pentole**, un **cucchiaio**, un **coltello**, una **forchetta**, una **tazza** ed un **bicchiere**. Insomma, c'era giusto l'essenziale per sopravvivere; d'altronde Mario era così, un uomo senza **famiglia**, **passioni** né hobby. Sopravviveva nella sua routine e, nonostante il suo animo disponibile e gentile, non aveva **amici**.

In fact, it reflected him perfectly: there were no pictures nor paintings on the walls. The curtains were all white and the furniture all brown like chocolate. There were no decorative objects, carpets or plants. In the kitchen there were only two pots, a spoon, a knife, a fork, a cup and a glass. So, there was enough to survive; on the other hand Mario was like that, a man with no family, passions or hobbies. He survived by his routine and, despite his helpful and kind mind, he did not have friends.

Sisì, la sua **cocorita,** era l'unica a cui volesse veramente bene e che gli dimostrava vero affetto,. Oltre ad essere una persona molto precisa, Mario era anche estremamente abituale. Si può dire che avesse degli schemi **quotidiani** che non rompeva mai. Ogni **mattina** la sua **sveglia** era sempre alla stessa ora, anche quando non doveva andare in ufficio.

The only thing he cared about and that showed him real affection was his parakeet, Sisì. Besides being a very precise person, Mario was also extremely habitual. Better said, he had daily patterns he never changed. Every morning his alarm was always at the same time, even when he didn't have to go to the office.

Per prima cosa, toglieva il **panno** che copriva la **gabbia** di Sisì e le dava uno dei suoi **biscotti** preferiti alla **cannella.**, mentre lui si preparava il caffè. Poi prendeva la sua tazza, spostava la gabbia di

Sisì davanti alla **finestra** e gustava il suo caffè mentre entrambi osservavano la **città** che si svegliava. Finita la colazione, metteva Sisì sopra un mobile **di legno** che aveva costruito apposta per lei e che era collocato vicino ad un muro della **sala**. Indossava il solito **completo** e usciva di casa.

First of all, he removed Sisì's cage cloth then, while he was preparing his coffee, he gave her one of her favorite cinnamon cookies. Then he took his cup, moved Sisì's cage in front of the window and had his coffee while they both observed the rest of the city waking up. After breakfast, he put Sisì on a wooden piece of furniture he had built especially for her and which was placed next to the wall in the living room. He got dressed by wearing the usual suit and left home.

Quando non andava in ufficio, gli piaceva fare una passeggiata nel parco e andare a fare la spesa, per poi tornare a casa e trascorrere il resto della giornata insieme alla sua fedele Sisì. Per tutto il resto della giornata, lavorava e sbrigava qualche faccenda domestica, tra cui l'attenta e accurata pulizia della gabbia della cocorita. Le sue giornate passarono piacevolmente con Sisì, che lo osservò in tutti i suoi movimenti e twittò. Mario, a volte, credeva addirittura che l'uccellino gli parlasse.

When he didn't have to go to the office, he liked to take a stroll in the park and go shopping, and later go home and spend the rest of the day with his faithful Sisì. For the rest of the day, he worked and did some housework, including the careful and accurate cleaning of the parakeet cage. His days passed pleasantly with Sisì, who observed all his movements and tweeted. Sometimes Mario even thought that the bird spoke to him.

Quando arrivava l'ora di **cena,** Mario spostava la gabbia vicino al **divano** e si sedeva. Mangiava sempre guardando la TV, e anche a Sisì piaceva il **rumore** e le **immagini** che provenivano da quella **scatola**. O almeno questo era quello che credeva Mario, perché ogni volta che l'accendeva, Sisì agitava le **ali** e saltava da una parte all'altra della gabbia. Quando era l'ora di andare a letto salutava Sisì, le copriva la gabbia con un panno scuro per farla riposare meglio e andava a dormire.

At dinner time, Mario moved the cage next to the couch and sat down. He always ate watching TV, and Sisì also appreciated the noise and images coming from that box. Or at least that was what Mario believed, because every time he switched it on, Sisì shook her wings and jumped all over in the cage. When it was time to go to bed, he said goodbye to Sisì, put a dark cloth onto the cage to let her sleep better and went to sleep.

Una mattina d'**estate** si svegliò e sentì provenire dall'**appartamento** a fianco dei rumori fortissimi. Mario capì subito che si trattava dei nuovi vicini che facevano i lavori **di ristrutturazione**; lo sapeva perché proprio lui aveva fornito loro i materiali con un grande **sconto**. Così, non pensandoci più, fece colazione ed uscì per andare in ufficio come al solito.

One summer morning he woke up and heard loud noises coming from the next-door apartment. Mario immediately realized those were the new neighbors who were doing the renovation work; he knew it because he had sold them the materials with a big discount. Then, he didn't think of it again, he had breakfast and left to go to the office as usual.

Rientrato nell'appartamento, vide che la gabbia di Sisì era a terra, la **porticina** era aperta e Sisì non c'era. Iniziò subito a perlustrare l'appartamento in cerca della sua amata cocorita fino a quando non vide la grande finestra della sala **aperta**, proprio dove erano soliti sedersi la mattina. Realizzò quindi che con ogni probabilità, Sisì era volata via proprio da lì. Vide poi che il mobile dove si trovava la gabbia si era spostato di qualche cm dal muro e capì che la **colpa** era dei vicini che, facendo i lavori, avevano provocato delle **vibrazioni** nella parete.

But when he went back home, he saw that Sisì's cage was on the floor, the little door was open and Sisì was not there. He immediately began to search the apartment looking for his beloved parakeet until he saw the large window of the living room open, right where they used to sit in the morning. He then realized that probably, Sisì had flown away from there. Then he saw that the furniture where the cage was located had moved a few inches from the wall and he understood that it was the neighbors' fault who, by doing the work, had caused vibrations in the wall.

Mario, a quel punto, si fermò davanti allo **specchio** dell'**ingresso** e guardandosi ebbe una rivelazione, come se riflessa riuscisse a rivedere tutta la sua vita. Capì allora che a nulla era servito essere gentile e disponibile con tutti. Nessuno lo aveva mai ringraziato, invitato Mario a cena, una **festa** o un **matrimonio**. Nessuno era diventato suo amico.

Mario, at that point, stopped in front of the mirror in the entrance and, looking at himself, had a revelation, as he could see all his life from the beginning. He realized then that being helpful and kind to everyone had been useless. No one had ever thanked him, invited Mario to dinner, a party or a wedding. No one had become his friend.

Anzi, proprio quelle ultime persone che aveva aiutato e con le quali era stato gentile, avevano fatto sì che Sisì scappasse **per sempre** via da lui. Come se si fosse improvvisamente svegliato da un **sogno**, fece qualcosa che non aveva mai fatto prima: seguì il suo istinto e andò a bussare alla porta dei vicini. Quando questi aprirono, Mario sfogò su di loro tutte le frustrazioni e la **noia** che aveva accumulato in quegli anni.

Indeed, those very last people he had helped and with whom he had been kind had made Sisì run away from him forever. Like he had suddenly woken up from a dream, he did something he had never done before: he followed his instincts and went out and knocked on the neighbors' door. When they opened, Mario poured out on them all the frustrations and boredom he had accumulated in those years.

Tornato a casa, si sentì dapprima strano e confuso. Poco dopo, però, avvertì anche una sensazione di leggerezza e felicità, emozioni che mai aveva provato prima. Si sentiva libero. Prese il **telefono** e chiamò in ufficio per chiedere un periodo di **ferie**. Aveva deciso che doveva fare tutto ciò che non aveva mai fatto prima. Fece quindi la valigia, andò in **aeroporto** e prese il primo **volo** disponibile.

When he went back home, he felt initially weird and dazed. But after, however, he had a light and happy feeling, emotions he had never experienced before. He felt free. He picked up the phone and called the office asking for a vacation. He had decided he had to do everything he had never done before. He then packed his suitcase, went to the airport and got the first available flight.

Dopo una settimana, come se nulla fosse accaduto, rientrò in ufficio. Entrando salutò tutti con il solito fare amichevole, ma tutti lo guardarono con sospetto e preoccupazione. Mario non era mai andato in vacanza e non era mai stato così stranamente allegro come quel giorno.

After one week, he was in the office again, like nothing had happened. Entering, he greeted everyone, friendly as usual, but they all looked at him worried and suspicious. Mario had never gone on vacation and he had never been so happy like that day.

Una sua collega allora gli si avvicinò e gli chiese: "Mario cosa ti è successo, ti senti bene?"

Mario scoppiò subito a ridere, poi la guardò e le disse: "Mia cara Teresa, in tutti questi anni non mi ero mai accorto del **tempo** che stavo buttando via, di come sprecavo la mia vita e nessuno di voi mi ha mai aiutato a capirlo. Mi avete solo sfruttato per avere consigli e **favori**. Fortunatamente l'ho capito da solo a cinquantun anni suonati, ma meglio tardi che mai!" Detto ciò, andò a sedersi alla sua **scrivania** e come sempre si mise a lavorare.

So a colleague of his approached and asked him: "Mario, what has happened to you, do you feel okay?"

Mario immediately burst out laughing, then he looked at her and said: "My dear Teresa, in all these years I had never realized the time I was wasting, how I was wasting my life and none of you had helped me to realize it. You have just exploited me to receive suggestions and favors. Fortunately, I understood it by myself at fifty-one, but better later than never!" Having said that, he went to sit at his desk and started to work as usual.

Da quel giorno i suoi colleghi iniziarono a invitarlo alle feste e a cena fuori. Mario era felice come mai lo era stato nella sua vita. C'era solo una cosa che non era riuscito a cambiare: aveva preso un'altra cocorita.

From that day his colleagues started inviting him to parties and dinners outside. Mario was as happy as he had ever been in his life. Just one thing did not change: he had bought another parakeet.

8.1 Riassunto – Summary

Mario era uomo di circa cinquant'anni, viveva a Milano e lavorava per un'azienda di materiale edile fuori città. Era molto preciso, solare e disponibile. Infatti, ascoltava sempre tutti e dava buoni consigli, ma, nonostante questo, non aveva amici. Viveva in una casa piccola, pulita e con pochi mobili. La sua unica amica era la sua cocorita, Sisì, con cui trascorreva le sue giornate tutte uguali. Quando andava al lavoro si alzava, levava il panno dalla gabbia di Sisì, le dava un biscotto alla cannella, preparava il caffè e lo beveva vicino a lei guardando fuori dalla finestra. Quando non lavorava, invece, andava a fare una passeggiata nel parco, faceva la spesa e tornava a casa dalla sua cocorita. Un giorno i rumori dei vicini che facevano i lavori di ristrutturazione lo svegliarono. Mario era stato gentile con loro perché gli aveva venduto i materiali con un grande sconto. Come al solito poi, dopo essersi preparato, mise Sisì sul mobile che aveva costruito per lei ed uscì. Tornato a casa, trovò la gabbia per terra e Sisì non c'era più; la cocorita era volata via dalla finestra. Capì quindi che i vicini, facendo i lavori, avevano provocato delle vibrazioni nel muro che avevano fatto cadere la gabbia. Guardandosi allo specchio, capì improvvisamente che essere gentili non era servito a nulla e decise di fare tutto ciò che non aveva mai fatto prima. Andò dai vicini e si arrabbiò con loro, chiamo l'ufficio, prese la sua vacanza, andò in aeroporto e prese il primo volo disponibile. Tornato in ufficio, una collega gli chiese se stesse bene e lui le rispose che aveva capito che stava buttando via la sua vita e che tutti lo avevano sfruttato per i suoi consigli, senza essere veramente suo amico. Da quel giorno, Mario venne invitato a tutte le cene e alle feste.

Mario was a man of fifty years old, he lived in Milan and worked for a building material firm outside the city. He was very precise, cheerful and helpful. In fact, he always listened to everyone and gave good advice, but despite this, he had no friends. He lived in a small, clean house with little furniture. His only friend was his parakeet, Sisì, with whom he spent his days all the same. When he had to go to work he woke up, took away the cloth from Sisì's cage, gave her a cinnamon cookie, made coffee and drank it next to her, looking out the window. When he didn't have to go to work, instead, he went for a stroll in the park, did his shopping and went home to his parakeet. One day the noises of the neighbors who did the renovation work woke him up. Mario had been kind to them as he had sold them materials with a big discount. Then as usual, after preparing himself, he put Sisì on the piece of furniture he had built for her and left. When he went back home, he found the cage on the floor and Sisì was no longer there; the parakeet flew out of the window. He realized then that the neighbors, by doing the work, had caused vibrations in the wall that had made the cage fall. Looking in the mirror, he suddenly understood that having been kind was useless and decided to do everything he had never done before. He went to the neighbors and got mad with them, phoned the office, took his vacation, went to the airport and took the first available flight. Back at the office, a colleague asked him if he was okay and he replied that he understood that he was wasting his life and that all of them had exploited him for his advice, without really being his friend. Since that day, Mario was invited to all the dinners and parties.

8.2 Vocabolario – Vocabulary

statura bassa = short

in carne = plump

affascinante = charming

preciso = precise

disponibile = helpful

solare = cheerful

consigli = advice

relazioni = relationships

contabile = accountant

azienda = firm

materiale edile = building material

provincia = province

casa = house

arredo = furniture

fredda = cold

triste = sad

foto = pictures

quadri = paintings

tende = curtains

bianche = white

marroni = brown

soprammobili = decorative objects

tappeti = carpets

piante = plants

cucina = kitchen

pentole = pots

cucchiaio = spoon

coltello = knife

forchetta = fork

tazza = cup

bicchiere = glass

famiglia = family

passioni = passions

amici = friends

cocorita = parakeet

quotidiani = daily

mattina = morning

sveglia = alarm

panno = cloth

biscotti = cookies

cannella = cinnamon

gabbia = cage

finestra = window

città = city

di legno = wooden

sala = living room

completo = suit

cena = dinner

divano = couch

rumore = noise

immagini = images

scatola = box

ali = wings

estate = summer

appartamento = apartment

di ristrutturazione = renovation

sconto = discount/sale

porticina = little door

aperta = open

colpa = fault

vibrazioni = vibrations

specchio = mirror

ingresso = entrance

festa = party

matrimonio = wedding

per sempre = forever

sogno = dream

noia = boredom

telefono = phone

ferie = vacation

aeroporto = airport

volo = flight

tempo = time

favori = favors

scrivania = desk

8.3 Domande – Questions

    1. Che tipo di persona era Mario?

What kind of person was Mario?

    2. Dove lavorava Mario?

Where did Mario work?

    a. in un cantiere a Milano

in a building site in Milan

    b. in un ufficio fuori dalla provincia

in an office outside the province

    c. in un'azienda alimentare

in a food company

    d. in un'azienda di materiale edile

in a building material firm

    3. Com'era la casa di Mario?

What was Mario's house like?

    a. grande, pulita e con molti oggetti

big, clean and with lots of objects

    b. piccola, pulita e con pochi oggetti

small, clean and with few objects

    c. piccola, pulita e con molti oggetti

small, clean and with lots of objects

    d. grande, sporca e con pochi oggetti

big, dirty and with few objects

    4. Come si chiamava la sua cocorita?

What was his parakeet's name?

    5. Quando non lavorava, dormiva fino a tardi?

Did he sleep until late when he didn't have to work?

    6. Che cosa faceva Mario tutte le mattine?

What did Mario do every morning?

    a. dava un biscotto a Sisì, beveva il caffè con lei e poi usciva

gave Sisì a cookie, had his coffee with her and then left

    b. beveva il caffè, si faceva la doccia e prima di uscire dava il biscotto a Sisì

had his coffee, had a shower and gave Sisì a cookie before leaving

    c. beveva il caffè, si preparava e poi dava il biscotto a Sisì

had his coffee, got ready and then gave Sisì a cookie

    d. dava il biscotto a Sisì, si preparava e poi usciva

gave Sisì a cookie, got ready and left

    7. Cosa faceva quando non lavorava?

What did he do when he wasn't working?

    8. Perché secondo Mario a Sisì piaceva la TV?

Why did Sisì like TV in Mario's opinion?

    a. perché cinguettava quando l'accendeva

becuase she used to chirp when he switched it on

    b. perché stava ferma a guardarla

because she stopped watching it

    c. perché agitava le ali e saltava

because she flapped her wings and jumped

    d. perché saltava e cinguettava

because she twitted and jumped

    9. Chi aveva fatto cadere la gabbia

Who made the cage fall?

    a. Mario perché non l'aveva messa bene

Mario because he didn't set it properly

    b. le vibrazioni che i vicini avevano provocato

vibrations caused by neighbors

    c. Sisì saltando

Sisì jumping

    d. Mario perché stava facendo dei lavori

Mario because he was doing some work

    10. Cosa succede quando Sisì scappa via?

What happened when Sisì flew away?

Risposte – Answers

1. Era molto preciso, solare e disponibile.

He was very precise, cheerful and helpful.

2. d.

3. b.

4. Sisì.

5. Non. Ogni mattina la sua sveglia era sempre alla stessa ora.

No. Every morning his alarm was always at the same time.

6. Quando andava al lavoro si alzava, levava il panno dalla gabbia di Sisì, le dava un biscotto alla cannella, preparava il caffè e lo beveva vicino a lei guardando fuori dalla finestra

When he had to go to work he woke up, took away the cloth from Sisì's cage, gave her a cinnamon cookie, made coffee and drank it next to her, looking out the window.

7. Quando non andava in ufficio, gli piaceva fare una passeggiata nel parco e andare a fare la spesa, per poi tornare a casa e trascorrere il resto della giornata insieme alla sua fedele Sisì.

When he didn't have to go to the office, he liked to take a stroll in the park and go shopping, and later go home and spend the rest of the day with his faithful Sisì.

8. c.

9. b.

10. Mario andò dai vicini e si arrabbiò con loro, chiamo l'ufficio, prese la sua vacanza, andò in aeroporto e prese il primo volo disponibile.

Mario went to the neighbors and got mad with them, phoned the office, took his vacation, went to the airport and took the first available flight.

Conclusion

Congratulations on making it through to the end of: *Italian Short Stories: Eight Simple Stories for Beginners Who Want to Learn Italian in Less Time While Also Having Fun.*

This book should have been enjoyable, informative, and given you a good start on learning the Italian language.

The next step is to take all that you have learned from this book and progress to a more advanced level of Italian.

Finally, if you found this book useful in any way, a review on Amazon is always appreciated!

Part 3 Italian Phrase Book

Over 1000 Essential Italian Phrases You Don't Want to Be Without on Your Trip to Italy

Introduction to the Italian language

If you are reading this, the chances are that you are thinking of stepping outside of your language-comfort zone and you have decided to embark on the adventure of learning the Italian language. Whether it's for work, fun, leisure or traveling with this book, we are trying to make the journey smooth, enjoyable, pedagogic and challenging at the same time.

Learning a new language should be a structured process, and in order to master it, grammar and rules should play an important part. However, they are not enough to fully get the newly acquired language to work effectively from a communication point of view. Historically this is what languages are all about – crossing the geographical and cultural borders and opening up to new possibilities, nuances, and differences. If you have only studied grammar or you have only learned the language through daily use, your knowledge is not comprehensive until the day they are brought together. What is normally referred to as listening, reading and speaking within the language teaching industry is nothing but a breakdown of what communication involves.

Italian is definitely not one of the most spoken languages of the world. It has around 60 million native speakers, and other than Italy, it's the official language of San Marino, Switzerland, and Vatican City. It's not exactly a language that you **need** to know; however, it is one of the most studied in the whole world. The reason behind such a huge interest should rely somewhere else and does not fall under the categories of what is useful and what is not. In a modern world, where everything is based on skills that you **have to** get under your belt, the decision of learning something for the sake of beauty, for doing something that feels good or enjoyable for oneself as opposed to widening a set of skills to impress your boss or get a promotion, is something truly revolutionary.

A few notes on what you are about to get your hands, your brain and your heart on:

Italian is a romance language **rooted** in vulgar Latin. The first appearances of some written Italian documents date back to the 10th century; however, Italian linguistic unity didn't begin developing until the 13th and 14th centuries. It all started from the Tuscan dialect, and after gaining popularity possibly because of Tuscany's central location and importance, it slowly became standard Italian.

Authors like Dante, Boccaccio, and Petrarch revolutionized literature. They all lived in Florence or Tuscany and turned the Florentine dialect into the standard variety.

A unified country made of 20 regions has finally reached the linguistic union, although a huge number of dialects and accents still exist and are used to testify to the impressive cultural variety of the country.

Did you know that…?

11. Quite a lot of terms from art, history, music theory and food are Italian.

12. Every letter in a word must be pronounced as Italian is pronounced phonetically. There are no silent letters except

for the letter 'h'. The reason why – as an attentive listener might have realized – is that Italian speakers struggle a bit and have to force themselves not to drop the 'h' when speaking English. Every letter corresponds to a distinguishable sound, and pronunciation and spelling almost coincide.

13. Italian has a significant **lexical similarity** with a bunch of other languages. To be more specific, it shares 89 percent of its vocabulary with French, 88 percent with Catalan, 82 percent with Spanish and Portuguese, and 77 percent with Romanian.

14. Almost all the words end in a vowel – that's what gives the Italian language that unique musical quality. Vowels can present diacritic marks that stress the accent on the last syllable. This is a somewhat unusual sound for an English speaker as they would have to learn to stress the last syllables in words like caffè, città, and ragù.

The sound of the language is a rather important feature as it really helps words to stay in your head. Although you may not be able to speak it immediately, you should be able to understand at least some of what an Italian is talking to you about. Also, the fact that Italian has kept so close to Latin means that many words have the same roots as in other languages.

For the reasons above, and for the ones yet for you to discover, the word **rich** doesn't begin to describe the extent of the Italian language and culture. Rich in beauty all around, rich in history, rich in possibilities, synonyms, grammar rules as well as – unfortunately – exceptions. Whether you are native of a romance language or not this is going to be a wild ride, and you are going to have your challenges, but if you embrace it all fully, the sense of achievement will be priceless. Italy and the Italian language looks back on an intriguing tradition of cultural achievement. Three millennia have cooked up a tasty cuisine and an impressive history of architecture, literature, painting, and sculpting.

Language Learning vs. Language Acquisition

There is no such a thing as a bad language learner, and if you have ever said to yourself, "I'm not good at languages," now it's time for you to rethink the whole thing. The old traditional and dominant approach to language teaching focused on many notions, grammar rules, exercises, exceptions, do's and don'ts. As mentioned before, these are all very important to start with, but the full knowledge of a language cannot be only limited to the theory. If you want to play tennis, after all, you need to learn the technique and the drills, but then you have to hit the court!

It's all about that magic balance, or rather, that tipping point between **knowing** and **doing.** Skipping or missing this last step is what, most of the time, makes learners feel incomplete and unable to translate what they know into practice. From there, the assumption of not being good enough, and the idea of giving up, are just around the corner.

That's why we should reconsider the importance of the use to try and acquire a language other than just learning it. Acquisition of a language is something that is usually referred to when talking about the native language. It represents the natural process of learning the language through a subconscious process that comes from being exposed to it and using it (just like when we learn a language as kids – when we don't know 'why' but we know 'how').

The way to get to this is to try and strike a balance between language learning (grammar and rules) and language acquisition (conversation), and that's what this book is aimed at.

To start with…

As Italians say 'il buon giorno si vede dal mattino', meaning that if you are aiming at a good result, you have to make a good start from the very beginning. Let's try to do so by learning about a few substantial differences between English and Italian.

Use of formal/informal

Italian uses two versions (formal and informal) to address people, depending on how well you know the person and how close you are with them. Unlike English, where the difference only relies on a capital letter (you VS You), the use of the formal/informal version in Italian affects many aspects, both from a grammatical point of view (pronouns, adjectives, verbs, pretty much the whole structure of the sentence) and a communication point of view (you should use the informal only with people that you know, and you are close with, or that are younger than you. For any other occasion, the formal version is there for you.

Use of masculine/feminine

Perhaps one of the most difficult things to understand for a non-native speaker is the fact that, in Italian, everything is gender specific – not just individuals but also objects, feelings, animals. Literally, everything is either a 'boy' or a 'girl'. Again, this affects the sentence at the grammar level and also the effectiveness of the communication. The choice of whether something is masculine or feminine comes from convention, and there is no logical explanation for it. That said, a little tip can help you along the way, as in most cases, a word with an ending in -o is masculine, whereas a word ending in -a is feminine.

Use of singular/plural

This aspect is also a bit different compared to English. This is partly due to what we have mentioned above about masculine and feminine. In fact, while in English, in most cases a -s at the end of the words makes them plural, in Italian, we need to take into account the gender when making a plural. Again, a general rule that you can follow is that words ending in -i/-e are most times plural.

It's time for a few examples. Let's see how masculine/feminine, singular/plural work together.

Let's analyze the word 'libro' (book):

Libr-**o** = masculine singular

Libr-**i** = masculine plural

And 'casa' (house)

Cas-**a** = feminine singular

Cas-**e** = feminine plural

Articles

Another topic that is very closely related to what we have seen so far is the use of articles. Also, in this case, we have different articles according to what we have talked about above.

Here some examples related to the words that we have learned so far:

With the definite article:

Il libro = singular masculine - (**the** book)

La casa = singular feminine - (**the** house)

I libri = plural masculine - (**the** books)

Le case = plural feminine - (**the** houses)

With the undefinite article:

Un libro = singular masculine - (**a** book)

Una casa = singular feminine - (**a** house)

Dei libri = plural masculine - (**some** books)

Delle case = plural feminine - (**some** houses)

Demonstratives

Demonstrative adjectives change according to the noun they refer to. They work like in English to refer to something near or far from the speaker, and in Italian they are divided by singular/plural and masculine/feminine.

Let's have a look:

Quest**o** = singular masculine - This

Quest**a** = singular feminine - This

Quest**i** = plural masculine - These

Quest**e** = plural feminine - These

Quell**o** = singular masculine - That

Quell**a** = singular feminine - That

Quell**i** = plural masculine - Those

Quell**e** = plural feminine - Those

Guarda questo monumento - Look at this monument

Quello è il nostro hotel - That is our hotel

We can also use demonstratives to refer to a specific period of time. For example:

Questa mattina - This morning (As an alternative 'Stamattina')

Questa sera - This evening (As an alternative 'Stasera')

Questa volta - This time (As an alternative 'Stavolta')

Questa settimana - This week

Questo inverno - This winter

Possessives

Possessive adjectives change according to the noun of the object possessed and the person it's possessed by:

Mio/Mia - My

Tuo/Tua - Your

Suo/Sua - His/Her

Nostro/Nostra - Our

Vostro/Vostra - Your

Loro – Their

Possessive pronouns change according to the noun that they replace.

Let's see a few examples in context and how they work together with the demonstratives:

Il mio biglietto - My ticket (masculine noun - singular)

Questo biglietto è mio - This ticket is mine

La mia sedia - My chair (feminine noun - singular)

Quella sedia è mia - That chair is mine

Il tuo biglietto - Your ticket (masculine noun - singular)

Quel biglietto è tuo - That ticket is yours

La tua sedia - Your chair (feminine noun - singular)

Questa sedia è tua - This chair is yours

Il suo biglietto - His/Her ticket (masculine noun - singular)

Quel biglietto è suo - That ticket is his/hers

La sua sedia - His/Her chair (feminine noun - singular)

Questa sedia è sua - This chair is his/hers

Il nostro biglietto - Our ticket (masculine noun - singular)

Quel biglietto è nostro - That ticket is ours

La nostra sedia - Our chair (feminine noun - singular)

Questa sedia è nostra - This chair is ours

Il vostro biglietto - Your ticket (masculine noun - singular)

Questo biglietto è vostro - This ticket is yours

La vostra sedia - Your chair (feminine noun - singular)

Quella sedia è vostra - That chair is yours

Il loro biglietto - Their ticket (masculine noun - singular)

Questo biglietto è loro - This ticket is theirs

La loro sedia - Their chair (feminine noun - singular)

Quella sedia è loro - That chair is theirs

And the plural...

I miei genitori - My parents (masculine noun - plural)

Le mie cartoline - My postcards (feminine noun - plural)

I tuoi genitori - Your parents (masculine noun - plural)

Le tue cartoline - Your postcards (feminine noun - plural)

I suoi genitori - His/Her parents (masculine noun - plural)

Le sue cartoline - His/Her postcard (feminine noun - plural)

I nostri genitori - Our parents (masculine noun - plural)

Le nostre cartoline - Our postcards (feminine noun - plural)

I vostri genitori - Your parents (masculine noun - plural)

Le vostre cartoline - Your postcards (feminine noun - plural)

I loro genitori - Their parents (masculine noun - plural)

Le loro cartoline - Their postcards (feminine noun - plural)

Saxon genitive does not exist in Italian. If something is someone else's, you have to use:

1) 'di' followed by the person's name:

- La macchina di Sabrina - Sabrina's car

2) 'del/della' (masculine or feminine) followed by the noun:

- Il numero di telefono del tassista - The taxi driver's telephone number

- La camera della Signora Ferrante - Mrs Ferrante's room

Di chi è questo passaporto? - Whose passport is this?

È il mio - It's mine

Indefinite adjective

Most of the time it expresses a quantity:

Qualche turista - Some tourists

Vari turisti - Many tourists

Ogni turista - Each tourist

Tutti i turisti - Every tourist

Alcuni turisti - Certain tourists

Qualcuno - Someone

Qualcosa - Something

Nessuno - Nobody

Niente - Nothing

Da qualche parte - Somewhere

Chiedo un favore a qualcuno che conosco - I ask for a favor to someone that I know

C'è qualcosa di strano - There is something strange

Al ristorante non c'era nessuno - Nobody was at the restaurant

Non ho niente da dire - I have got nothing to say

Andiamo a fare una passeggiata da qualche parte - Let's go for a walk somewhere

Existence and identification

C'è/Ci sono - There is/There are

It indicates the existence of something or someone in a place:

Per strada ci sono degli alberi - In the street there are some trees

Nella piazza c'è una fontana - In that square there is a fountain

Nel mio giardino c'è una piscina - In my garden there is a swimming pool

Duration

Faccio il professore dal 1982/da cinque anni - I'm a professor since 1982/since five years

Sono in Italia per tre mesi - I'm in Italy for three months

Non parlo italiano da 15 anni - It's 15 years that I don't speak Italian

Mi piace scattare fotografie durante i miei viaggi - I like taking pictures during my trips

Il museo apre tra 20 minuti - The museum opens in 20 minutes

Sarò pronto tra dieci minuti - I'll be ready in ten minutes

Faccio sport tutti i giorni per un'ora - I do sport every day for one hour.

Adverbs and adjectives

Buono/Bene - Good/well

Cattivo/Male - Bad/Badly

È un buon insegnante - He is a good teacher

Insegna molto bene - He teaches very well

È un cattivo guidatore - He is a bad driver

Ha reagito male - She reacted badly

Veloce/Velocemente - Quick/Quickly

Lento/Lentamente - Slow/Slowly

La macchina è veloce - The car is quick

La guida parla velocemente - The guide speaks quickly

La connessione è lenta - The connection is slow

Sto imparando l'italiano lentamente - I'm learning Italian slowly

A good number of adverbs end with - mente:

Dolce/Dolcemente - Gentle/Gently

Fortunato/Fortunatamente - Lucky/Luckily

Gentile/Gentilmente - Kind/Kindly

Moderato/Moderatamente - Moderate/Moderately

Reale/Realmente - Real/Really

Recente/Recentemente - Recent/Recently

Frequente/Frequentemente - Frequent/Frequently

Preciso/Precisamente - Precise/Precisely

Enorme/Enormemente - Enormous/Enormously

Incredibile/Incredibilmente - Incredible/Incredibly

Raro/Raramente - Rare/Rarely

Intenso/Intensamente – Intense/Intensely

Regolare/Regolarmente - Regular/Regularly

Chiaro/Chiaramente - Clear/Clearly

Discreto/Discretamente - Discreet/Discreetly

Sincero/Sinceramente - Sincere/Sincerely

Semplice/Semplicemente - Simple/Simply

Onesto/Onestamente - Honest/Honestly

Leggero/Leggermente - Light/Lightly

Passivo/Passivamente - Passive/Passively

Attivo/Attivamente - Active/Actively

Forte/Fortemente - Strong/Strongly

Deciso/Decisamente - Decisive/Decisively

Franco/Francamente - Frank/Frankly

The pronoun 'ne'

This is something that has nothing similar in English, but it's very important and very common in Italian. It refers to a quantity of something. For example:

Hai delle monete? No, non ne ho.

Have you got any coins/change? No I don't have any (of that thing).

Tuo figlio ha 18 anni? No, ne ha 19.

Is your son 18 years old? No, he is 19.

Avete dei panini? No, non ne abbiamo .

Have you got any paninis? No, we haven't got any.

Abbiamo ancora dei biglietti? Sì, ne abbiamo ancora 4.

Do we still have tickets? Yes, we have 4.

Parla spesso del suo lavoro? Sì, ne parla continuamente.

Does she talk often about her job? Yes, she talks about it all the time.

Andare - To go

This verb is usually followed by a place:

Andare a lavoro - Go to work

Andare al supermercato - Go to the supermarket

Andare dal dottore - Go to the doctor

And a means of transport

Vado a scuola in macchina - I go to school by car

Vado in vacanza in aereo - I go on holidays by plane

Vado a trovare mia nonna in treno - I go to see my grandma by train

Mia sorella va a fare shopping in bicicletta - My sister goes shopping by bike

Exceptions:

A piedi - On foot

A cavallo - By horse

Situations (space and time)

Il viaggio dura **circa** dieci ore - The journey is about ten hours long

La reception è aperta **dalle** nove **alle** 18 - The reception is open from nine am to six pm

In Italia i negozi sono aperti fino alle 20 - In Italy shops are open until eight pm

Sto camminando **verso** la stazione - I'm walking towards the station

Solitamente ceniamo **verso** le 20 - We usually have dinner around eight

Il museo si trova **tra** la chiesa e l'hotel - The museum is between the church and the hotel

Sono indecisa **fra** due lavori - I'm undecided between two jobs

Il cantante era **in mezzo** alla strada - The singer was in the middle of the street.

I biglietti saranno disponibili **a partire dal** 3 agosto - Tickets will be available starting on the third of August

Please note: Tra and Fra are synonyms and totally interchangeable

Reflexives and reciprocity

Let's take a reflexive verb in Italian, Ricordare = Remember:

Mi ricordo - I remember

Ti ricordi - You remember

Si ricorda - He/She remembers

Ci ricordiamo - We remember

Vi ricordate - You remember

Si ricordano - They remember

Ti ricordi del viaggio in Spagna? - Do you remember the trip to Spain?

Noi **ci conosciamo** molto bene - We know each other very well

Allo spettacolo **ci siamo divertiti** molto - At the show we enjoyed ourselves a lot

Tua madre **si sbagliava**; la vera pizza viene fatta a Napoli - You mom was wrong; real pizza is made in Naples

Domani dobbiamo **svegliarci** presto per lasciare la camera - Tomorrow we have to wake up early to leave the room

Nella mia famiglia **ci aiutiamo l'un l'altro** - In my family we help each other

How to refer to time/negatives

Sempre - Always

Leggo sempre il giornale la domenica - I always read the newspaper on Sunday

Spesso - Often

Spesso prenoto il ristorante in anticipo - I often book the restaurant in advance

Raramente - Rarely

Dimentico raramente le cose importanti - I rarely forget about important things

Mai - Never

Non ho mai detto una cosa del genere - I have never said something like that

Ancora - Yet

Non ho ancora avuto una risposta - I did not get an answer yet

Non più - Not anymore

Non siamo più interessati a questo tour - We are not interested in this tour anymore

Nè... Nè... - Neither... Nor

Marco non è nè bello nè intelligente - Marco is neither beautiful nor intelligent

Senza - Without

Non è possibile entrare senza prenotazione - You cannot get in without a reservation

The spaces

Names of cities generally don't need an article:

Parigi - Paris

Berlino - Berlin

Londra - London

Exceptions: Il Cairo - Cairo, L'Havana - Havana

Countries and continents generally have an article:

La Francia - France

Il Giappone - Japan

Gli Stati Uniti - United States

L'Africa - Africa

Exception

: Cipro, Haiti, Israele, Cuba - Cyprus, Haiti, Israel, Cuba

Generally speaking, as per the standard rule in Italian, if a country ends with a –o, it's masculine. If it ends in –a, it's feminine.

When indicating to the place you want to go to, you should bear in mind that you have to use:

- a when referring to a city

- in when referring to a country, region or continent

Here a few examples:

Vado a Roma - I'm going to Rome

Stiamo organizzando un viaggio in Toscana - We are planning to travel to Tuscany

Il mio amico Roberto si è trasferito in Messico - My friend Roberto moved to Mexico

To have

This verb is very important in Italian and it's used in many situations.

Io ho - I have

Tu hai - You have

Egli/Lei ha - He/She has

Lei ha - She has

Noi abbiamo - We have

Voi avete - You have

Loro hanno - They have

Noi abbiamo una macchina - We have a car

Tu hai 18 anni - You are 18 years old

Io ho freddo - I'm cold

Alphabet and single letters pronunciation

The Italian alphabet has 21 letters. It does not include J, K, W, X, Z – these are only used when 'importing' foreign words. Here is the full list and how to pronounce it:

A [Ah]

B [Bee]

C [Chee]

D [Dee]

E [Ay]

F [Effay]

G [Gee]

H [Ahkka]

I [Ee]

L [Ellay]

M [Emmay]

N [Ennay]

O [Oh]

P [Pee]

Q [Koo]

R [Erray]

S [Essay]

T [Tee]

U [Oo]

V [Vee]

W [Dohpeeahvoo]

X [Eeks]

Y [Eepseelohn]

Z [Zayta]

Combinations pronunciation

CH [K]

GH ['G' like in word 'goal']

GN [Ny]

GLI ['lli' like in word 'million']

GU [Ghoo]

QU [Koo]

SCA [Ska] SCO [Sko]

SCU [Skoo]

SCH [Sk]

SCI [Shee]

SCE [Sha]

Greetings

Talking about starting off well, or as Italians say, 'with the right foot', let's find out more about the greetings.

Although 'Ciao' is a very well known way to say hello, bear in mind that it's rather informal and you should only use it with people that you know well or, as mentioned before, that are younger than you. Let's have a look at the other options:

Buongiorno - Good morning

Salve - Hi (more formal)

Buon pomeriggio - Good afternoon

Buonasera - Good evening

Buon appetito - Enjoy your food

Buona giornata - Have a good day

Arrivederci - Goodbye

A presto - See you soon

Alla prossima - See you next time

A domani - See you tomorrow

Cultural note: Although in English it's pretty standard to add something like, 'how are you?' or 'are you ok?', after greeting someone, this is not the case in Italian – except for people that you know. You would hardly be asked anything like that by a waiter, a shop assistant and so on. Also, you might want to get prepared to NOT hear sorry, thanks and please as often as in English. Don't take it personally or as rudeness – these words are just not as interspersed in the Italian language as they are in English, but you will certainly feel people's warmth and politeness expressed in a different way. Instead, get prepared for lots of smiles and friendly chats.

Holiday Greetings

Buon Natale!/Merry Christmas!

Buona Pasqua!/Happy Easter!

Buon Natale e Felice Anno Nuovo!/Merry Christmas and a Happy New Year!

Buon Anno Nuovo!/Happy New Year!

Buone vacanze!/Happy holidays!

Buone feste!/Happy holidays!

I miei più cari auguri!/My dearest wishes!

Auguri a te e famiglia!/Best wishes to you and to your family!

Public holidays

January 1

Capodanno - New Year's Day

January 6

Epifania - Epiphany

A Sunday on March or April

Pasqua – Easter

The Monday after

Pasquetta, Lunedì dell'Angelo - Easter Monday

April 25

Anniversario della Liberazione - Liberation Day

May 1

Festa del Lavoro - Labor Day

June 2

Festa della Repubblica Italiana - Anniversary of the Founding of the Italian Republic

August 15

Ferragosto - Assumption Day

November 1

Ognissanti - All Saints

December 8

Immacolata Concezione - Immaculate Conception

December 25

Natale – Christmas

December 26

Santo Stefano - Saint Stephen's Day, Boxing day

In addition to these national holidays, every city – even the smallest village – has its own patron. The day of the calendar that corresponds to the saint becomes a day of celebration.

Please note: unlike other countries, in Italy, there is no such a thing as a 'make up day' in case a bank holiday falls on a festive day. If it does, the bank holiday is basically lost.

Introducing each other and initial conversation

Salve, mi chiamo Gabriella e sono italiana/Hi, my name is Gabriella and I'm Italian

Mi scusi, non parlo italiano molto bene/Sorry, but I don't speak Italian very well

Può ripetere gentilmente?/Can you repeat please?

Non capisco/I don't understand

Lo può scrivere per favore?/Can you write it down please?

Me lo può indicare sulla mappa?/Can you mark it on the map please?

Come va?/How are you?

Bene, grazie. Lei?/I'm good thanks. How about you?

Anche io/Me too

Non sto molto bene/I'm not very well

Sto male/I'm bad

Mi ha fatto piacere conoscerla/It was nice to meet you

Grazie/Thanks

Grazie mille/Thank you very much

Prego/You are welcome

Per favore/Please

Mi dispiace/I'm sorry

Come posso aiutarla?/How can I help?

Avrei bisogno di…mi può aiutare/I would need… can you help me?

Sì/Yes

No/No

Forse/Maybe

Può darsi/Maybe

Non lo so/I'm not sure

Penso di no/I don't think so

Certo/Of course

Mi scusi per il disturbo/Sorry to bother you

Non mi disturba affatto/Not at all

Le dispiace…?/Would you mind…?

Likes, dislikes, feelings

Ti piace?/Do you like it?

Mi piace/I like it

Non mi piace/I don't like it

Va bene?/Is it ok?

Va bene/It's ok

Non va bene/It's not ok

Che cosa ne pensi?/What do you think about it?

Come lo trovi?/How do you find it?

Penso che sia molto bello!/I think it's very nice!

Penso che sia brutto/I think it's ugly

Non lo trovo entusiasmante/I do not find it exciting.

Lo trovo fantastico!/I find it fantastic!

È una buona idea!/It's a good idea!

Non vedo l'ora!/I'm looking forward to it! or I can't wait!

Non sopporto…I cannot stand…

Non sopporto aspettare a lungo/I cannot stand waiting for a long time.

Cosa ti piace fare?/What do you like to do?

Cosa ti piace fare nel tuo tempo libero?/What do you like to do in your spare time?

Mi piace…/I like…

Non mi piace…/I don't like…

Mi piace fare passeggiate in montagna/I like walking in the mountains

Non mi piace guardare la televisione/I don't like watching television

Nel mio tempo libero mi piace leggere/In my spare time I like reading

Nel mio tempo libero mi piace andare in palestra/In my spare time I like going to the gym

Amo…/I love…

Amo ballare/I love dancing

Odio… /I hate…

Odio giocare a tennis/I hate playing tennis

Qual è il tuo film preferito?/What's your favourite movie?

Qual è la tua canzone preferita?/What's your favourite song?

Il mio film preferito è *La Dolce Vita*/My favourite movie is *La Dolce Vita*

La mia canzone preferita è "Con Te Partirò"/My favourite song is "Con Te Partirò"

Cosa mi racconti di nuovo?/What's new?

Che mi racconti?/What's up?

People and professions

Signore/Signora/Signorina - Sir/Madame/Miss

Ragazzo/Ragazza - Boy/Girl

Bambino/Bambina - Little boy/Little girl

Uomo/Donna - Man/Woman

Dottore/Dottoressa - Doctor

Cameriere/Cameriera - Waiter/Waitress

Responsabile - Manager

Autista - Driver

Tassista - Taxi driver

Addetto alla reception - Receptionist

Turista - Tourist

Commesso/Commessa - Shop assistant

Religion

Sei religioso?/Are you religious?

No, sono ateo/No, I'm an atheist

No, sono agnostico/No, I'm agnostic

Di che religione sei?/What religion are you?

Credi in qualcosa?/Do you believe in something?

In che cosa credi?/What do you believe in?

Credi in Dio?/Do you believe in God?

Credo in Dio/I believe in God

Non credo in Dio/I don't believe in God

Cristiano/Christian

Musulmano/Muslim

Buddista/Buddhist

Protestante/Protestant

Cattolico/Catholic

Ebreo/Jewish

Chiesa/Church

Moschea/Mosque

Sinagoga/Synagogue

Tempio/Temple

Family relationships

La mia famiglia - My family

Membri della famiglia - Members of my family

Madre/Padre - Mother/Father

Mamma/Papà - Mum/Dad

Fratello/Sorella - Brother/Sister

Figlio/Figlia - Son/Daughter

Zio/Zia - Aunt/Uncle

Cugino/Cugina - Cousin

Suocero/Suocera - Father-in-law/Mother-in-law

Genero/Nuora - Son-in-law/Daughter-in-law

Nonno/Nonna
Grandfather/Grandmother

Bisnonno/Bisnonna - Great-grandfather/Great-grandmother

Nipote - Grandson/Granddaughter/Nephew/Niece (there is no difference in Italian, the same word is used for all of them)

Marito/Moglie - Husband/Wife

Coniuge - Spouse

Fidanzato/Fidanzata - **Fiancé**/Boyfriend/Girlfriend (the word 'fidanzato' in common use can refer to all of the options provided)

Parenti - Relatives

Genitori - Parents (The similarity between 'parenti' and 'parents' is misleading; it's a case of a false friend, as we will see in another specific section.

Vedovo/Vedova - Widower/Widow

Separato/Separata - Separated

Divorziato/Divorziata - Divorced

Matrigna/Patrigno - Stepmother/Stepfather

Figliastro/Figliastra - Stepson/Stepdaughter

Fratellastro/Sorellastra - Stepbrother/Stepsister

Neonato/Neonata - Baby

Matrimonio - Marriage

Nozze - Wedding

Sposare qualcuno - Marry somebody

I miei genitori si sono sposati quando mio padre aveva 29 anni e mia madre 25 - When my parents got married my father was 29 and my mother was 25

Uscire con qualcuno/Frequentare qualcuno - Go out with somebody

I miei genitori sono usciti insieme per due anni prima di sposarsi - My parents have been going out for two years before getting married.

Sto frequentando un ragazzo ma mia madre pensa che sia troppo grande per me - I'm seeing/going out with a guy but my mother thinks he is too old for me.

Fidanzarsi - Get engaged

Sposo/Sposa - Groom/Bride

Luna di miele - Honeymoon

Nationalities

Italiano - Italian

Inglese - English

Irlandese - Irish

Scozzese - Scottish

Gallese - Welsh

Francese - French

Tedesco - German

Spagnolo - Spanish

Polacco - Dutch

Portoghese - Portuguese

Svizzero - Swiss

Turco - Turkish

Greco - Greek

Belga - Belgian

Olandese - Dutch

Rumeno - Romanian

Svedese - Swedish

Norvegese - Norwegian

Danese - Danish

Croato - Croatian

Cinese - Chinese

Giapponese - Japanese

Americano - American (Please note that 'Americano' is commonly used to refer specifically to people from the US)

Sudamericano - South American

Asiatico - Asian

Countries

Italia - Italy

Inghilterra - England

Irlanda - Ireland

Scozia - Scotland

Galles - Wales

Regno Unito - United Kingdom

Francia - France

Germania - Germany

Spagna - Spain

Polonia - Poland

Portogallo - Portugual

Svizzera - Switzerland

Turchia - Turkey

Grecia - Greece

Belgio - Belgium

Olanda - The Netherlands

Romania - Romania

Svezia - Sweden

Norvegia - Norway

Danimarca - Denmark

Croazia - Croatia

Cina - China

Giappone - Japan

Continents

Europa - Europe

America - America

Asia - Asia

Oceania - Oceania

Africa – Africa

Materials

Carta - Paper

Vetro - Glass

Plastica - Plastic

Ferro - Iron

Acciaio - Steel

Latta - Can

Legno - Wood

Argento - Silver

Oro - Gold

Rame - Copper

Sports

Io pratico…/I practice…

Il mio sport preferito è…/My favourite sport is…

Vorrei praticare…/I'd like to practice…

Arti marziali/Martial arts

Atletica/Athletics

Automobilismo/Motoring

Biliardo/Pool

Bocce/Bowls

Bowling/Bowling

Caccia/Hunting

Pesca/Fishing

Calcio/Football

Canoa/Canoe

Ciclismo/Cycling

Corsa/Running

Cricket/Cricket

Danza/Dance

Danza classica/Ballet

Equitazione/Horse riding

Ginnastica/Gymnastics

Lotta/Battle

Motociclismo/Motorcycling

Nuoto/Swimming

Pallanuoto/Waterpolo

Pallacanestro/Basketball

Pallavolo/Volleyball

Pattinaggio/Skating

Pattinaggio sul ghiaccio/Ice-skating

Rugby/Rugby

Sci/Skiing

Snowboard/Snowboarding

Tennis/Tennis

Geography

Nord - North

Sud - South

Ovest - West

Est - East

Montagna - Mountain

Collina - Hill

Pianura - Plain

Mare - Sea

Spiaggia - Beach

Campagna - Countryside

Paese - Town

Città - City

Nazione - Nation

Regione - Region

Comune – Municipality

Regions and cities

Italy has 20 regions:

Abruzzo/Abruzzo

Basilicata/Basilicata

Calabria/Calabria

Campania/Campania

Emilia-Romagna/Emilia-Romagna

Friuli-Venezia Giulia/Friuli-Venezia Giulia

Lazio/Lazio

Liguria/Liguria

Lombardia/Lombardy

Marche/Marche

Molise/Molise

Piemonte/Piedmont

Puglia/Apulia

Sardegna/Sardinia

Sicilia/Sicily

Toscana/Tuscany

Trentino-Alto Adige/Trentino-South Tyrol

Umbria/Umbria

Valle d'Aosta/Aosta Valley

Veneto/Veneto

Major cities in Italy are:

Bari/Bari

Bergamo/Bergamo

Bologna/Bologna

Bolzano/Bolzano

Brescia/Brescia

Cagliari/Cagliari

Catania/Catania

Ferrara/Ferrara

Firenze/Florence

Foggia/Foggia

Genova/Genoa

Latina/Latina

Lecce/Lecce

Livorno/Livorno

Messina/Messina

Milano/Milan

Modena/Modena

Monza/Monza

Napoli/Naples

Padova/Padua

Palermo/Palermo

Parma/Parma

Perugia/Perugia

Pescara/Pescara

Prato/Prato

Ravenna/Ravenna

Reggio Calabria/Reggio Calabria

Reggio Emilia/Reggio Emilia

Rimini/Rimini

Roma/Rome

Salerno/Salerno

Sassari/Sassari

Siracusa/Syracuse

Taranto/Taranto

Torino/Turin

Trento/Trento

Trieste/Trieste

Venezia/Venice

Verona/Verona

Colors

Bianco - White

Nero - Black

Grigio - Gray

Viola - Purple

Arancione - Orange

Rosso - Red

Verde - Green

Giallo - Yellow

Blu - Blue

Marrone - Brown

Rosa - Pink

Azzurro - Light blue

Avorio - Ivory

Argento - Silver

Oro – Gold

Talking about politics and actuality

Assessore/Councilor

Campagna elettorale/Political campaign

Coalizione/Coalition

Deputato/Deputy

Elezioni/Elections

Governo/Government

Legge/Law

Ministro/Minister

Parlamento/Parliament

Partito/Party

Referendum/Referendum

Sciopero/Strike

Sindaco/Mayor

Tessera elettorale/Electoral card

Hai sentito che cosa è successo?/Did you hear what happened?

Cosa ne pensi?/What's your opinion about it?

Che c'è di nuovo oggi?/What's new today?

Che cosa è successo?/What happened?

Penso che quello che è successo sia brutto/I think that what happened is bad

Penso che quello che è successo sia buono/I think that what happened is good

Alluvione/Flood

Ambiente/Environment

Uragano/Hurricane

Terremoto/Earthquake

Maremoto/Seaquake

Eruzione vulcanica/Volcanic eruption

Incendio/Fire

Incidente aereo/Air crash

Incidente ferroviario/Rail crash

Articolo/Article

Attualità/Current affairs

Economia/Economy

Condanna/Conviction

Sentenza/Verdict

Appello/Appeal

Consumo/Consumption

Giornale/Newspaper

Guerra/War

In diretta/Live

Notizie/News

Telegiornale/Newscast

Prima pagina/Front page

Questione/Issue

Quotidiano/Daily newspaper

Recensione/Review

Rubrica/Column

Titolo/Headline

Useful words that 'qualify'

Grande/Piccolo - Big/Small

Bello/Brutto - Beautiful/Ugly

Buono/Cattivo - Good/Bad

Alto/Basso - Tall (or high)/Short

Vicino/Lontano - Close/Far

Please note that, in Italian, the adjective follows the noun, as it qualifies it. Whereas in English, it preceedes it.

So, for example, a green light in Italian would read as 'light green' (luce verde, a light *that is* green), a little baby would be a 'baby *that is* little' (bambino piccolo) and a red hat, after all, it's nothing but 'a hat *that is* red'. Remember this little trick and change the order of the words as it will make life much easier and your communication much more efficient.

That said, all other modifiers – demonstrative, interrogative, possessive, and indefinite pronouns and numbers – preceed the noun.

Abbiamo visto un film interessante - We watched an interesting movie

Vorrei comprare questa cartolina - I would like to buy this postcard

I tuoi libri sono nella libreria - Your books are on the shelf

Perché hai comprato pochi libri? - Why did you buy so few books?

Quale macchina hai noleggiato? - Which car did you rent?

È la terza volta che dimentico di prenotare - This is the third time I forget to book

Comparative and superlative forms

Più XX di…/Meno XX di… - More XX than…/Less XX than…

Uguale a…/Same as…

Rispetto a…/Compared to…

Giorgio ha più monete di Aldo - Giorgio has more coins than Aldo

Marco ha meno valigie di Roberta - Marco has fewer luggages than Roberta

Giovanni è più agile di Elena - Giovanni is more agile than Elena

Cristina è meno creativa di Eleonora - Cristina is less creative than Eleonora

La maglietta di Laura è uguale a quella di Federica - Laura's T-shirt is the same as Federica's

Luca è più intelligente rispetto agli altri bambini - Luca is more intelligent compared to the other children.

Superlatives in Italian are relatively easy to remember and there are not many exceptions (for once!), or at least for the purposes of this book.

Superlative adjectives indicate an exceptional or extraordinary quality. The superlative degree may be ASSOLUTO (absolute) or RELATIVO (relative).

It's assoluto when it offers no comparison with other people, things or qualities.

It is formed in a few different ways:

    11. the most common is by adding the ending -**issimo** to the adjective (the masculine/feminine and singular plural formation rules apply).

Here is an example:

Bello (singular masculine)

Bell**issimo** (singular masculine- superlative form)

Bella (singular feminine)

Bell**issima** (singular feminine - superlative form)

Belli (plural masculine)

Bell**issimi** (plural masculine - superlative form)

Belle (plural feminine)

Bell**issime** (plural feminine - superlative form)

    12. adding an adverb before the noun

    13. as **molto, assai, estremamente, straordinariamente, enormemente, incredibilmente.**

UNA PERSONA **molto** *INTERESSANTE*

a very interesting person

UNA GIORNATA **assai** *MOVIMENTATA*

a very eventful day

UN FILM **estremamente** *REALISTICO*

an extremely realistic film

OGGI SONO **INCREDIBILMENTE** *STANCO*

TODAY I'M INCREDIBLY TIRED

14. adding prefixes such as **arci**, **extra**, **iper**, **sovra**, **stra**, **super**, or **ultra**:

un'opera **arci**notaa very well-known work

un hotel **extra**lussoextra-luxury hotel

un insegnante **iper**critico

a hypercritical teacher

uno sforzo **sovr**umano

a superhuman effort

un uomo **stra**riccoan extremely rich man

un motore **super**potente

a super-powerful engine

un politico **ultra**conservatore

an ultra-conservative politician

Cardinal numbers

0 - Zero [Dze-ro]

1 - Uno [Oono]

2 - Due [Doo-ay]

3 - Tre [Tray]

4 - Quattro [Kwa-tro]

5 - Cinque [Cheen-kway]

6 - Sei [Say]

7 - Sette [Set-tay]

8 - Otto [Ot-to]

9 - Nove [No-vay]

10 - Dieci [Dee-ay-chee]

11 - Undici [Oon-dee-chee]

12 - Dodici [Do-dee-chee]

13 - Tredici [Tray-dee-chee]

14 - Quattordici [Kwat-tor-dee-chee]

15 - Quindici [Qwen-dee-chee]

16 - Sedici [Say-dee-chee]

17 - Diciassette [Deechas-set-tay]

18 - Diciotto [Dee-chot-to]

19 - Diciannove [Dee-chan-novay]

20 - Venti [Ven-tee]

21 - Ventuno [Ven-too-no]

22 - Ventidue [Ven-tee-doo-ay]

23 - Ventitré [Ven-tee-tray]

24 - Ventiquattro [Ven-tee-kwat-tro]

25 - Venticinque [Ven-tee-cheen-kway]

26 - Ventisei [Ven-tee-say]

27 - Ventisette [Ven-tee-set-tay]

28 - Ventotto [Vent-otto]

29 - Ventinove [Vent-tee-no-vay]

30 - Trenta [Trayn-ta]

40 - Quaranta [Kwaran-ta]

50 - Cinquanta [Cheen-kwanta]

60 - Sessanta [Ses-santa]

70 - Settanta [Set-tanta]

80 - Ottanta [Ot-tanta]

90 - Novanta [No-vanta]

100 - Cento [Chen-to]

110 - Centodieci [Chen-to dee-ay-chee]

1000 - Mille [Meel-lay]

2000 - Duemila [Dooay-meela]

1.000.000 - Un milione [Oon meel-yo-nay]

1.000.000.000 - Un miliardo [Oon meel-yardo]

Ordinal numbers

1° - Primo [Pree-mo]

2° - Secondo [Say-kon-do]

3° - Terzo [Tayr-tzo]

4° - Quarto [Qwar-to]

5° - Quinto [Qween-to]

6° - Sesto [Say-sto]

7° - Settimo [Sayt-tee-mo]

8° - Ottavo [Ot-tavo]

9° - Nono [No-no]

10° - Decimo [Dee-chee-mo]

11° - Undicesimo [Oon-dee-chay-see-mo]

12° - Dodicesimo [Do-dee-chay-see-mo]

13° - Tredicesimo [Tray-dee-chay-see-mo]

14° - Quattordicesimo [Qwat-tordee-chay-see-mo]

15° - Quindicesimo [Qween-dee-chay-see-mo]

16° - Sedicesimo [Say-dee-chay-see-mo]

17° - Diciassettesimo [Dee-cha-sayt-tay-see-mo]

18° - Diciottesimo [Dee-chyot-tay-see-mo]

19° - Diciannovesimo [Dee-chyan-novay-see-mo]

20° - Ventesimo [Vayn-tay-see-mo]

21° - Ventunesimo [Ven-too-nay-see-mo]

22° - Ventiduesimo [Ven-tee-doo-ay-see-mo]

23° - Ventitreesimo [Ven-tee-tray-ay-see-mo]

24° - Ventiquattresimo [Ven-tee-kwat-tray-see-mo]

25° - Venticinquesimo [Ven-tee-cheen-kway-see-mo]

26° - Ventiseiesimo [Ven-tee-say-ay-see-mo]

27° - Ventisettesimo [Ven-tee-set-tay-see-mo]

28° - Ventottesimo [Vent-ot-tay-see-mo]

29° - Ventinovesimo [Vent-tee-no-vay-see-mo]

30° - Trentesimo [Trayn-tay-see-mo]

40° - Quarantesimo [Kwaran-tay-see-mo]

50° - Cinquantesimo [Cheen-kwan-tay-see-mo]

60° - Sessantesimo [Ses-santay-see-mo]

70° - Settantesimo [Set-tantay-see-mo]

80° - Ottantesimo [Ot-tantay-see-mo]

90° - Novantesimo [No-vantay-see-mo]

100° - Centesimo [Chen-tay-see-mo]

110° - Centodecimo [Chen-to dee-chee-mo]

1000° - Millesimo [Meel-lay-see-mo]

2000° - Duemillesimo [Dooay-mee-lay-see-mo]

1.000.000° - Un milionesimo [Oon meel-yo-nay-see-mo]

1.000.000.000° - Un miliardesimo [Oon meel-yar-day-see-mo]

Time, Date and other things

Generally speaking, Italian uses the 24 hour format to refer to time, although more common use suggests that adding 'in the morning' or 'in the afternoon' after the hour is used together with the corresponding hour number. That said, this is only used if the reference to am or pm is not clear from the sentence. Most of the time it is implied, and therefore, there is no need to add anything.

Here are some examples and exceptions to learn:

Mi scusi, che ora è? - Excuse me, what time is it?

È l'una - it's one o' clock (one pm)

È l'una di notte - it's one o' clock (one am)

È mezzogiorno - It's midday

È mezzanotte - It's midnight

Please note: 'è' (it's) is used as singular in the cases above, but when referring to the hours, we use the plural 'sono le'. For example:

Sono le due, le tre, le quattro - It's two, three, four, etc.

And the minutes…

Sono le due e dieci - It's ten past two

Sono le sette meno venti - It's twenty to seven

Sono le nove e mezza - It's half past nine

Sono le cinque e un quarto - It's a quarter past five

Sono le cinque meno un quarto - It's a quarter to five

A che ora passa l'autobus? - What time does the bus arrive?

Tra due minuti - In two minutes

Please note: 45 minutes in Italian is 'tre quarti d'ora' (three quarters of an hour) and 30 minutes is 'mezz'ora' half an hour. In these cases, we don't use the number of the minutes.

The format used for the date is dd/mm/yyyy, even when spelled out dates are always referred to by cardinal numbers, unlike the English that uses the ordinal ones (31st, 2nd, 4th). In Italian, it's the 'thirtyone' of October, not the 'thirtyfirst'). Only number one allows for both options.

Here are a few examples:

41. Oggi è il 31 ottobre - Today is the 'thirtyone' of October
42. Il mio compleanno è il primo febbraio - My birthday is on the 1st of February
43. Il mio compleanno è l'uno febbraio - My birthday is on the 'one' of February

Other ways to refer to time and how to make an appointment

Parts of the day

Mattina - Morning

Pomeriggio - Afternoon

Sera - Evening

Notte - Night

Oggi - Today

Domani - Tomorrow

Dopodomani - The day after tomorrow

Questa settimana - This week

La prossima settimana - Next week

Il mese prossimo - Next month

Days of the week and months

These are never capitalised in Italian as part of a sentence

Lunedì - Monday

Martedì - Tuesday

Mercoledì - Wednesday

Giovedì - Thursday

Venerdì - Friday

Sabato - Saturday

Domenica - Sunday

Gennaio - January

Febbraio - February

Marzo - March

Aprile - April

Maggio - May

Giugno - June

Luglio - July

Agosto - August

Settembre - September

Ottobre - October

Novembre - November

Dicembre - December

Seasons

Primavera - Spring

Estate - Summer

Autunno - Autumn

Inverno - Winter

W questions and more

Chi? - Who?

Cosa? - What?

Quando? - When?

Dove? - Where?

Perché? - Why?

Come? - How?

Quanto? - How much?

How to make an appointment (when)

Quando ci vediamo? - When are we meeting?

A che ora ci vediamo? - What time are we meeting?

Che giorno ci vediamo? - What day are we meeting?

Ci vediamo venerdì - I will see you on Friday

Ci vediamo alle sei - I will see you at six

Ci vediamo tra mezz'ora - I will see you in half an hour

Ci vediamo dopo pranzo - I will see you after lunch

Ti telefono la prossima settimana - I will call you next week

Ti faccio sapere domani - I will let you know tomorrow

Sei libero domenica? - Are you free on Sunday?

How to make an appointment (where)

Dove ci vediamo? - Where are we meeting?

Vediamoci…/Let's meet…

In hotel - At the hotel

A casa mia - At my place

Alla stazione - At the station

All'aeroporto - At the airport

Al ristorante - At the restaurant

Al pub - At the pub

Al parco - At the park

Al museo - At the museum

Al centro città - In the city center

A teatro - At the theatre

Allo stadio - At the stadium

Space (Places) and directions

Dove si trova l'hotel? - Where is the hotel?

Vicino a - Close to the…

Nei pressi di - By the…

Davanti a - In front of…

Dietro a - Behind the…

Di fronte a - Opposite the…

Accanto a - Next to the…

A destra - To the right

A sinistra - To the left

Al centro - In the middle

All'angolo - At the corner

All'indirizzo - At this address

Space (Objects)

Dov'è il biglietto? - Where is the ticket?

Davanti al televisore - In front of the TV

Dietro il vaso - Behind the vase

Sopra il divano - On the sofa

Sotto il tavolo - Under the table

Accanto al telefono - Next to the phone

Dentro la borsa - In the bag

Nella valigia - In the suitcase

Moving around

Remember to look left when crossing the street, drive on the right, and be careful before you get used to it.

Strada - Street

Motostrada - Motorway

Angolo - Corner

Strada parallela a… - Street parallel to…

Strada perpendicolare a… - Street perpendicular to…

Incrocio - Junction

Semaforo - Traffic light

Marciapiede - Sidewalk

Fermata dell'autobus - Bus stop

Codice della strada - Traffic code

Strisce pedonali - Pedestrian crossings

Segnaletica stradale - Road signs

Lavori stradali - Road works

Divieto di accesso - No entry

Limite di velocità - Speed limit

Stazione di servizio - Filling station

Benzina senza piombo - Unleaded petrol

Motore a benzina - Petrol engine

Motore diesel - Diesel engine

Transports

Automobile - Car

Treno - Train

Autobus - Bus

Metropolitana - Tube

Tram - Tram

Taxi - Taxi

Aereo - Airplane

Bicicletta - Bike

Battello - Boat

Binario - Platform

Corsia - Lane

Fermata - Stop

Entrata - Entry

Uscita - Exit

Arrivi - Arrivals

Partenze - Departures

Biglietteria - Ticket office

Biglietto giornaliero - Daily ticket

Biglietto settimanale - Weekly ticket

Fila - Queue

Posti a sedere - Seats

Moto – Motorbike

Guasto all'automobile – Car fault

The weather

Che tempo fa oggi? - What is the weather like today?

Fa caldo - It's hot

Fa freddo - It's cold

C'è vento - It's windy

C'è nebbia - It's foggy

È una bella giornata - It's a beautiful day

È una brutta giornata - It's a poor day

È nuvoloso - It's cloudy

È umido - It's humid

Sta piovendo - It's raining

Sta nevicando - It's snowing

C'è un temporale - There is a thunderstorm

Che temperatura c'è? - What is the temperature?

Forse ci serve una giacca - We might need a jacket

Forse ci serve un ombrello - We might need an umbrella

Cosa prevede il meteo per domani? - What is the forecast for tomorrow?

Places and buildings

Aeroporto - Airport

Come posso raggiungere l'aeroporto? - How can I get to the airport?

Quanto dista l'aeroporto da qui? - How far is the airport from here?

Dove posso noleggiare una macchina? - Where can I rent a car?

A che ora chiude il check in? - At what time does the check-in close?

A che ora inizia l'imbarco? - At what time does the boarding start?

C'è un bus per l'aeroporto? - Is there a bus for the airport?

Qual è il mio gate? - What is my gate?

Il volo è diretto? - Is it a direct flight?

Dov'è il gate numero 5? - Where is gate number five?

Mi fa vedere il passaporto? - Can I see your passport?

Mi fa vedere la carta d'imbarco? - Can I see your boarding pass?

Dov'è la mia valigia? - Where is my luggage?

Non trovo la mia valigia - I can't find my luggage

Stazione - Station

Dove posso comprare i biglietti per...? - Where can I get tickets to...?

Da quale binario parte il treno? - Which platform is my train departing from?

Ci sono posti assegnati? - Are there any allocated seats?

Posso comprare da mangiare e da bere a bordo? - Can I buy food and drinks on board?

Dove posso comprare il biglietto di ritorno? - Where can I buy the return ticket?

Vorrei un biglietto di sola andata - I would like a one way ticket

Vorrei un biglietto di andata e ritorno - I would like a return ticket

Quanto costa? - How much is it?

Posso pagare con la carta? - Can I pay by card?

Museo - Museum

A che ora apre/chiude il museo? - At what time does the museum open/close?

Sono previsti sconti per studenti? - Do you have any discounts for students?

Sono previsti sconti in base all'età? - Are there any discounts based on age?

L'entrata è gratis per i bambini? - Is it free access for kids?

Posso avere una guida? - Can I have a guide book?

Sono previsti tour guidati? - Are there any guided tours?

Mi interessa questa collezione, dove la trovo? - I'm interested in this collection, where do I find it?

È possibile scattare fotografie? - Can I take pictures?

C'è un guardaroba? - Is there a cloakroom?

C'è un deposito bagagli? - Is there a luggage storage?

Stadio - Stadium

A che ora aprono le porte? - What time do the doors open?

Quali sono gli eventi dei prossimi giorni? - What's on in the next days?

Sono previsti concerti? - Are there any concerts scheduled?

Sono previsti eventi sportivi? - Are there any sport events scheduled?

Dove posso comprare i biglietti? - Where can I buy tickets?

Ci sono ancora biglietti disponibili? - Are there any tickets still available?

È possibile portare cibo e bevande dentro lo stadio? - Can I bring food or drinks inside the stadium?

Sono previsti degli eventi sportivi in questi giorni? - Are there any sports events scheduled over the next days?

Cinema - Cinema

Quali sono i film in programma? - What movies are scheduled for today?

Il film è sottotitolato? - Does the movie have subtitles?

Campeggio - Camping

Vorrei uno spazio per il camper - I want a square for the camper

Qual è il prezzo giornaliero? - How much is it per day?

Come funziona l'elettricità? - How does the electricity work?

Il lido è attrezzato? - Does the beach have any facilities?

Ombrellone e sedia a sdraio sono inclusi nel prezzo? – The sun umbrella and the deckchairs are included in the price?

Chiesa - Church

Qual è la chiesa più vicina? - What is the closest church?

A che ora è la messa? - At what time is the service?

Mostra - Exhibition

Che mostre ci sono al momento? - What are the exhibitions currently on?

Dove posso comprare i biglietti? - Where can I buy a ticket?

Devo prenotare in anticipo? - Do I have to book in advance?

Pittura - Painting

Scultura - Sculpture

Fotografia - Photography

Art - Arte

Artista - Artist

Discoteca - Disco

A che ora apre/chiude la discoteca? - What time does the disco open/close?

Quante piste da ballo ci sono? - How many dance floors are there?

Che tipo di musica c'è? - What type of music can I find?

Quanto costa l'entrata? - How much is the entry?

La prima consumazione è inclusa nel biglietto? - Is the first drink included in the price?

Qual è l'età minima per poter accedere? - What is the minimum age to access?

Getting around

Camminare - Walk

Andare a piedi - Go on foot

Passeggiare - Stroll

Fare shopping - Do some shopping

Correre - Run

Fare la spesa - Go food shopping

Ponte - Bridge

Castello - Castle

Parcheggio - Parking

Stazione di polizia - Police station

Girare a destra - Turning right

Girare a sinistra - Turning left

Andare diritto - Going straight ahead

Andare in quella direzione - Going that way

Andare indietro - Going back

Vicino - Near

Lontano - Far

Accommodation

Come faccio a raggiungere l'hotel? - How do I get to the hotel?

Quali sono gli orari di check in e check out? - What are the check-in and check-out times?

Che succede se arrivo in ritardo? - What happens if I'm late?

Qual è il numero della camera? - What is the number of my room?

A che piano si trova la mia stanza? - Which floor is my room at?

Posso avere una mappa della città? - Can I have a map of the city?

Dov'è l'ufficio informazioni turistiche più vicino? - What is the closest tourist information office?

Ho prenotato tramite internet - I have booked online

C'è una prenotazione a nome di...- There is a reservation under the name of...

Stanza singola - Single room

Stanza doppia - Double room

Stanza tripla - Triple room

Mezza pensione - Half board (this formula includes accomodation, breakfast and either lunch or dinner)

Pensione completa - Full board (this formula includes accommodation, breakfast, lunch and dinner)

Posso avere una stanza con letti separati? - Can I have a room with separate beds?

Posso avere una stanza in cui è consentito fumare? - Can I have a room where smoking is allowed?

Avete il deposito bagagli? - Do you have luggage storage?

È previsto il servizio in camera? - Is room service available?

Posso utilizzare la piscina? - Can I access the swimming pool?

Posso utilizzare la spa? - Can I access the spa?

La mia stanza non è stata pulita - My room hasn't been cleaned

L'aria condizionata non funziona - The air conditioning does not work

Posso avere degli asciugamani in più? - Can I have some extra towels?

Qual è la password del Wi-Fi? – What is the Wi-Fi password?

L'aria condizionata non funziona - The air conditioning is not working

Non c'è acqua calda - There is no hot water

Posso cambiare stanza? - Can I have another room?

Ha un adattatore per la corrente? - Have you got a spare travel adapter?

Ufficio postale - Post office

Ricevere/Spedire una lettera - Receive/Send a letter

Ricevere/Spedire un pacco - Receive/Send a parcel

Francobollo - Stamp

Cartolina - Postcard

Indirizzo - Address

CAP - Postcode

Banca - Bank

Euro - Euro

Dollaro - Dollar

Sterlina - Pound

Valuta - Currency

Tasso di cambio - Exchange rate

Prelevare denaro - Withdraw money

Trasferire denaro - Transfer money

Commissione – Fee

Sportello bancomat - ATM

Money and payments

Posso pagare in sterline/dollari? - Can I pay in dollars/pounds?

Posso pagare con carta di credito? - Can I pay by credit card?

Dove posso trovare uno sportello bancomat? - Where can I find an ATM?

Sono portatore di pacemaker, cosa faccio al controllo di sicurezza? – I have a pacemaker, how do I get through the security checks?

Vorrei prelevare 200 sterline - I would like to withdraw 200 pounds

Vorrei fare un bonifico bancario - I would like to do a bank transfer

Vorrei cambiare i miei soldi in… - I would like to change my money in

La carta di credito è bloccata nel bancomat - My credit card got stuck in the ATM

Ho dimenticato il PIN della carta - I forgot the PIN of my card

Ho perso la carta di credito, cosa devo fare? - I have lost my credit card, what should I do?

Mi hanno rubato la carta di credito - My credit card got stolen

Come faccio a denunciare lo smarrimento? - How can I report that I have lost it?

Come faccio a denunciare il furto? - How can I report that it was stolen?

Che documenti mi servono? - What documents do I need?

Carta d'identità - ID card

Patente di guida - Driving license

Passaporto - Passport

Shopping

Units of measurements

Italy uses the metric system. Here are some examples that you might find useful. Please note: this is the only system that is used and understood, referring to any other types of measurements would not make any sense to an Italian person and that might lead to misunderstanding.

Length - Millimeters, Centimeters, Meters, Kilometers

Weight - Grams, Kilograms

Volume - Milliliters, Liters

Shop names

Negozio di vestiti - Clothing store

Farmacia - Pharmacy

Agenzia di viaggi - Travel agency

Centro commerciale - Shopping center

Edicola - Newsagent

Ferramenta - Ironmongery

Fiorista - Florist

Fruttivendolo - Green grocer

Macellaio - Butcher

Pescivendolo - Fishmonger

Gelateria – Ice cream shop

Libreria - Bookshop

Palestra - Gym

Panificio - Bakery

Parrucchiere - Hairdresser

Barbiere - Barber

Supermercato - Supermarket

Tabaccheria - Tobacconist

Vineria - Winery

Pizzeria - Pizza place

Ristorante - Restaurant

Negozio di vestiti - Clothing store

Vestiti - Clothes

Maglietta - T-shirt

Camicia - Shirt

Pantalone - Trousers

Giacca - Jacket

Giubbotto - Coat

Sciarpa - Scarf

Cappello - Hat

Guanti - Gloves

Cintura - Belt

Cravatta - Tie

Felpa - Hoodie

Maglione - Jumper

Ciabatte – Flip-flops

Sconto - Discount

Promozione - Promotion

Offerta - Offer

Saldi - Sales

Scarpe - Shoes

Calze - Socks

Biancheria intima - Underwear

Camerino - Changing room

Posso provare questa camicia? - Can I try this shirt on?

Posso provare la taglia più grande? - Can I try the bigger size?

È un po' stretta - It's a bit tight

Posso provare la taglia più piccola? - Can I try the smaller size?

È un po' grande - It's a bit loose

La mia taglia di vestiti è - My clothes size is…

Il mio numero di scarpe è… - My shoe number is…

Salve, signora, come posso aiutarla? – Hello, madame, how can I help?

Ha bisogno d'aiuto? - Do you need any help at all?

No, grazie, sto solo dando un'occhiata – No, thanks, I'm just browsing

È troppo caro! - That's too expensive!

Mi fa uno sconto? - Can you give me a discount?

È un buon affare - It's a good deal.

Lo compro! - I'll take it!

Restituzione prodotto - Returning a product

Rimborso - Refund

Garanzia - Guarantee

Please note:

44. the most common discount applicable in Italy is '3 x 2'. You buy three products and you only pay for two. The 'buy one get one for free' is not that popular.
45. sizes in Italy are different to the ones used in the Anglo-Saxon culture. Please make sure that you check before buying anything.
46. most of the time, if you decide to return a product, there should be a specific reason for it (if it's faulty, it doesn't work, etc.). In other cases, for instance, if you simply change your mind, it's very unlikely that you can apply and get a refund. Big companies/chains could be more likely to do so but not the small/local sellers.

On the phone

C'è qualche offerta telefonica per turisti?/Is there any telephone offer for tourists?

Come faccio a chiamare un altro, paese?/How do I call another country?

Potrei avere una scheda SIM italiana, per favore?/May I have an Italian SIM card, please?

Qual è il tuo numero?/What's your number?

Il mio numero è…/My number is…

Vorrei fare una telefonata, per favore/I'd like to make a phone call, please

Potrei fare una chiamata, per favore?/May I make a call, please?

Voglio chiamare all'estero/I want to call abroad.

Quali sono le tariffe per chiamare all'estero?/What are the rates for calling abroad?

Chiamare costa … al minuto/Calling costs… per minute

Chiamare all'estero costa…al minuto/Calling abroad costs… per minute

Ricevere una chiamata dall'estero costa…al minuto/Receiving a call from abroad costs… per minute

Potrebbe prestarmi il telefono, per cortesia?/Could you lend me the phone, please?

C'è una cabina telefonica nelle vicinanze?/Is there a telephone box nearby?

Qual è il numero per chiamare…?/What's the phone number to call…?

Pronto!/Hello!

Chi parla?/Who is it?

Sono Elena./It's Elena speaking.

Posso parlare con qualcuno che parla inglese?/Can I talk to someone who speaks English?

Parla...?/Do you speak...?

Inglese/English

Francese/French

Tedesco/German

Spagnolo/Spanish

Italiano/Italian

Olandese/Dutch

Cinese/Chinese

Giapponese/Japanese

Pronto, vorrei parlare con Maria/Hello, I'd like to talk to Maria

Può mettermi in contatto con...?/May I speak with...?

Scusi, posso parlare con il direttore?/Excuse me, may I talk to the manager?

Posso lasciare un messaggio per Sandro?/May I leave a message for Sandro?

Può dire che ho chiamato?/Can you tell him/her that I called?

Mi scusi, ho sbagliato numero/Sorry, wrong number

È caduta la linea/I've been cut off

Resta in linea!/Hold the line!

Non ti sento, la linea è disturbata/I can't hear you, the line is bad

Richiamerò più tardi/I'll call again later

Richiamo domani/I'll call back tomorrow

Ti richiamo più tardi/I'll call you later

Scriverò un messaggio/I'll send a message instead

Lo contatterò per e-mail/I'll contact him via email instead

Qual è il tuo indirizzo e-mail?/What's your email address?

Come posso contattarti?/How can I contact you?

Attenda in linea, le risponderemo al più presto/Hold the line, we will be with you as soon as possible

Emergenze/Emergencies

In case of an emergency be sure that you have access to emergency numbers and services so you can get the right service promptly. You can call any of these number and the call is free of charge.

47. **118**: Ambulance

48. **115**: Fire-brigade

49. **113**: *Polizia* (Police)

50. **112**: *Carabinieri* (military police)

51. **117**: Finance Guard

52. **1500**: Call centre for health emergencies managed by the Department of Health which gives information to the population in case of health emergencies, notably information about SARS, flu syndromes, bioterrorist threats or information about the risk of excessively warm weather. The service is active only in some periods of the year.

53. **1515**: Woodland fire service, managed by the State Forestry Department

54. **1518**: Traffic and road conditions, managed by the Road Safety Information Co-ordinating Centre (**CCISS Viaggiare Informati**)

55. **530**: Blue number for sea emergencies, managed by the **Corps of the Port Captaincies – Coast Guard** (whose own number is: **800-090090**)

Please note:The functions of the *Carabinieri* and the *Polizia* in Italy are overlapping. The *Carabinieri* are a sort of local branch of military *Polizia*. They have the dual function of national defence and policing, and they have special powers and prerogatives.

Carabinieri offices are located in many villages across Italy, and they have a greater presence than *Polizia*. In fact, if you're driving in the country and are nearing a collection of villages, you'll see signs directing you to the village where the *Carabinieri* office is located with the emergency number printed below.

Not Free of charge numbers

25) **116**: A.C.I. (Italian Automobile Association) gives road assistance

21) **89 20 21 / 199-892021 / 199-303060:** Italian State Railways

Coloured telephone numbers

Some public-service telephone numbers are referred to by color. The color corresponds to the type of service provider to which they connect the caller.

83) Green numbers (*numeri verdi*): freephone/toll-free numbers start with **800** or **147** (from inside Italy only; may not be available from mobile phones)

84) Blue numbers (*numeri azzurri*): to report child abuse (ex.: **Telefono azzurro** *19696* Free line for children /**114** childhood emergency or paedo-pornography online/**116** missing children)

85) Pink numbers (*numeri rosa*): to report abuse of women (ex.: Telefono rosa: **1522**)

86) Violet numbers (*numeri viola*): to report any sort of abuse (ex.: Telefono viola)

87) Red numbers (*numeri rossi*): pregnancy/prenatal advice (ex.: Telefono rosso)

Phone directories

12 is the general National directory assistance telephone number.

If you need to find a number, dial **12** or use one of the following online directories (annuaires).

Pagine Bianche (White pages): for private phone numbers and addresses

Pronto.it for all Italian phone numbers and Italian postal codes

Pagine Gialle (Yellow pages): search for a company by products, services, brands or name

Premium numbers in Italy

There are many premium rate numbers associated with special services in Italy – and calls to these numbers can get extremely expensive if you don't know what you're doing. Most prefixes have a maximum price fixed by the Communication Authority, but lines with the prefixes 144, 166 and 899 (three of the most commonly-used numbers) can charge whatever they want – so be aware when calling them!

Some of the most common prefixes are:

144, 166: adult content numbers, which can be disabled

892, 894: overpriced services with specific charges

895, 899, 0088: satellite services

43: social information services

0878: polls run via telephone

44, 46: mass call services

47, 48, 49: entertainment services and sale product services

Other premium-rate services include directory enquiries, weather forecasts, and technical support services.

Diplomatic services also charge premium rates for calls from the general public.

Farmacia/Ospedale – Pharmacy/Hospital

Febbre - Fever

Raffreddore - Cold

Mal di gola - Sore throat

Mal di denti - Toothache

Prescrizione - Prescription

Pronto soccorso - Emergency department

Temperatura - Temperature

Termometro - Thermometer

Tosse - Cough

Sciroppo - Syrup

Ago - Needle

Fasciatura - Bandage

Taglio - Cut

Punti - Stitches

Operazione - Operation

Anestesia - Anaesthesia

Farmaco - Drug

Compressa - Tablet

Pillola - Pill

Gocce - Drops

Iniezione - Injection

Infezione - Infection

Irritazione - Irritation

Infiammazione - Inflammation

Vaccino - Vaccine

Insulina - Insuline

Diabete - Diabetes

Pressione sanguigna - Blood pressure

Analisi del sangue - Blood test

Donazione di sangue - Blood donation

Analisi delle urine - Urine test

Analisi mediche - Medical analysis

Termometro [Tayr-mo-may-tro] Thermometer

Trasfusione - Transfusion

Antibiotico - Antibiotic

Antisettico - Antiseptic

Aspirina -Aspirin

Lassativo – Laxative

Paracetamolo - Paracetamol

Penicillina - Penicillin

Pillola del giorno dopo - Morning after pill

Medico di base - GP

Cardiologo - Cardiologist

Fisioterapista - Physiotherapist

Chiropratico - Chiropractic

Osteopata - Osteopath

Ematologo - **Haematologist**

Dermatologo - Dermatologist

Ortopedico - Orthopedist

Dentista - Dentist

Pediatra - Paediatrician

Chirurgo - Surgeon

Ginecologo - **Gynaecologist**

Oculista - **Ophthalmologist**

Neurologo - Neurologist

Radiologo - Radiologist

Psicologo - Psychologist

Psichiatra - **Psychiatrist**

Farmacista - Pharmacist

Parti del corpo - Body parts

Corpo umano - Human body

Testa - Head

Capelli - Hair (this is plural in Italian – try to think as if it was my hairs are blond/e)

Fronte - Forehead

Naso - Nose

Orecchio - Ear

Occhio - Eye

Collo - Neck

Petto - Chest

Polso - Wrist

Mano - Hand

Dita delle mani/dei piedi - Fingers/Toes. *Italian uses the word 'dita' to refer to both fingers and toes. If not clear from the context, adding 'delle mani' or 'dei piedi' (of the hands or of the feet) can clarify what we are referring to*

Unghie delle mani/dei piedi - Fingernail/Toenail - *Same as above*

Ginocchio - Knee

Piede - Foot

Sopracciglio - Eyebrow

Bocca - Mouth

Lingua - Tongue

Denti - Teeth

Mento - Chin

Spalla - Shoulder

Gomito - Elbow

Braccio - Arm

Pancia - Tummy

Gamba - Leg

Caviglia - Ankle

Cuore - Heart

Fegato - Liver

Polmoni - Lungs

Stomaco - Stomach

Reni -Kidneys

Intestino - Intestin

Colonna vertebrale - Spine

Ossa - Bones

Muscoli - Muscles

Organi - Organs

Cervello - Brain

Midollo spinale - Spinal cord

Taste - Gusto

Sight - Vista

Touch - Tatto

Smell - Olfatto

Hearing - Udito

Ho bisogno di un medico - I need to see a doctor

Dov'è l'ospedale più vicino? - Where is the closest hospital?

È un'emergenza - It's an emergency

Ho bisogno di aiuto - I need help

Il mio gruppo sanguigno è… - My blood type is…

Mi fa male la testa - I have a headache

Mi fa male lo stomaco - I have a stomachache

Ho avuto una reazione allergica a… - I had an allergic reaction to

Mi sono tagliato - I have cut myself

Ho bevuto troppo - I have drunk too much

Seguo la terapia X con il farmaco Y…- I'm under treatment for X with the drug Y

Non ho mai avuto questi sintomi - I never had these symptoms before

Sono caduto dalle scale - I fell off the stairs

Sono incinta - I'm pregnant

Dolore - Pain

Prurito - Itch

Mi gira la testa - I feel dizzy

Mi sento debole - I feel weak

Nausea - Nausea

Diarrea - Diarrhea

Sono allergico al farmaco x - I'm allergic to drug x

Sono portatore di pacemaker - I have a pacemaker

Aiuto! - Help!

C'è stato un incidente. - There's been an accident.

Dov'è il bagno? - Where's the bathroom?

Chiamate un'ambulanza! - Call an ambulance!

Chiamate il pronto soccorso, per favore! - Call for first aid, please!

(For medical emergencies, Italy's equivalent of 911 is 118. So instead of screaming, "Call 911!" you say, "Chiama il centodiciotto!" (Call 118!)

Other emergencies

Chiamate la polizia! - Call the police!

Ladro! - Thief!

Sono stato assalito - I've been mugged

Ho perso il mio passaporto - I lost my passport

Mi sono perso - I'm lost

Dov'è l'ambasciata americana? - Where is the American embassy?

Ristorante - Restaurant

Sono intollerante al glutine/lattosio - I'm intolerant to gluten/lactose

Sono vegetariano/vegano – I'm vegetarian/vegan

Sono allergico a… - I'm allergic to…

Non posso mangiare… - I cannot eat…

C'è un menu speciale per celiaci? - Have you got a menu for celiacs?

C'è un menu speciale per vegetariani/vegani? - Have you got a menu for vegetarians/vegans?

Vorrei ordinare… - I would like to order

Dove si mangia bene? (Where is a good restaurant?)

Generally speaking, a restaurant near touristy areas is more expensive and less authentic. Follow the locals and see where they eat.

Quanti siete? - How many of you?

This is one of the first questions a member of the staff will ask you to find you the right table.

Avete una prenotazione? - Do you have a booking?

C'è un'attesa di dieci-minuti - There is a ten-minute wait.

Prego, accomodatevi. - Come on in, have a seat.

Once seated, the waiter could ask, "Cosa prepariamo?" (What do you want us to make?)

After getting your food, take your time and enjoy your meal. In Italy, there is no such thing as a specific time slot for a meal. Move from one dish to another without worrying too much.

Italians eat in this order:

'antipasto' (appetizers)

'primo' (main course - this is usually pasta or risotto)

'secondo' (second course - this is usually meat or fish),

'contorno' (side dish - usually vegetables),

'insalata'(salad),

'il dolce' (dessert),

'la frutta'(fruit),

'il caffè' (coffee),

'il digestivo' (post-meal digestif).

However, you don't have to follow this – mix and match as much as you want. Most of the time the waiter will bring a basket of bread over to you, even if you haven't ordered it. This is because there is no such thing as an Italian meal without bread (and most of the time it's included in the price – it comes with the package just like the chairs, table and air that you breathe).

Funnily enough, although the rest of the world thinks that garlic bread is a typical Italian dish, it is not! It is a false belief as garlic bread does not exist in Italy.

To order, you can say:

Posso ordinare…? - Can I order the [menu item]?

Vorrei…? - I would like [menu item]?

Careful with the plural. Some Italian words that are used in English can be misleading in terms of numbers. Take extra care when using words like paninis, pizzas or focaccias, or you might not get as many as you think you have ordered.

One (uno) Panin**o**

Two (due) (or more) Panin**i**

One (uno) Pizz**a**

Two (due) Pizz**e**

One (uno) Focacc**ia**

Two (due) Focacc**e**

Da bere? - Drinks?

You can have 'un bicchiere di vino rosso' (a glass of red wine) or 'un bicchiere di vino bianco' (a glass of white wine).

Acqua -Water.

Please note: it's not very common to have tap water in a restaurant so you might want to go for some acqua minerale naturale/frizzante - mineral water still/sparkling

Preferisco la bistecca [al sangue/cotta al punto giusto/ben cotta]. - I like my steak [rare/medium/well-done].

Un altro, per favore. - Another one, please.

È delizioso. - It's delicious.

Un cappuccino, per favore. - A cappuccino, please.

Un bicchiere di acqua minerale per favore. - A glass of mineral water, please.

Mezzo litro d'acqua. - Half a liter of water.

Mezzo chilo di pesche, per piacere. - Half a kilo of peaches, please.

Quanto viene? - How much is it?

Un gelato da 2 euro, per favore. - A 2-Euro size ice cream, please.

Quali gusti? - What flavors?

While you approach the end of the meal, be aware that although drinks like cappuccinos are very popular in some countries as a post-meal drink, in Italy they're not at all. A cappuccino is something that you only have for breakfast; therefore, the place that you have picked for your meal might not have it. Another thing worth mentioning is that Italian restaurants do not generally have a cheese and grapes board to finish the meal with.

Il conto, per favore. - The bill, please.

You won't get the bill until you ask for it, so it's better to have this phrase ready. No need to do the universal sign language to ask for it. If you follow our advice, you will nail it with your Italian.

Please note: in Italy, most of the time, when entering a café or restaurant, you can check yourself if there is a table available and sit; otherwise, you will be seated by the waiter who welcomes you. Whatever the case, you sit at your table first, then you order, and only at the end of your meal you pay the bill. It's worth specifying since in other countries you have to pay and get your food first, and then you go find yourself a place to sit. This is what Italians normally do but there will be exceptions as well.

TIP ABOUT TIPPING: You're not required to leave a tip in Italy. Of course, nobody would stop you from doing so, and it's still very appreciated.

Food vocabulary

Pane - Bread

Pasta al dente/ben cotta/scotta - Pasta al dente/well-done/overcooked

Questa pasta è scotta. Non mi piace! - The pasta is overcooked. I don't like it!

Carne - Meat

Pollo - Chicken

Tacchino - Turkey

Maiale - Pork

Vitello - Veal

Polpette - Meatballs

Scaloppina - Escaloppe

Alla griglia - Grilled

Fritto - Deep fried

Soffritto - Sautee

Bollito - Boiled

Stufato - Stew

Pesce - Fish

Frutti di mare - Seafood

Tonno - Tuna

Pesce spada - Sword fish

Merluzzo - Cod

Gamberi - Prawns

Polipo - Octupus

Calamari - Squids

Patatine - Chips/Crisps

Patate - Potatoes

Verdure - Vegetables

Insalata - Salad

Carota - Carrot

Pomodoro - Tomato

Rucola - Rocket

Cetriolo - Cucumber

Carciofo - Artichoke

Melenzana - Aubergine

Zucchina - Courgette

Cipolla - Onion

Aglio - Garlic

Formaggio - Cheese

Uova bollite - Boiled eggs

Uova fritte - Fried eggs

Uova strapazzate - Scrambled eggs

Prosciutto cotto - Ham

Prosciutto crudo - Parma ham

Burro - Butter

Latte – Milk

Latte di soia - Soya milk

Latte di mandorla – Almond milk

Latte senza lattosio – Milk lactose-free

Caffè - Coffee

Zucchero - Sugar

Olio d'oliva - Olive oil

Sale - Salt

Pepe - Black pepper

Peperoncino - Chilli pepper

Frutta - Fruit

Fragola - Strawberry

Limone - Lemon

Mela - Apple

Pera - Pear

Banana - Banana

Ananas - Pineapple

Kiwi - Kiwi

Mandarino - Tangerine

Melone - Melon

Melone di Cantalupo - Cantaloupe

Anguria - Watermelon

Pesca - Peach

Uva - Grapes

Tableware

Tovaglia - Tablecloth

Tovagliolo - Napkin

Piatto - Plate

Vassoio - Tray

Forchetta - Fork

Coltello - Knife

Cucchiaio - Spoon

Cucchiaino - Teaspoon

Bicchiere - Glass

Tazza - Mug

Bottiglia - Bottle

Apribottiglia - Bottle opener

Tagliere - Chopping board

Grammar Bits

CONJUGATING ITALIAN VERBS WITH 'CI'

Some verbs add on two letters – ci (literally, here, there) – to the end of the infinitive and before their conjugated forms and thereby change their meanings. These verbs follow regular conjugation patterns but put the adverb of place ci (here, there) before each conjugated verb form.

For example: 'vedo' means 'I see' while '**ci** vedo' means 'I can see, I am able to see'. The following table shows the conjugation with ci:

vedere (to see)

io ci vedo (I can see)	noi ci vediamo (we can see)
tu ci vedi (you [informal] can see)	voi ci vedete (you all [informal] can see)
lui, lei, ci vede (he, she, it can see)	loro ci vedono (they can see)

Verbs that change meaning when adding 'ci'

Infinitive	Infinitive with -ci	Example conjugation with 'ci'
vedere (to see)	vederci (to be able to see)	Ci vedete? (Can you see?)
sentire (to hear)	sentirci (to be able to hear)	Parla più forte! Non ci sento. (Talk louder! I can't hear.)
pensare (to think)	pensarci (to think about it)	Ci penso. (I'm thinking about it.)
volere (to want)	volerci (to take or to need)	Ci vuole un po' di tempo. (It takes

		some time.)
mettere (to put)	metterci (to take an amount of time)	Ci mettiamo mezz'ora. (It takes us half an hour.)
stare (to be)	starci (to be up for)	Ci sto! (I'm up for it!)
entrare (to enter)	entrarci (to have to do with something)	Cosa c'entra? (What does that have to do with anything?) Io non c'entro! (I don't have anything to do with it!)
credere (to believe)	crederci (to believe it)	Ci credi? (Do you believe it?)

Idioms Using Fare (To Do)

Here's a list of the most common idiomatic expressions with fare (to do):

11. fare gli auguri (to give one's wishes)

12. fare il bagno/la doccia (to take a bath/shower)

13. fare il biglietto (to get a ticket)

14. fare buon viaggio (to have a good trip)

15. fare colazione (to have breakfast/lunch)

16. fare i compiti (to do homework)

17. fare il conto (to add up the total)

18. fare due, tre, ... chilometri (to cover two, three, ... kilometers)
19. fare un favore (to do a favor)
20. fare un giro (to take a tour)
21. fare male (to hurt; to ache)
22. fare benzina (to get gas)
23. fare una passeggiata (to take a walk)
24. fare la pasta (to cook pasta)
25. fai pure! (to go ahead!)
26. fare un regalo (to give a present)
27. fare una sorpresa (to surprise)
28. fare la spesa (to go grocery shopping)
29. fare spese (to go shopping)
30. fare lo spiritoso (to joke; to clown)
31. fare tardi (to be late)
32. fare una telefonata (to make a call)
33. fare le valige (to pack)
34. fare vedere (to show)
35. fare un viaggio (to take a trip)
36. fare una visita (to pay a visit)
37. fare i piatti (to do the washing up)
38. fare un danno (to damage)
39. fare a meno di… (to do away with)
40. fare del male (to do evil)
41. fai da te (to do it yourself)

42. fare una scenata (to make a scene)
43. fare una scommessa (to make a bet)
44. fare un'offerta (to make an offer)
45. fare smorfie (to make a face)
46. fare storie (to make a fuss)
47. fare bella figura (to cut a good figure)
48. fare bella mostra (to show off)
49. fare buon viso a cattivo gioco (to adapt to circumstances)
50. fare caso (to pay attention)
51. fare fronte (to face)
52. fare gli onori di casa (to play the guest)
53. fare gola (to appeal)
54. fare i conti (to reckon)
55. fare il doppio gioco (to be two-faced)
56. fare il punto (to come to the point)
57. fare il processo alle intenzioni (to prejudge someone's intentions)
58. fare il terzo grado (to give the third degree)
59. fare i salti mortali (to make any possible effort)
60. fare la coda (to stand in line)
61. fare la fame (to starve)
62. fare la pelle (to kill)
63. fare la voce grossa (to raise one's voice)
64. fare le ore piccole (to stay up late)
65. fare le veci (to sub for)

66. far luce (to clarify)

67. fare parte (to be part of)

68. fare passi da gigante (to make great strides)

69. fare sì che (to make sure that)

70. fare sul serio (to be serious about something)

71. fare tesoro di (to treasure)

72. farla franca (to get away with)

73. farsi da parte (to step aside)

74. farsi un nome (to become someone)

75. farsi vivo (to show up)

Idioms Using Avere (To Have)

Notice that most of the idiomatic expressions with avere are translated with the verb to be in English.

11. aver caldo (to be warm)

12. avere . . . anni (to be . . . years old)

13. aver fame (to be hungry)

14. avere fegato (to be brave)

15. aver freddo (to be cold)

16. aver fretta (to be in a hurry)

17. aver paura (to be afraid of)

18. aver ragione (to be right)

19. aver sete (to be thirsty)

20. aver sonno (to be sleepy)

21. aver torto (to be wrong)

22. aver vergogna (to be ashamed of)

23. avere bisogno di qualcosa (to need something)

56. ho bisogno di riposare (I need to rest)

24. avere voglia di qualcosa (to want something)

25. ho voglia di un caffè (I would like a coffee)

12) avere l'abitudine di (to have a habit of)

15. ho l'abitudine di prendere il caffè dopo pranzo (I used to drink coffee after lunch)

57. avere il tempo di (to have time to)

58. avere l'intenzione (to intend to)

16. ho intenzione di cambiare lavoro il prossimo anno (I intend to change jobs next year)

59. avere luogo (to take place)

60. avere fortuna (to get lucky)

61. avere a che fare con (to deal with)

62. avere le mani legate (to have one's hands tied)

63. avere un piede nella fossa (to be almost dead)

Other Useful Expressions

17. *ESSERE BUONO COME IL PANE* (to being as good as bread, very good hearted)

18. *essere sano e salvo* (to being sound and safe)

19. *CADERE DALLE NUVOLE (TO FALL FROM THE CLOUDS – COMPLETELY SURPRISED, OR PRETENDING TO BE)*

20. *CADERE IN PIEDI (TO LAND ON ONE'S FEET, TO COME OUT OF A SITUATION WITHOUT DAMAGE)*

21. *ESSERE ALLA MANO (TO BE EASY GOING)*

22. *ESSERE FUORI DI TESTA (TO BE OUT OF YOUR MIND)*

23. *LEGARSELA AL DITO (TO TIE IT TO THE FINGER – TO REMEMBER A WRONG BITTERLY)*

24. *METTERE IL DITO NELLA PIAGA (TO TOUCH WHERE IT HURTS)*

25. *METTERSI LE MANI NEI CAPELLI (TO BE DESPERATE, HELPLESS)*

26. *MORDERSI LE MANI (TO REGRET SOMETHING)*

27. *NON FARE IL PASSO PIU' LUNGO DELLA GAMBA (DON'T MAKE YOUR STEP LONGER THAN YOUR LEG OR DON'T BITE OFF MORE THAN YOU CAN CHEW)*

28. *PRENDERE QUALCOSA SOTTOGAMBA* (not to take something seriously)

29. *STARE CON LE MANI IN MANO (TO BE IDLE, TO BE SITTING ON THE FENCE)*

30. in bocca al lupo (in the mouth of the wolf)

The wolf reference may have come from the mythical twin founders of Rome, Romulus and Remus, who, as the story goes, were suckled and cared for by a she-wolf. So being 'in the mouth of the wolf' may not be a bad thing after all.

However, then the response to *"In bocca al lupo"* (which should never be *"Grazie")*, will turn the whole picture on its head. In fact, you would say, *"Crepi il lupo"* or "May the wolf die." Or just *"Crepi!"* for short.

l'erba del vicino è sempre più verde (the neighbor's grass is always greener)

a mali estremi, estremi rimedi (to extreme evils, extreme remedies) affogare in un bicchier d'acqua (to drown in a glass of water, to be easily overwhelmed with little problems.

conosco i miei polli (I know my chickens)

So, if Italians want to express something like, "I know what I'm talking about" or "I know who I'm dealing with," they will use use this expression with some confidence.

non avere peli sulla lingua (Not to have hair on your tongue – this means to be straightforward and speak one's mind)

trovarsi fra l'incudine e il martello (To be between the anvil and the hammer – this happens when you're left with a bad choice alongside another equally horrible option)

21. 'hai voluto la bicicletta? Allora, pedala!' is often remarked to a person whining about a state of affairs that they brought upon themselves. "You've made your bed, now lie in it" is its closest equivalent English idiom. Both have to do with gracefully facing the consequences of one's actions or decisions.

diciamo pane al pane e vino al vino. The English equivalent, "Let's call a spade a spade." They'll call it as it is. There'll be no "sugarcoating".

ti sta a pennello (It fits you like a paintbrush – it fits you so perfectly it looks like it's been painted onto your body)

ogni morte di papa (Every death of a pope – this is the Italian way for saying 'once in a blue moon'. This is because popes often die at an old age)

22. cercare il pelo nell'uovo (to look for hair in the egg – in English, this means to be picky, to nitpick)

23. avere le mani in pasta (to have your hands in dough – in English, you'd say you have a finger in many pies)

24. cavolo! (*cabbage!* – the English equivalent of cavolo! is damn!)
25. che peccato! (What a pity!)
26. costa un occhio della testa! (Literally 'It costs as an eye of the head!' – it costs a lot!)
27. chi se ne frega! (Who cares!)
11. oggi siamo in quattro gatti. (Literally 'Today we're four cats' – today we are very few people)
12. muto come un pesce. (Literally 'Mute as a fish!' – very silent)
13. acqua in bocca! (Literally 'Water in mouth!' – Be silent!)
14. mi stai prendendo in giro? (Are you kidding me?)
15. è permesso? (Literally 'Is it permitted?' - may I enter?)
16. su questo non ci piove. (Literally 'It doesn't rain on this' – it's obvious)
17. ho un diavolo per capello! (Literally 'I have a devil for every hair' – I'm furious!)
18. gallina vecchia fa buon brodo. (Literally 'Old hen makes good broth' – age and experience are important)
19. neanche per sogno! (Literally 'Not even for a dream!' – never in my life!)

And a couple of 'silly' ones that are different from the English while having the exact same meaning:

20. essere una persona in carne e ossa (Literally being 'a flesh and bones person' – being a flesh and blood person)
21. toccare ferro (Literally 'to touch iron' – to touch wood)

Verbs with Prepositions

The use of prepositions with verbs is arbitrary and Italian usually uses 'di' or 'a' followed by a verb. Here are a few useful examples:

Pensare di - Penso di cambiare lavoro presto - I think I will change jobs soon

Pensare a - Sono stato in Sicilia e ho pensato a te - I went to Sicily and I thought of you

Decidere di - Abbiamo deciso di andare al cinema - We decided to go to the cinema

Finire di - Hanno appena finito di mangiare - They have just finished eating

Accettare di - Il tassista ha accettato di abbassare il prezzo - The taxi driver has accepted to lower the rate.

Cercare di - Ho cercato di essere più gentile possibile - I tried to be as kind as possible ('Provare a' is another option)

Dimenticare di - Il cameriere ha dimenticato di portare l'acqua frizzante - The waiter forgot to bring the sparkling water

Sognare di - Da bambino sognavo di diventare una ballerina - When I was a kid I dreamt of being a dancer

Imparare a - Ho imparato ad andare in bicicletta da piccolo - I have learned to ride a bike when I was young

Aiutare qualcuno a - Ho aiutato mia sorella a capire cosa stava sbagliando - I helped my sister to understand what she was doing wrong

Arrivare a - Sono arrivato a casa tardissimo - I got home very late

Cominciare a - Mia madre ha cominciato a lavorare quando aveva 18 anni - My mum started to work when she was 18

Continuare a - Il professore continuava a parlare senza fermarsi - The professor kept talking non stop

Invitare qualcuno a - Mio fratello ha invitato la sua fidanzata alla cena di famiglia - My brother invited his girlfriend to the family dinner

Riuscire a - Sono riuscito a convincere la mia collega a chiedere un aumento - I managed to convince my colleague to ask for a pay rise

Mettersi a - Durante il film si è messa a piangere - During the movie she started crying

Prepositions

'A'

Ci vediamo a casa - I will see you at home

I bambini sono a scuola - Kids are at school

Sto organizzando un viaggio a Parigi - I'm organizing a trip to Paris

'Da' + article attached when needed

Questo formaggio arriva dalla Francia - This cheese comes from France

Ho camminato dalla stazione all'hotel - I have walked from the station to the hotel

'Di'

Sono felice di essere venuta in Italia - I'm happy that I came to Italy

La mia amica parla sempre di musica - My friend always talks about music

Niente di importante - Nothing important

C'è qualcosa di interessante al cinema? - Is there anything interesting on at the cinema?

Al concerto c'erano centinaia di persone - At the concert there were hundreds of people

Sto bevendo una tazza di cioccolata calda - I'm drinking a cup of hot chocolate

'In'

Ho viaggiato in treno - I have traveled by train

Mi servirebbe una busta di plastica - I would need a plastic bag

L'hotel è diviso in tre parti - The hotel is divided into three parts

Mi sento molto in forma - I feel I'm in good shape

La camera è in buone condizioni - The room is in good conditions

L'hotel si trova in una zona molto tranquilla - The hotel is in a very quiet area

La guida è tradotta in italiano - The guide is translated into Italian

'Per'

I nostri amici sono partiti per il Brasile - Our friends went to Brazil

Ho chiamato per chiedere informazioni - I have called to ask for information

Compriamo questo regalo per Daniele? - Shall we buy this gift for Daniele?

Consiglierei questa agenzia per la qualità dei servizi che offre - I would recommend this agency for the quality of the service they provide

Ho studiato italiano per un mese - I have studied Italian for a month

'Da' + articles if needed

La porta era bloccata, siamo usciti da dietro - The door was locked, we got out from the back

Non vado al cinema da molto tempo - I don't go to the cinema since a long time

How to express cause

'Perché'

Italian uses the same word for both why and because. Here are a few examples:

Perché hai telefonato all'agenzia? Perché non ho ancora ricevuto la conferma della nostra prenotazione - Why did you call the agency? Because I have not received the confirmation for our booking?

'Dato che/Visto che/Poiché' (same use)

Dato che oggi è una bella giornata possiamo andare al parco - Since today it's a nice day we can go to the park

Visto che abbiamo comprato i biglietti online non c'è bisogno di fare la fila - Given that we have bought the tickets online we don't need to join the queue

Dobbiamo scegliere accuratamente il ristorante poiché io non posso mangiare glutine - We have to choose a restaurant carefully since I cannot eat gluten

TRUE FRIENDS AND FALSE FRIENDS

A **cognate** is a word that has a similar spelling and the same meaning between two languages. For example, *tavolo* and table, *forchetta* and fork, p*iatto* and plate. They're not the same, but close enough that an English speaker can easily remember the Italian equivalent. Cognates are your true friends when it comes to learning a second language.

The **false friend**, on the other hand, makes learning a new language a bit trickier. A false friend is a word in a foreign language that's spelled and pronounced in a similar way to a word in another language but has a totally different meaning. Therefore, you have to memorise what the false friends are in your target language to make sure you aren't saying the wrong thing.

English and Italian share many cognates, but they also share many false friends. The following list gives you the most common Italian false friends to watch out for. By memorizing this list, you can make your Italian much more accurate and fluent-sounding:

ANNOIARE (TO BORE) *vs* Annoy (infastidire)

CONFRONTARE (TO COMPARE) *vs* Confront (affrontare)

Domandare (To ask) *vs* Demand (richiedere)

Questione (Issue) *vs* Question (domanda)

Piattaforma (Platform) *vs* Platform (binario)

Deposito (Storage) *vs* Deposit (Caparra)

PRETENDERE (REQUIRE) *vs* Pretend (Fingere)

ATTUALMENTE (CURRENTLY) *vs* Actually (veramente)

EDUCATO (POLITE) *vs* Educated (Istruito)

GROSSO (BIG, LARGE) *vs* Gross (Disgustoso)

MORBIDO (SOFT) *vs* Morbid (Morboso)

CAMERA (ROOM) *vs* Camera (Fotocamera)

FABBRICA (FACTORY) *vs* Fabric (Tessuto)

FATTORIA (Farm) *vs* Factory (Fabbrica)

LIBRERIA (Bookshop) *vs* Library (Biblioteca)

Preservativo (Condom) *vs* Preservative (Conservante)

Agenda (Diary) *vs* Agenda (Ordine del giorno)

Argomento (Topic) *vs* Argument (litigio)

Attendere (Wait) *vs* Attend (Partecipare)

Bendare (Bandage) *vs* Bend (piegare)

Bravo (Clever) *vs* Brave (Coraggioso)

Candido (Pure) *vs* Candid (frank)

Cantina (Cellar) *vs* Canteen (Mensa)

Cartone (Cardboard) *vs* Cartoon (Fumetto)

Cauzione (Bail) *vs* Caution (Cautela)

Comprensivo (Understanding) *vs* Comprehensive (Esauriente)

Conveniente (Good value) *vs* Convenient (Comodo)

Disporre di (To have something at your disposal) *vs* Dispose of (Disfarsi di)

Duomo (Cathedral) *vs* Dome (Cupola)

Editore (Publisher) *vs* Editor (Direttore o curatore)

Effettivo (Real) *vs* Effective (Efficace)

Estate (Summer) *vs* Estate (Proprietà)

Esibizione (Performance) vs Exhibition (Mostra)

Eventualmente (If necessary, possibly) *vs* Eventually (Alla fine, finalmente)

Fine (End) *vs* Fine (Multa)

Firma (Signature) *vs* Firm (Azienda)

Fisico (Physicist) *vs* Physician (Medico)

Gioco (Play, game) *vs* Joke (Scherzo)

Gratuito (Free) *vs* Gratuitous (Ingiustificato)

Guardare (To look at, watch) *vs* Guard (Sorvegliare, fare la guardia)

Impressionante (Shocking) *vs* Impressive (notevole)

Intendere (Mean, understand) *vs* Intend (Destinare)

Irrilevante (Insignificant, irrelevant) *vs* Irrelevant (Non pertinente)

Lettura (Reading) *vs* Lecture (Conferenza, lezione universitaria)

Locale (A space inside like a bar, pub, hotel room) *vs* Local (del posto, riferito al posto)

Lunatico (Moody) *vs* Lunatic (Pazzo)

Magazzino (Warehouse) *vs* Magazine (Periodico)

Nominare (To name) *vs* Nominate (Proporre per candidatura)

Occorrere (To be needed) *vs* Occur (Accadere, venire in mente)

Ostrica (Oyster) *vs* Ostrich (Struzzo)

Pace (Peace) *vs* Pace (Andatura, passo)

Patente (Driving licence) *vs* Patent (Brevetto)

Pavimento (Floor) *vs* Pavement (Marciapiede)

Petrolio (Oil) *vs* Petrol (Benzina)

Preoccupato (Worried) *vs* Preoccupied (Assorto)

Preparato (Well trained) *vs* Prepared (Disposto a)

Prevaricare (To abuse one's power) *vs* Prevaricate (Tergiversare)

Principale (Boss) *vs* Principal (Preside)

Processare (Bring to trial) *vs* Process (Elaborare)

Proprio (One's own, typical) *vs* Proper (Appropriato, giusto)

Puntura (Sting) *vs* Puncture (Foratura di pneumatico)

Rata (Tariff) *vs* Rate (Velocità, tasso, livello)

Realizzare (To carry out, to achieve) *vs* Realise (Capire, accorgersi di, rendersi conto)

Retribuzione (Remuneration, salary) *vs* Retribution (Punizione, ricompensa)

Ricordo (Memory) *vs* Record (Disco)

Ricoverare (To be hospitalised) *vs* Recover (Guarire)

Riguardare (To look again, to examine, to concern, to affect) *vs* Regard (Considerare, stimare)

Rilevante (Remarkable) *vs* Relevant (Pertinente, relativo a)

Rispondere (Answer) *vs* Respond (Essere sensibile a, contraccambiare)

Ritenere (To think, to believe) *vs* Retain (Conservare, trattenere)

Romanzo (Novel) *vs* Romance (Storia d'amore)

Rude (Rough) *vs* Rude (Maleducato, offensivo)

Rumore (Noise) *vs* Rumour (Voce diffusa, gossip)

Sano (Healthy, sound) *vs* Sane (Equilibrato, ragionevole)

Scarsamente (Scantily, poorly) *vs* Scarcely (Appena, a stento)

Sensibile (Sensitive) *vs* Sensible (Ragionevole, di buon senso)

Simpatico (Nice, likeable) *vs* Sympathetic (Comprensivo, compassionevole)

Società (Company) *vs* Society (Alta società, associazione)

Sopportare (To stand, support) *vs* Support (Sostenere, mantenere)

Spada (Sword) *vs* Spade (Zappa, vanga)

Spettacoli (Shows) *vs* Spectacles (Occhiali)

Stampa (Press) *vs* Stamp (Francobollo)

Stipulare (To draw up) *vs* Stipulate (Stabilire)

Straniero (Foreigner) *vs* Stranger (Sconosciuto, estraneo)

Suggestivo (Full of atmosphere, evocative) *vs* Suggestive (Allusivo)

Tasto (Button) *vs* Taste (Sapore, gusto)

Terrificante (Terrifying) *vs* Terrific (Fantastico)

Testo (Text) *vs* Test (Esame, prova)

Tremendo (Dreadful) *vs* Tremendous (Fantastico)

Triviale (Vulgar, obscene) *vs* Trivial (Banale, futile)

Udienza (Hearing) *vs* Audience (Pubblico)

Urtare (Knock into) *vs* Hurt (Ferire)

Vacanza (Holiday) *vs* Vacancy (Posto di lavoro disponibile)

Villano (peasant, rude) *vs* Villain (il cattivo)

Vino (Wine) *vs* Vine (Rampicante)

Vizioso (Bad, dissolure) *vs* Vicious (Brutale, maligno)

Cocomero (Watermelon) *vs* Cocumber (Cetriolo)

Confetti (Sugared almond) *vs* Confetti (Coriandoli)

Crema (Custard) *vs* Cream (Panna)

Crudo (Raw) *vs* Crude (Volgare)

Fastidioso (Annoying) *vs* Fastidious (Pignolo)

Gentile (Nice) *vs* Gentle (Delicato)

Other words are present in everyday English use and are derived from Italian, but they have taken meanings or spellings that are not found in Italian and would sound really awkward to Italians.

For example, if you order a pizza with pepperoni or peperoni, you will receive a pizza with peppers and not with a spicy sausage (salame piccante).

Many other examples can be found, unsurprisingly in the realm of food and drinks.

ITALIAN WORD IN THE ENGLISH DICTIONARY	REAL ITALIAN WORD
Bravo, used to applause a performance.	Correct if used for a single male performer; wrong if used for a female performer (brava) or for many performers (bravi or brave).
Al dente, used for all foods cooked to perfection.	Al dente is really used only for pasta, very rarely for rice.

Pesto pasta	'Pasta al pesto'. Incidentally, pesto is not really used as a spread on sandwiches in Italy.
Bolognaise	'Bolognese' or better still 'ragù alla bolognese'.
Ciao	Correct, although it must be noted that in Italian it is used both for hello and goodbye, while in English it is mostly used for goodbye.
Stiletto, the heel of a shoe.	Not used, the word is 'tacchi a spillo'.
Macaroni	Maccheroni. Although in English 'macaroni' are usually cooked with a cheese sauce, in Italy, this is only one of the ways to eat them.
Latte	As already mentioned, latte is simply milk in Italian. If you want the drink known as latte in the English world, you have to order a caffellatte.
Cappuccino, espresso, pizza	These are, of course, correct, but pay attention to the correct plural form (cappuccini, espressi, pizze) when ordering more than one.
Panini, salami	Correct if you are ordering more than one sandwich or buying more than one sausage; otherwise, it should be a panino or a salame. Note: when ordering a panino in a bakery (panetteria), you might get just a bread roll, instead of a sandwich.
Linguini	The correct form is linguine, and it is already plural.
Al fresco	Not used with the same meaning. You would use an expression such as 'fuori' (out) or 'all'aperto' (in the open). 'Al fresco' could mean also 'in jail'.
Casino	In Italian, it is casinò (emphasis on the o), if you mean the gambling house. If you say casino, it

	means brothel.
Grotto	Grotta (as in cave).
Zucchini	Not entirely wrong; however, zucchine is much more common. One of them is called zucchini.
Studio (apartment)	Monolocale. Studio, in Italian, means a room inside a larger house, set aside as an office or a study area.

Body Language

Why not? If it's true that Italians are masters of non-verbal communication and that they say more with the body than with the mouth, you should be prepared for this.

Before deciphering some gestures and learning how to speak Italian body language, let's see how this phenomenon came about.

There are a few explanations for this, and one of the most reliable ones says that the language of Italian gestures came out of necessity, as an influx of immigrants from across the globe forced the nation to adapt their communication methods.

Gestures have a rich history, and there are a few explanations for them. One theory holds that Italians developed them as an alternative form of communication during the centuries when they lived under foreign occupation – by Austria, France, and Spain in the 14th through to the 19th century – as a way of communicating without their overlords understanding. According to this theory, the body language came out of necessity, and the influx of immigrants from across the globe forced the nation to adapt the way they communicated.

Another theory is that, in overpopulated cities, gesturing became a way of competing, marking one's territory in a crowded arena. To get attention, people would gesture and use their whole bodies. Funnily enough, while over the centuries languages have evolved, crossed the borders, and 'cross-contaminated' each other, gestures have remained.

Here are some key facts about body language:

22. Each gesture has a definite meaning. There may be small differences, but all gestures are, in fact, different. For example, there are at least three different gestures for drinking, depending on what you are ordering (whether it's water, coffee or alcohol), so it's probably safest to stick to

the body language you're sure of so you don't inadvertently insult someone or order something that you don't want.

23. Italian body language and hand gestures are used to place emphasis on a **spoken conversation**. Think of it like putting text in bold or underlining a pertinent fact.
24. In addition to adding emphasis, Italians also use body language to tell stories, ask questions, provide explanations and express emotions (like **showing love** or anger and everything in between).
25. Try and stop for a few minutes in a busy place or bar and enjoy the show of people talking with each other, each moving his or her hands in an elaborate choreography.
26. The Italian language is beautiful to hear and watch. There are many layers of meaning, and so much to understand, both verbally and non-verbally.
27. Even if you don't understand every bit of Italian body language or each hand gesture, you can enhance your language skills by adopting a few of these for your own use and elevating your language skills by using your body.

If two open hands can ask a real question ('What's happening?'), hands placed in prayer become a sort of supplication, a rhetorical question ('What can I do about it?'). Ask when a bus might arrive, and the universal body answer is shrugging, and two raised hands that say ('Only God knows').

Useful verbs in Italian

Abusare - To abuse

Il cliente ha abusato della pazienza del cameriere - The client has abused the waiter's patience

Accettare - To accept

Abbiamo accettato una camera più piccola ma con una vista migliore - We have accepted a smaller room but with a better view

Aiutare - To help

Ci può aiutare a portare su le valigie? - Can you help us taking the luggage upstairs?

Amare - To love

Molti artisti famosi dell'epoca amavano trascorrere tempo in questa città - Many famous artists at that time loved to spend time in this city

Andare - To go

Siamo pronti per andare a visitare il Colosseo - We are ready to go and visit the Colosseum

Arrivare - To arrive

Il nostro autobus sta per arrivare - Our bus is about to arrive

Assistere - To attend

Abbiamo assistito a uno spettacolo di musica classica straordinario - We have attended an extraordinary classical music play

Assicurarsi – To make sure

Prima di andare in aeroporto assicuriamoci di aver preso i documenti - Before heading to the airport let's make sure we have the documents with us

Aspettare - To wait

Mentre aspettiamo l'apertura del supermercato possiamo andare a prendere un caffè - While waiting for the supermarket to open we could go for a coffee

Aspettarsi - To expect

Mi aspettavo che il servizio online fosse più efficiente - I would expect the online service to be better

Autorizzare - To authorize

Ho autorizzato il pagamento con la carta ma non è ancora stato accettato - I have authorized the payment via credit card but it hasn't been approved yet

Avvisare - To notify

Hai avvisato la reception che la finestra è rotta? - Have you notified the reception that the window is broken?

Avere bisogno di – To need

Ho bisogno di fare una telefonata – I need to make a call

Avere l'abitudine di – To be used to

Mio marito ha l'abitudine di fare la doccia la sera – My husband used to take a shower in the evening

Avere il diritto di – To have the right to

Ho il diritto di chiedere una spiegazione – I have the right to ask for an explanation

Avere voglia di – To like to

Ho voglia di riposarmi un po' – I would like to rest for a bit

Ho voglia di un gelato – I would like an ice cream

Avere l'aria di – To look like/give the impression

Ha l'aria di essere un esperto di arte contemporanea – He gives the impression to be an expert of contemporary art

Smettere - To stop

Spero che i vicini smettano di fare rumore prima possibile - I hope our neighbors stop making noises as soon as possible

Cambiare - To change

Ho cambiato idea, vorrei ordinare gli gnocchi invece degli spaghetti - I have changed my mind, I'd like to order gnocchi rather than spaghetti

Caricare - To charge

Mia moglie ha bisogno di caricare il cellulare, c'è una presa qui vicino? - My wife needs to charge her phone, are there any plugs around here?

Cercare - To look for

Stiamo cercando un regalo per i nostri nipoti, ha qualcosa da consigliare? - We are looking for a present for our grandchildren, have you got any recommendations?

Cominciare - To start

Abbiamo iniziato il nostro tour stamattina molto presto - We have started our tour very early this morning

Contare - To count

Prima di comprare i biglietti la guida ha contato i turisti - Before buying the tickets the guide has counted the tourists

Contare su - To count on

Dato che non parlo italiano ho contato sull'aiuto della mia amica per tutta la vacanza - Since I don't speak Italian I have been counting on my friend's help for the whole time

Consigliare - To recommend

Ci consiglia un posto per ascoltare musica dal vivo? - Can you recommend us a place with some live music?

Consentire - To allow

L'albergatore ci ha consentito di lasciare la camera un po' più tardi del solito - The hotelier allowed us to leave the room a bit later than the usual

Contribuire - To contribute

I nostri compagni di viaggio hanno contribuito a creare un'atmosfera molto piacevole - Our fellow travelers have contributed to creating a very enjoyable atmosphere

Correre - To run

Il treno stava partendo e ci siamo messi a correre per non perderlo - The train was about to leave and we had to run not to miss it

Credere - To believe

Credo che portare i nostri figli con noi sia stata un'ottima idea - I believe that taking our kids with us has been a very good idea

Decidere - To decide

Ho deciso che dopo questa vacanza farò un corso di cucina - I have decided that after this holiday I'm going to join a cooking course

Difendere - To defend

Quell'uomo stava subendo una rapina e ha cercato di difendersi - That man was being robbed and he has tried to defend himself

Scendere - To get off/to go downstairs

Dobbiamo prendere il bus 170 e scendere alla fermata 'Stazione Trastevere' - We have to take bus 170 and get off at the stop 'Stazione Trastevere'

Scendo un attimo alla reception a richiedere la colazione per domani - I go downstairs to the reception to require breakfast for tomorrow

Desiderare - To desire/Want

Ho sempre desiderato visitare Venezia - I have always wanted to visit Venice

Detestare - To hate

Detesto la gente che non rispetta la fila, la trovo una cosa molto maleducata - I hate people who do not respect the queue, I find it very rude

Dovere - To have to/to owe

Devo controllare la data di scadenza del mio passaporto - I have to check the expiry date on my passport

Ti devo 20 Euro per il pranzo che hai pagato oggi - I owe you 20 Euro as you have paid for lunch today

Ascoltare - To listen to

Ho ascoltato attentamente tutto quello che ci ha detto la guida e sono riuscita a capire tutto - I have listened carefully to everything that the guide said and I understood everything

Vietare - To forbid

È vietato accedere alla piscina fuori dagli orari di apertura - It's forbidden to access the swimming pool outside the opening hours

Prestare - Borrow/lend (Italian uses the same word)

Mi presti il telefono per favore? Devo chiamare il tassista - Can I borrow your phone please? I need to call the taxi driver.

Devo restituire a Federica il caricabatterie che mi ha prestato - I need to return to Federica the charger that she lent me

Insegnare - To teach

Il sommelier ci ha insegnato come abbinare il vino al cibo - The sommelier taught us how to combine food and wine

Capire/Comprendere - To understand

Non ho capito niente di quello che ha detto - I have not understood anything of what he said

Aspettare - To wait

Possiamo ordinare degli antipasti mentre aspettiamo la pasta? - Can we order some appetisers while waiting for the pasta?

Aspettarsi - To expect

La cameriera non si aspettava la mancia da parte nostra - The waitress did not expect any tip from us

Scusarsi - To apologize

L'albergatore si è scusato per l'inconveniente con il wi-fi - The hotelier apologized for the inconvenience with the Wi-Fi

Evitare - To avoid

Evitate di andare in quella zona la notte perché potrebbe essere pericoloso - Avoid going in that area during the night as it might be dangerous

Invitare - To invite to

Il pizzaiolo ci ha invitati a provare la sua pizza - The pizzaiolo invited us to try his pizza

Lasciare - To leave

Ho lasciato una fetta di torta, sono piena! - I have left a slice of cake, I'm full!

Perdere - To lose

Ho perso l'ombrello o forse l'ho lasciato in hotel - I have lost my umbrella or maybe I have left it in the hotel?

Ottenere - To achieve

Grazie al corso di italiano ho raggiunto risultati ottimi - Thanks to the Italian course I have achieved great results

Offrire - To offer

Il nostro compagno di viaggio ci ha offerto un passaggio per l'aeroporto - Our fellow traveler offered us a lift to the airport

Ordinare - To order

Siete pronti per ordinare? - Are you ready to order?

Ritirare - To pick up/to collect

Dove possiamo ritirare i biglietti che abbiamo comprato online? - Where can we collect the tickets that we have bought online?

Prenotare - To book

Dobbiamo prenotare il tavolo in anticipo o possiamo venire direttamente? - Do we have to book a table in advance or can we just show up?

Dimenticare - To forget

Ho dimenticato di dirti che lo spettacolo inizia alle 18, non alle 17:30 - I forgot to tell you that the show starts at six pm, not five-thirty

Sembrare - To look

Il menu di questo ristorante sembra molto interessante - The menu of this restaurant looks very interesting

Non capisco qual è la differenza tra questi due cappotti, mi sembrano uguali - I don't understand what is the difference between these two coats, they look very similar

Parlare - To talk/to speak

La guida del nostro tour parla cinque lingue - Our tour guide speaks five languages

Durante il nostro viaggio scopriremo se è vero che gli italiani parlano tanto - During our trip we will find out if it's true that Italians talk a lot

Convincere - To convince

Non sono convinto che abbiamo fatto la scelta giusta - I'm not convinced that we have made the right decision

Proporre - To suggest

I nostri amici ci hanno suggerito di alloggiare nel campeggio dove sono stati loro - Our friends suggested that we stay at the same camp as theirs

Protestare - To protest

Oggi c'è molto traffico perché i sindacati stanno protestando per le strade - Today there is a lot of traffic as the unions are protesting in the street

Lamentarsi - To complain

Il cliente si è lamentato perché la pulizia della camera era veramente scadente - The client complained because the cleanliness of the room was very poor

Guardare - To watch

Siamo andati a guardare una partita di calcio della nazionale italiana - We went to watch a football match of the Italian national team

Ringraziare - To thank

Il cantante ha ringraziato il pubblico per la calorosa partecipazione - The singer thanked the audience for the warm participation

Rispondere - To reply/to answer

Il tassista mi ha chiesto se vogliamo pagare in contanti, ma ho risposto che preferiamo pagare con carta - The taxi driver asked me if we wanted to pay cash but I've replied that we prefer paying by card

Rientrare - Go back to

Il concerto è durato tantissimo, siamo rientrati in hotel di notte - The concert lasted long, we went back to the hotel at night

Rimproverare - To reproach

Certi genitori dovrebbero imparare a rimproverare i loro figli - Some parents should learn how to reproach their kids

Divertirsi - To have fun

È stata una vacanza incredibile, ci siamo divertiti tantissimo - It has been an incredible holiday, we had a lot of fun

Sapere - To know

Non sapevo di non poter pagare con la carta - I didn't know I could not pay by card

Scoprire - To find out/to discover

Ho scoperto che la stazione è proprio qui dietro l'angolo - I found out that the station is just around the corner

Mentre passeggiavamo abbiamo scoperto un bar che fa uno dei caffè migliori della città - While strolling we have discovered a bar that makes one of the best coffees in town

Annoiarsi - To get bored

La conferenza era interessante ma è durata troppo, dopo un po' ho iniziato ad annoiarmi - The lecture was interesting but it lasted for too long, after a while I started to get bored

Organizzare - To organize

Organizzare un viaggio troppo nei dettagli non sempre è una buona idea - Organizing a trip too much in detail is not always a good idea

Sentire - To hear

Ho sentito che domani c'è sciopero - I have heard that there is a strike tomorrow

Servire - To serve

Vi stanno già servendo? - Are you being served already?

Preparare - To get ready/to prepare

Vado a farmi una doccia e mi preparo per uscire - I'll go take a shower and get ready to go out

L'agenzia ha preparato i tour con molta cura - The agency has prepared the tours with a lot of care

Augurare - To wish/to hope

Vi auguriamo una piacevole permanenza - We wish you a pleasant stay

Ci auguriamo che la cena sia stata di vostro gradimento - We hope that you liked the dinner

Trattare - To treat

Lo staff ci ha trattato con cura e attenzione - The staff has treated us with care and attention

Utilizzare/Usare - To use

Posso usare il telefono? - Can I use the phone?

Restituire - To return

Vorrei restituire il cappello che ho comprato ieri - I would like to return the hat that I have bought yesterday

Venire - To come

Potete venire a trovarci quando volete, siamo sempre aperti - You can come and see us whenever you want, we are always open

Vedere - To see

Ci piacerebbe vedere la mostra di Caravaggio; sa se ci sono biglietti ancora disponibili? - We would like to see the Caravaggio exhibition; do you know if there are any tickets left?

Volere - To want

Volevo fare una bella passeggiata ma si è messo a piovere e abbiamo dovuto cambiare programmi - I wanted to have a nice walk but it started raining and we had to change our plans

Made in the
USA
Middletown, DE